葡萄酒庄规划建设与酿酒葡萄管理

主　编　孙海生　叶文秀

编　者（以姓氏笔画为序）

　　　　王　飞（大连宝盈龙酒庄有限公司）

　　　　王文旺（北京张裕爱斐堡国际酒庄有限公司）

　　　　叶文秀（北京大学现代农业研究院）

　　　　刘崇怀（中国农业科学院郑州果树研究所）

　　　　孙海生（北京大学现代农业研究院）

　　　　李荣杰（河北马丁葡萄酿酒有限公司）

　　　　李晓龙（北京紫雾种植有限公司）

　　　　张亚冰（河南科技大学农学院）

　　　　常世江（郑州九人农业科技有限公司）

　　　　焦　健（河南农业大学园艺学院）

本书以葡萄酒庄的不同功能为主线，介绍了我国葡萄酒产业发展的历程、葡萄酒庄的类型和定位、葡萄酒酿造厂区的规划和建设、酿酒葡萄园的规划和建设、酿酒葡萄的生产管理、葡萄酒的酿造生产及酒庄的运营等内容，系统、翔实，图文并茂，具有很强的实用性和可操作性，对于提升葡萄酒从业人员对专业知识的储备和运用能力，以及对酒庄的运营与管理能力有很大的帮助。

本书适合从事葡萄酒生产的管理人员、技术人员使用，也可作为相关专业院校师生的参考用书。

图书在版编目（CIP）数据

葡萄酒庄规划建设与酿酒葡萄管理 / 孙海生，叶文秀主编. — 北京：机械工业出版社，2024.4

ISBN 978-7-111-75258-5

Ⅰ.①葡⋯　Ⅱ.①孙⋯②叶⋯　Ⅲ.①葡萄酒-酿酒-食品厂-工业企业管理-生产管理　Ⅳ.①F407.82

中国国家版本馆CIP数据核字（2024）第050445号

机械工业出版社（北京市百万庄大街22号　邮政编码100037）
策划编辑：高　伟　周晓伟　　责任编辑：高　伟　周晓伟　王　荣
责任校对：甘慧彤　张昕妍　　责任印制：单爱军
保定市中画美凯印刷有限公司印刷
2024年5月第1版第1次印刷
169mm×230mm・13印张・2插页・237千字
标准书号：ISBN 978-7-111-75258-5
定价：128.00元

电话服务　　　　　　　　　网络服务
客服电话：010-88361066　　机　工　官　网：www.cmpbook.com
　　　　　010-88379833　　机　工　官　博：weibo.com/cmp1952
　　　　　010-68326294　　金　书　网：www.golden-book.com
封底无防伪标均为盗版　　　机工教育服务网：www.cmpedu.com

前 言

酒庄（Chateau）一词最早源于法国波尔多地区，原意是指中世纪为防范外敌入侵而修筑的城堡，后随时代演变和葡萄酒业的发展，被用来泛指那些专营葡萄酿酒的庄园。葡萄酒庄通常坐落在著名的葡萄酒产区，具有得天独厚的土壤气候条件，加之配套的优良葡萄品种、特色鲜明的建筑及酿酒师精湛的技艺，使得葡萄酒庄成为酿造高品质葡萄酒的代名词。

中国的葡萄酒庄最早可追溯到张弼士先生于1892年在山东烟台创立的张裕酿酒公司，但此后一直发展缓慢。直至改革开放后，英国人Michael Parry于1985年在青岛建设华东百利酒庄，重开欧式酒庄之先河，我国葡萄酒庄才再次开始发展。2002年张裕公司抓住市场机遇，推出八大酒庄战略，此后各大酒企迅速跟进，将我国葡萄酒庄发展带进快车道，2012年法国酩悦轩尼诗酒业集团先后在宁夏银川和云南德钦投资建设酩悦轩尼诗夏桐（宁夏）酒庄有限公司和酩悦轩尼诗香格里拉（德钦）酒业有限公司，则将我国葡萄酒庄建设推向高潮。

经过三十多年的快速发展，我国葡萄酒庄建设虽然呈现遍地开花之势，但更多地还是集中在传统的葡萄酒优势产区，逐渐形成了四大葡萄酒庄集群，分别是以烟台为中心的山东半岛葡萄酒庄群、以北京为中心的燕山葡萄酒庄群、以银川为中心的贺兰山东麓酒庄群及以乌鲁木齐为中心的天山葡萄酒庄群，除此之外还有河西走廊葡萄酒庄群、西南干热河谷葡萄酒庄群、长白山葡萄酒庄群等。在这些葡萄酒庄集群中，尤以贺兰山东麓酒庄群最为耀眼。近十年，尽管受国家产业政策调整和低关税进口葡萄酒的双重冲击，国产葡萄酒市场份额逐年下滑，葡萄酒企业步履维艰，但可喜的是仍有大量葡萄酒人在砥砺前行，为国产葡萄酒的发展贡献力量。

本书作为介绍葡萄酒庄规划和建设的一本专业书籍，在编写过程中参考了大量现有的文献资料和专家同行的研究成果，尤其是编者在向克洛维斯国际酿酒咨询团队的学习中获益良多，在此对相关专家及作者表示崇高的敬意和真诚的感谢。由于编者能力有限，加之文献资料缺乏，书中不足之处在所难免，恳请大家批评指正。

编 者

目 录

前 言

第一章
我国葡萄酒产业的历史背景及发展概况

一、我国葡萄酒产业的历史背景 / 002

二、我国葡萄酒产业发展的脉络 / 004

三、葡萄酒庄在我国的发展历程 / 006

第二章
葡萄酒庄的类型、选址和总体规划

第一节 葡萄酒庄的类型和定位 / 011

一、葡萄酒庄的类型 / 011

二、葡萄酒庄的定位 / 012

第二节 葡萄酒庄的选址和规划 / 016

一、葡萄酒庄的选址 / 016

二、酒庄土地的获取 / 020

三、葡萄酒庄的整体规划 / 021

第三章

葡萄酒酿造厂区的规划和建设

第一节　葡萄酒酿造厂区的组成 / 026
　　一、葡萄原料加工区（葡萄前处理区）/ 026
　　二、发酵区 / 026
　　三、贮藏陈酿区 / 027
　　四、原酒后加工区（稳定性处理及过滤区）和灌装包装区 / 029
　　五、葡萄酒检验区（化验室）/ 030
　　六、库存物流区 / 031
　　七、人员进出清洁消毒区 / 033
　　八、其他区域 / 033

第二节　葡萄酒酿造厂区的具体规划 / 033
　　一、酿造厂区的位置 / 033
　　二、酿造厂区的规划设计及要求 / 035
　　三、酿造厂区的整体布局 / 039

第三节　葡萄酒酿造厂区所需设备、设施及相关要求 / 040
　　一、葡萄原料加工区所需设备、设施及相关要求 / 040
　　二、发酵区所需设备、设施及相关要求 / 047
　　三、贮藏陈酿区所需设备、设施及相关要求 / 051
　　四、酒窖所需设备、设施及相关要求 / 053
　　五、原酒后加工区所需设备、设施及要求 / 058
　　六、灌装包装区所需设备、设施及要求 / 059
　　七、葡萄酒检验区（化验室）所需设备、设施及要求 / 061
　　八、配套系统所需设备、设施及要求 / 063

第四章

酿酒葡萄园的规划和建设

第一节　酿酒葡萄园的整体规划 / 070

　　一、道路系统的规划 / 070

　　二、种植区域的规划 / 070

　　三、行架系统的规划 / 071

　　四、水电系统的规划 / 072

　　五、园区美化与安全防护系统的规划 / 073

　　六、办公仓储系统的规划 / 074

第二节　酿酒葡萄品种的选择 / 074

　　一、我国常见的酿酒葡萄品种介绍 / 074

　　二、酿酒葡萄品种的选择 / 080

第三节　葡萄园的土地平整和土壤改良 / 082

　　一、葡萄园的土地平整 / 082

　　二、葡萄园的土壤改良 / 083

第四节　葡萄苗木的选择、购买和定植 / 086

　　一、葡萄苗木的种类和选择 / 086

　　二、葡萄苗木数量的确定 / 086

　　三、葡萄苗木的购买、检疫、运输和贮藏 / 087

　　四、葡萄苗木的定植 / 087

第五节　葡萄架式的种类和选择 / 089

　　一、我国常见的葡萄架式 / 089

　　二、葡萄架式的选择 / 093

第六节　葡萄树形的选择和培养 / 094

　　一、葡萄生产上的常见树形 / 094

　　二、葡萄树形的选择 / 095

　　三、葡萄树形的培养 / 096

第五章

酿酒葡萄的生产管理

第一节　酿酒葡萄的生物学特性 / 101
　　一、葡萄树的器官与功能 / 101
　　二、葡萄树的物候期及相关农事操作 / 107

第二节　酿酒葡萄的土肥水管理 / 110
　　一、土壤管理 / 110
　　二、养分管理 / 111
　　三、水分管理 / 112

第三节　酿酒葡萄的树体管理 / 114
　　一、葡萄树的整形修剪 / 114
　　二、葡萄树的花果管理 / 117

第四节　酿酒葡萄的病虫害管理 / 117
　　一、酿酒葡萄病虫害防控常用的机械 / 117
　　二、酿酒葡萄的主要病害及防控措施 / 118
　　三、酿酒葡萄的主要虫害及防控措施 / 123

第五节　酿酒葡萄的成熟与采收 / 128
　　一、酿酒葡萄果实成熟标准的判定 / 128
　　二、酿酒葡萄采收日的确定 / 129
　　三、酿酒葡萄果实的采收 / 131

第六章

葡萄酒的酿造生产

第一节　葡萄酒酿造生产的原理 / 134

　　一、酵母和酒精发酵 / 134

　　二、乳酸菌和苹乳发酵 / 141

第二节　葡萄酒酿造生产的原料及辅料 / 145

　　一、葡萄酒酿造生产对葡萄果实质量的要求 / 145

　　二、葡萄酒酿造生产需要的辅料 / 147

第三节　葡萄酒的酿造 / 164

　　一、白葡萄酒的酿造 / 164

　　二、红葡萄酒的酿造 / 167

　　三、葡萄酒的陈酿及后期管理 / 172

　　四、葡萄酒的稳定处理 / 176

　　五、葡萄酒品质的调整 / 181

　　六、葡萄酒酿造中的常见问题及解决措施 / 181

第四节　葡萄酒的灌装、运输和贮藏 / 184

　　一、葡萄酒的灌装 / 184

　　二、葡萄酒的运输和贮藏 / 188

第五节　葡萄酒酿造生产过程中的质量控制 / 189

　　一、发酵、贮藏阶段质量控制 / 189

　　二、葡萄酒配制阶段质量控制 / 190

　　三、葡萄酒封装阶段质量控制 / 190

　　四、其他 / 190

第七章

葡萄酒庄的运营

　　一、酒庄运营的方向和目标 / 192

　　二、酒庄运营的规模 / 193

　　三、酒庄产品的营销 / 194

　　四、酒庄运营中的一些理念 / 195

参考文献 / 199

第一章

我国葡萄酒产业的历史背景及发展概况

葡萄酒在我国已有两千多年的文化传承和发展，它始于汉，兴于唐，盛于元，衰于明清，直至新中国成立后再度繁荣。

一、我国葡萄酒产业的历史背景

葡萄酒虽然被许多人认为是舶来品，但事实上却是我国的本土酒种之一，最早可追溯至新石器时代。根据中美科学家对河南省舞阳县贾湖遗址的研究结果，至少在公元前5800年中国古人就开始酿造葡萄酒，那时的葡萄可能来源于野生采集。但有文字记载的葡萄酒则要追溯至公元前3世纪，根据《新疆出土佉卢文残卷译文集》第431号文书、第567号文书和第586号文书的记载，当时新疆的葡萄种植、葡萄酒酿造、葡萄酒贸易已具有相当的规模。

我国公认的葡萄酒酿造技术始于张骞出使西域之后，尽管两汉时期我国已经掌握了葡萄种植和葡萄酒的酿造技术，但葡萄酒仍是一种"稀有品"。据《太平御览·卷九百七十二》引《续汉书》云："扶风孟他以葡萄酒一斛遗张让，即以为凉州刺史"，这句话是说一个叫孟他的人拿了相当于现在20升（合约26瓶）的葡萄酒贿赂张让，结果换得了凉州刺史一职。这说明即使到了东汉时期，葡萄酒依然相当珍贵。对此我国大文豪苏轼感慨道："将军百战竟不侯，伯良一斛得凉州"。

到三国时期，曹丕对葡萄和葡萄酒也有过描述："且说葡萄，醉酒宿醒，掩露而食，甘而不捐，脆而不辞，冷而不寒，味长汁多，除烦解渴。又酿以为酒，甘于曲糵，善醉而易醒。"

唐朝作为我国古代最为繁华、强盛的时代之一，葡萄酒也在这个时代开始兴盛。在唐太宗李世民的推动下，西域的马乳葡萄及酿酒工艺被引入中原，葡萄酒也从士族走向了民间，进入寻常百姓家，成为文人雅客歌颂的对象。最为著名的当属边塞诗人王翰的《凉州词》"葡萄美酒夜光杯，欲饮琵琶马上催。醉卧沙场君莫笑，古来征战几人回？"诗仙李白也曾写道："葡萄酒，金叵罗，吴姬十五细马驮……"。

两宋时期作为中国古代市民化的朝代，日常生活中自然少不了葡萄酒。苏东坡在陕西做官时就酿过葡萄酒，他用葡萄和糖来酿酒，不放酒曲，酿的是原汁葡萄酒，甜度很高，度数很低，与现在普通百姓酿制的葡萄酒已无区别。到南宋时期，酿制的葡萄酒已有红白之分。

元代是我国葡萄酒发展的高峰，《元史·卷七十四》就记载道："潼乳、葡萄酒，以国礼割奠，皆列室用之"，可见当时忽必烈就用葡萄酒来祭祀宗庙。元朝时期，除了西域的葡萄酒源源不断地流入中原外，在山西安邑、大同，河北宣宁、燕京，以及江南扬州诸处开坊酿制葡萄酒，可见元朝葡萄酒产业的兴旺。

到了明清，关于葡萄酒产业的扶持政策消失，粮食蒸馏酒和黄酒得到快速发展，加之明王朝对西域控制力减弱，以及西域地区主张禁酒的伊斯兰教的影响力扩大，葡萄酒的生产和贸易皆衰败，虽然部分文章典籍中还有记载，如《本草纲目》等，但北方的白酒和南方的黄酒逐渐成为社会主流，只在山西、河北等葡萄酒传统产区还残存一些酿酒作坊和葡萄酒酿制习俗。

清朝中后期，随着西方传教士的进入，葡萄酒和葡萄酒相关的葡萄品种和酿造技术再次传入我国，葡萄主要种植在教堂附近，酿制的葡萄酒除了用作弥撒酒以外，也用于日常消费，如云南的茨中地区依然保留有当年传教士建立的教堂和带来的葡萄品种，葡萄酒酿造也成为当地的一种习俗。我国葡萄酒产业的发展终于有了一点起色，这一时期也成为我国近代葡萄酒重新发展的开端。

1892年是我国葡萄酒产业发展的一个重要年份，爱国华侨、实业家张弼士在烟台芝罘创办了中国第一家现代葡萄酿酒公司——张裕酿酒公司（图1-1），之后，山东青岛、山西清徐、河北怀来和昌黎、吉林长白山等葡萄酒厂相继建立，这些葡萄酒厂的规模虽然不大，但我国葡萄酒工业的雏形已经形成。

在民国时期，各国葡萄酒涌入中国，竞争激烈，即使现在高不可攀的法国波尔多一级庄名酒拉菲也只是与张裕公司

图1-1 具有欧式风格的张裕酿酒公司大门，暗合了中国人对西方葡萄酒酿造技术的引进

的葡萄酒价格相当，相当亲民。葡萄酒的销售与营销也与现在无大的区别，如在报纸、杂志和广播上做广告，以及参加各种展览会。不得不说的是在1915年美国旧金山举办的"巴拿马太平洋万国博览会"上，张裕公司的可雅白兰地、红玫瑰葡萄酒、雷司令白葡萄酒、琼瑶浆味美思一举获得金质奖章和最优奖章，开创了中国葡萄酒参评并获奖之先河。

二、我国葡萄酒产业发展的脉络

新中国成立后,葡萄酒产业获得了新生,在原有极其薄弱的基础上开拓创业,历经恢复、建设和健康发展 3 个时期。

新中国成立初期,葡萄酒产业迅速恢复和发展。当时国家对酒类的发展,提倡利用水果酿酒。1953 年,全国税法会议提出"限制高度酒、提倡低度酒、压缩粮食酒、发展葡萄酒",还规定了葡萄酒可享受免税待遇,目的是在政策上给予优惠,促进葡萄酒产业的发展。葡萄酒产业在此期间以扩大生产为主,由当时的轻工业部负责组织,陆续实施了葡萄酒产业的改、扩、建工程。

"一五"计划期间,葡萄酒作为国家重点建设项目之一,诞生了我国自行设计、施工、配套设备的专业葡萄酒厂——北京东郊葡萄酒厂。之后,又相继建立了山西清徐葡萄酒厂和位于黄河故道地区的民权、兰考、连云港、宿迁、丰县等一系列葡萄酒厂。烟台张裕酿酒公司、青岛葡萄酒厂、北京葡萄酒厂、吉林通化葡萄酒厂、陕西丹凤葡萄酒厂、河北沙城酒厂等进行了大规模的扩建。还新扩建了东北地区的长白山、一面坡、横道河子葡萄酒厂,以及西北地区的吐鲁番葡萄酒厂、天山葡萄酒厂。并培育出我国第一批葡萄酒专用品种如北醇、北玫等,这些品种至今仍被使用。

到 1978 年,葡萄酒企业由新中国成立前的寥寥几家发展到县以上国有企业 100 多家,葡萄酒的产量由 1949 年的 200t 发展到 1978 年的 64000t,增长 319 倍。我国葡萄酒产区格局基本形成。在此期间我国葡萄酒先后出口到日本、美国等国家和地区。这时我国生产的葡萄酒根据工艺分为两大类,第一类是国际葡萄和葡萄酒组织(OIV)规定的葡萄酒,完全由葡萄制成,不得添加粮食、砂糖、水和其他物质,只有个别特种葡萄酒可以使用砂糖,如起泡酒等;第二类当时叫"折全汁",即加糖掺水后生产的葡萄酒。由于当时市场的局限,生产上仍采用传统方法,以含葡萄汁量低的甜型酒为主,低糖干型酒尚属空白。

1978 年改革开放后,葡萄酒业进入了健康发展时期,大致可以划分成 4 个阶段。

(1)1978—1989 年粗放式发展阶段　葡萄酒产量从 6.4 万 t 增长到 1988 年的 30.85 万 t,但大部分是含汁量在 50% 以下的甜白葡萄酒。由于葡萄酒市场管理缺乏规范,导致伪劣产品盛行。这一时期葡萄酒的产地主要集中在山东半岛、河北怀来和昌黎、山西清徐、吉林通化和黄河故道产区等,葡萄酒生产基本都是国有企业,少量私营企业开始出现。

1980 年,中法合资王朝葡萄酿酒公司成立,成为我国第一家中外合资的葡萄酒企业、全国第二家中外合资企业，它标志性的牌楼厂区大门如图 1-2 所示。1984 年由轻工业部食品工业司提出，轻工业部食品发酵工业科学研究所负责起草制定了我国第一个葡萄酒标准 QB 921—1984《葡萄酒及其试验方法》，葡萄酒有了质量检验的依据，对生产厂商、消费者都有了质量保证。1984 年，宁夏西夏王葡萄酒业有限公司的前身宁夏玉泉葡萄酒厂建厂，拉开了贺兰山东麓葡萄酒发展的

图 1-2　中法合资王朝葡萄酿酒公司具有鲜明中国文化特色的牌楼大门，暗合了西方葡萄酒企业再次进入中国

大幕，1985 年，来自香港的英国商人 Michael Parry 在青岛建立华东百利酒庄，成为我国欧式酒庄的开始。1988 年，中粮酒饮料食品进出口公司、法国鹏利股份有限公司和昌黎葡萄酒厂以 3∶3∶4 的比例共同投资兴建了中粮华夏长城葡萄酒有限公司。

1983 年，长城葡萄酿酒公司的干白葡萄酒在英国伦敦第 14 届国际品酒会上获得银质奖，1984 年在西班牙马德里国际评酒会上获金质奖。1987 年 6 月，华东百利酒庄的 Chardonnay 干白葡萄酒获得法国波尔多 Vinexpo 银奖，这是改革开放后我国单品种葡萄酒在国际上首次获奖。

（2）1990—1999 年转型波动阶段　1989 年葡萄酒产业开始出现大面积滑坡，葡萄种植面积骤减，葡萄酒企业纷纷倒闭，只有少数企业勉强维持。葡萄酒产量连续几年徘徊在十几万吨。在这段低落徘徊期，我国葡萄酒的产品结构开始逐步进行内部调整。1994 年我国实施了新的葡萄酒标准 GB/T 15037—1994《葡萄酒》，取消了含汁量在 50% 以下的葡萄酒的生产，并逐步形成共识——只有全汁葡萄酒才是真正的葡萄酒。此阶段，低档酒逐渐被市场淘汰，中档酒占据主导地位，干红葡萄酒开始走俏，为我国葡萄酒企业带来新的机遇和挑战。

1994 年，我国首位留法葡萄与葡萄酒博士李华在陕西杨凌的西北农业大学（现西北农林科技大学）创建葡萄酒学院，成为亚洲第一所专门从事葡萄与葡萄酒教学、科研的学院。1994 年威龙葡萄酒股份有限公司始建，烟台张裕集团有限公司组建并于 1997 年在深圳证券交易所发行股票，成为国内首家上市的葡萄酒企业；1997 年香港企业家陈进强先生在山西省太谷县创建山西怡园酒庄有限公司；1998 年中法合作在怀来成立中法葡萄种植和酿酒示范农场（中法庄园），随后一系列酿

酒葡萄品种进入中国；1998年在原有兵团酒厂的基础上，新天国际葡萄酒业股份有限公司成立，后更名为新疆中信国安葡萄酒业有限公司；1999年Swarovski在河北昌黎创立朗格斯酒庄（秦皇岛）有限公司（朗格斯酒庄）。在此期间山东轻工学院、无锡轻工学院、天津轻工学院等院校，把葡萄酒的教学列入发酵专业课程，为国家培养了大批葡萄酒酿造工程技术人员。

十年间，山东半岛产区、新疆产区、河北怀来和昌黎产区在经历过最初的阵痛后，稳住了葡萄酒主产区的地位，产区规模和知名度继续扩大，同时宁夏贺兰山东麓葡萄酒产区迅速崛起，而以民权葡萄酒厂的衰落为标志，黄河故道产区逐渐退出葡萄酒主产区之列。

（3）2000—2012年健康发展阶段　　将近十年的葡萄酒产业大滑坡，为我国葡萄酒产业的大变革提供了动力。从2000年开始，随着我国经济的恢复发展，葡萄酒产量和消费量加速增长，酿酒葡萄种植区域迅速扩大，种植面积急速增加，葡萄酒厂和酒庄遍地开花，整个葡萄酒产业蓬勃发展。先后有13家葡萄酒相关企业在股票交易所上市，形成一超（张裕）多强（中粮、威龙等）的格局。我国的葡萄酒消费群体迅速壮大，高端葡萄酒的消费人数迅猛增加，干红葡萄酒的持续热销，以及年份酒、酒庄酒等概念的营销，2009年开始我国掀起了葡萄酒庄建设高潮，到2012年，葡萄酒产量达到1382000kL，行业整体利润增速创下历史新高。

（4）2013年至今国产葡萄酒衰退阶段　　进入2013年，受到治理"三公"消费、"双反"（反倾销、反补贴）调查和葡萄酒关税取消等政策法规的影响，葡萄酒产业收入和利润增速一度为负，虽然2014年葡萄酒销售重回正增长轨道，但多被进口酒占据，国产葡萄酒产销进入下滑通道，截至2021年，虽然我国的葡萄酒消费量位居世界第6位，达867000kL，但国产葡萄酒的产量已降到268000kL，市场份额降到40%以下，连续9年下滑，大多数葡萄酒企业保本经营或陷入亏损，行业转型的大幕再次拉起。

三、葡萄酒庄在我国的发展历程

我国最早的葡萄酒庄可追溯至1982年张弼士先生在山东烟台创立的张裕酿酒公司。但真正将酒庄概念引入我国的是英国人Michael Parry于1985年在青岛建立的华东百利酒庄。1997年香港企业家陈进强先生在山西太谷创立山西怡园酒庄有限公司，成为我国葡萄酒庄快速发展的起点，2002年张裕公司与法国卡斯特公司合资在山东烟台建造了新中国成立后张裕首座酒庄烟台张裕卡斯特酒庄（图1-3），随后张裕集团更是推出了八大酒庄战略，先后在辽宁桓仁、北京密云、宁夏银川、陕西咸阳、新疆石河子等地投巨资建设葡萄酒庄，并在中央电视台和凤凰卫视重点宣传张裕爱斐堡国际酒庄，产生巨大影响，随后其他葡萄酒企业迅速跟进。2004 年中粮集团在山东蓬莱成立中粮君顶酒庄，2009 年法国拉菲集团与中信集团合作在山东蓬莱建设我国第一个酒庄；2012 年法国酩悦轩尼诗酒业集团先后在宁夏银川和云南德钦地区投资建设酩悦轩尼诗夏桐（宁夏）酒庄有限公司和酩悦轩尼诗香格里拉（德钦）酒业有限公司，将这一波酒庄建设推向高潮。

图 1-3　张裕卡斯特酒庄简洁明快的大门，说明当时中国葡萄酒企业与国际接轨，对未来的发展充满自信和朝气

经过 30 多年的发展，我国葡萄酒庄的分布格局逐渐明朗，形成了以烟台为中心的山东半岛葡萄酒庄群、以北京为中心的燕山葡萄酒庄群、以银川为中心的贺兰山东麓酒庄群及以乌鲁木齐为中心的天山葡萄酒庄群，除此之外还有河西走廊葡萄酒庄群、西南干热河谷葡萄酒庄群、长白山葡萄酒庄群等，各酒庄群的代表酒庄见表 1-1。在这些葡萄酒庄集群当中，尤以贺兰山东麓酒庄群最为耀眼。

表 1-1　我国主要的葡萄酒庄聚集区及代表酒庄

酒庄聚集区	代表酒庄
山东半岛葡萄酒庄群	张裕卡斯特酒庄、中粮君顶酒庄、华东百利酒庄等
燕山葡萄酒庄群	张裕爱斐堡国际酒庄、长城桑干酒庄、朗格斯酒庄等
贺兰山东麓酒庄群	张裕摩塞尔十五世酒庄、酩悦轩尼诗夏桐（宁夏）酒庄、贺兰晴雪酒庄、巴格斯酒庄等
天山葡萄酒庄群	张裕巴保男爵酒庄、天塞酒庄等
河西走廊葡萄酒庄群	莫高葡萄庄园、紫轩酒业、皇台酒业等
西南干热河谷葡萄酒庄群	酩悦轩尼诗香格里拉（德钦）酒业、云南红酒庄等
长白山葡萄酒庄群	张裕黄金冰谷冰酒酒庄、通化葡萄酒等

进入 2013 年，本土葡萄酒企业发展进入低潮，葡萄酒产量连续 9 年下滑，部分葡萄酒庄运营困难，葡萄酒庄的建设由盛转衰，尤其以 2017 年中信集团与拉菲山东酒庄项目合作终止，2018 年昌黎朗格斯酒庄股权转让，宣告这一阶段酒庄建设的结束。

现在，葡萄酒庄面临的是行业门槛逐年提高、品牌壁垒已然形成、市场竞争异常惨烈的局面。葡萄酒市场经过改革开放后的蓬勃发展，市场和品牌的壁垒已经形成，张裕、长城作为葡萄酒知名企业和品牌占据全国市场，王朝、中葡、威龙、华东、通化、莫高等企业分别占据各自的区域市场，任何新加入者，都要面对现有品牌的挤压和进口葡萄酒的竞争。2008年后关税调整，大量进口葡萄酒涌入国内。经过十多年的发展，国外知名品牌酒已完成对高端市场的占领，大量低端品牌酒在国内进口代理酒商的引领下正在攻占中低端市场，整个葡萄酒市场竞争惨烈。根据葡萄酒企业上市公司年报，2021年绝大多数葡萄酒上市企业处于亏损和保本经营状态，盈利难成为行业共识。

酒庄酒作为高端酒的代表，一定要改变思路，不能进入传统市场与强势品牌酒企进行厮杀，必须另辟新路。第一，要压缩一切不必要的投资和支出，降低企业运行成本，保证企业存活；第二，围绕产品质量下功夫，生产出物超所值的产品，放弃传统做大做强思维，利用庄主和股东的人脉深耕企业最熟识的小区域市场，做地方强势品牌；第三，充分利用酒庄现有场地，与当地旅游、教育培训等机构合作，开展科普教育和休闲体验等活动，盘活现有资源；第四，与名企合作联姻，寻找强力外援，借力生产和发展。

第二章

葡萄酒庄的类型、选址和总体规划

第一节　葡萄酒庄的类型和定位
第二节　葡萄酒庄的选址和规划

葡萄酒庄规划建设与酿酒葡萄管理

拥有属于自己的葡萄酒庄是一件令人向往的事情，但葡萄酒庄的建设和运营除了涉及巨额的资金外，还涉及国家的法规政策、葡萄酒生产技术、企业人员管理和市场营销等诸多内容。因此，在决定投资葡萄酒庄之前，必须对葡萄酒市场与自身条件进行综合考虑和衡量。

首先，必须详细考察葡萄酒市场，对葡萄酒行业内的竞争要有充分的认识。截至 2021 年，全国葡萄酒行业共有企业 1761 家，纳入国家统计局范畴的规模以上葡萄酒企业 116 家，规模以上葡萄酒生产企业完成酿酒总产量 268000kL，与上年同期相比下降 29.08%；累计完成销售收入 90.27 亿元，与上年同期相比下降 9.79%；累计实现利润总额 3.27 亿元，其中亏损企业 28 家，累计亏损额 2.87 亿元，企业亏损面为 24.1%；葡萄酒产量占全国饮料酒产量比重由 1.8% 下降至 0.6%，营业收入占酿酒工业比重由 5.0% 下降至 1.0%。反观进口葡萄酒，2021 年进口量达 424000kL，为国产葡萄酒产量的 1.58 倍，葡萄酒市场表观消费量中占比高达 61.3%，整个国产葡萄酒产业处于萎缩防守的态势，剩余的少量国产酒市场也被国内六大酒企张裕、威龙、王朝、通葡、中葡和莫高占领，市场竞争激烈。

其次，要对酒庄建设和运营将会遇到的风险有充分的认识。建设一个葡萄酒庄需要面对一系列事项，并做出重要且投入巨大的决策。例如，葡萄酒庄园址的选择、酒庄的定位和规划、葡萄园的建立、酿造车间的建设、酒庄管理制度的建设和运营等一系列事项，对这些事项落实中会遇到的风险要有充分的认识。

最后，建设葡萄酒庄除了需要土地种植葡萄外，还需要厂房用于葡萄酒生产，一定数量的房屋用于日常办公、观光旅游和餐饮住宿等。种植葡萄的土地可以向农民或村集体租赁，而建设用地则必须向当地的政府购买，这就牵涉一系列土地性质改变和工业用地出让等事项。这些工作会有许多未知的风险，如村集体和村民的反对、地面附属物的赔偿等。如果建设酒庄的投资规模过小，在一些没有葡萄酒酿造传统的地区，建设用地获取的过程将会漫长而又烦琐，这就对酒庄投资者的人脉和社会活动能力提出较高的要求。这也是大部分葡萄酒庄都建设在葡萄酒传统优势产区的原因。

第一节 葡萄酒庄的类型和定位

一、葡萄酒庄的类型

综合而言,国内的酒庄大致有 4 种类型:生产型酒庄、观光休闲型酒庄、综合型酒庄和家庭酒庄。

1. 生产型酒庄

生产型酒庄多为原来的中小型葡萄酒生产企业通过对园区绿化、增加相应的观光游览内容升级改造而来,内容相对简单,这类酒庄在河北怀来和昌黎较为常见。酒庄的重点是依托优势产区生产高品质的葡萄酒,同时兼顾观光旅游。

2. 观光休闲型酒庄

观光休闲型酒庄是在葡萄酒生产的基础上,重点发展休闲观光旅游、教育培训和健康养护等产业。葡萄酒庄作为整个产业或公司集团的附属单位存在,这类酒庄多由其他行业的企业跨行投资建设,庄主多为其他行业的葡萄酒爱好者,为了追求一种高品质生活而建酒庄,为当下葡萄酒庄发展的主要类型。图 2-1 为本书编者作为技术负责人参与建设的第一座观光休闲型酒庄。

图 2-1 郑州纳帕美景庄园

3. 综合型酒庄

综合型酒庄多由传统的大型葡萄酒企业或集团进行产业升级而建，除了酒庄常见的葡萄园和葡萄酒堡之外，同时建设葡萄酒小镇和大型葡萄酒灌装车间，在大规模生产葡萄酒的同时，依托葡萄园发展休闲旅游和观光农业。综合型酒庄牵涉内容繁多，工作的难点不是建设，而是建成后的酒庄如何运营、酿造出的葡萄酒如何销售获得利润，因此该类型酒庄多由资金实力雄厚的大型酒企投资兴建，是对现有产业布局的升级换代，典型代表是张裕集团在全国投资建设的八大酒庄。图2-2为张裕集团在北京兴建的第一个综合型葡萄酒庄张裕爱斐堡国际酒庄。

图2-2　张裕爱斐堡国际酒庄

4. 家庭酒庄

在我国，葡萄酒生产归类为食品工业，管理严格，因此以家庭或个人为基本生产单元的家庭葡萄酒庄还比较少见，更多的是以酒庄名义存在于城市中以葡萄酒销售和餐饮为业务的企业。尽管在2020年8月10日，中华人民共和国工业和信息化部发布公告，称即日起废除《葡萄酒行业准入条件》（工业和信息化部公告2012年第22号），但个人想要建设一个像欧美那样葡萄酒产品可以上市流通的小型葡萄酒庄或车库酒庄，目前仍有较大的难度，但建设一个在亲朋好友之间分享劳动成果的家庭酒庄还是完全可能的。图2-3为国内具有极高知名度的家庭酒庄昌黎葡萄沟耿氏酒堡。

图2-3　昌黎葡萄沟耿氏酒堡

二、葡萄酒庄的定位

1. 酒庄类型的定位

绝大多数葡萄酒庄投资者为其他行业内的成功人士，出于对葡萄酒的喜爱或田园休闲生活的向往而投资葡萄酒庄，在满足自己喜好的同时，又可以辅助现有产业的发展，如节约现有企业的接待费用等，所以投资建设的酒庄多为观光休闲型酒庄。

观光休闲型酒庄的定位是以休闲观光娱乐为主，葡萄酒酿造为辅。在满足庄主个人喜好和现有企业社交需要的基础上，为社会提供休闲观光旅游、文化教育培训及葡萄酒和高端农产品销售等内容，不再单纯依赖葡萄酒销售来维持葡萄酒庄的运营和发展。

2. 酒庄规模的定位

投资者千万不要把酒庄当成一个农业项目，它是一个食品工业项目，需要取得食品生产许可证。酒庄建设和生产运营，需按照《食品生产许可审查通则》和《酒类生产许可审查细则》的要求向县级以上地方市场监督管理部门提出食品生产许可证验收审批申请，在取得食品生产许可证后方可正常生产，同时县级的市场监督管理部门会对酒庄的日常生产进行监督管理。酒庄在建设运营过程中需要遵守的相关法律法规和标准主要有《中华人民共和国食品安全法》《中华人民共和国劳动法》《中华人民共和国节约能源法》《中华人民共和国清洁生产促进法》《中华人民共和国环境影响评价法》等；GB 14881—2013《食品安全国家标准 食品生产通用卫生规范》、GB 7718—2011《食品安全国家标准 预包装食品标签通则》、GB 2760—2014《食品安全国家标准 食品添加剂使用标准》、GB 2758—2012《食品安全国家标准 发酵酒及其配制酒》、GB 12696—2016《食品安全国家标准 发酵酒及其配制酒生产卫生规范》、GB 2762—2022《食品安全国家标准 食品中污染物限量》，鼓励企业执行 GB/T 15037—2006《葡萄酒》、GB/T 23543—2009《葡萄酒企业良好生产规范》等建设一个符合国家法律法规要求的葡萄酒庄是一项投资大、周期长、颇为考验人的项目，投资者必须对投资规模进行一个详细的预算，再根据自己的资金和人脉实力进行综合考虑，确保酒庄的建设不能影响到自己主业的资金流动，更不能成为负担。

作为一种爱好和情怀，酒庄可以不盈利，但亏损绝不能出现在计划中。投资者应控制好葡萄酒庄的投资规模，在遵守法律法规的基础上，尽量降低成本，进行多元化经营，尽早盈利。投资葡萄酒庄追求的是一种生活方式，绝不是将已有的财富投入一个无底洞中，让自己累得焦头烂额。

因此，在决定投资酒庄之初就应聘请专业人士，对酒庄的建设和发展进行统筹规划。聘用财务管理人员和具有丰富酒庄建设经验的专业人士，他们会根据投资者的需要预算出具体的建设成本，包括酿酒车间厂房、酒窖的规模和布局、需要的机械设备和购置成本、土地购买和租赁的价格、葡萄园和酒厂的运营管理成本，营销上可能会出现的问题，以及和政府打交道的经验等。建设葡萄酒庄是为了追求一种幸福的生活方式，聘请专业人士给投资者提供切实可行的财务建议和操作方法，会为投资者节约大量的时间、精力和资金。

3. 葡萄酒产品类型的定位

在决定投资葡萄酒庄之后，确定园址之前，投资者必须从销售末端开始进行充分而实事求是的研究论证。首先确定酒庄将来生产的葡萄酒的产品类型和风格，标准就是所选类型和风格的产品要么具有现成的市场，要么能够开发出新市场，如现在干红葡萄酒是我国葡萄酒市场的主流产品，定位于生产干红葡萄酒的酒庄所要考虑的就是通过何种营销手段让消费者接受自家的产品。然后，确定选定的葡萄酒类型在将要选定的葡萄园和建设的酿酒厂能够生产出来，而不会遇到技术、建设成本及法律法规许可的问题。现对葡萄酒产品的分类做一个简单介绍。

依据 GB/T 15037—2006《葡萄酒》的标准，发酵的葡萄酒根据葡萄酒中二氧化碳含量和加工工艺分为：平静葡萄酒、起泡葡萄酒和特种葡萄酒。

（1）**平静葡萄酒**　平静葡萄酒指温度为 20℃时，二氧化碳压力小于 0.05MPa 的葡萄酒。平静葡萄酒根据含糖量分为干葡萄酒（总糖含量小于或等于 4.0g/L）、半干葡萄酒（总糖含量为 4.1~12.0g/L）、半甜葡萄酒（总糖含量为 12.1~45.0g/L）、甜葡萄酒（总糖含量大于或等于 45.1g/L）。当总糖与总酸（以酒石酸汁）的差值小于或等于 2.0g/L 时，干葡萄酒含糖量最高为 9.0g/L，半干葡萄酒含糖量最高为 18.0g/L。

按颜色分，平静葡萄酒又分为红葡萄酒、白葡萄酒和桃红葡萄酒。

（2）**起泡葡萄酒**　起泡葡萄酒指温度为 20℃时，二氧化碳压力等于或大于 0.05MPa 的葡萄酒。起泡葡萄酒分为高泡葡萄酒和低泡葡萄酒，在 20℃时，二氧化碳（全部自然发酵产生）压力大于或等于 0.35MPa（对于容量小于 250mL 的瓶子，二氧化碳压力等于或大于 0.3MPa）的起泡葡萄酒为高泡葡萄酒；二氧化碳（全部自然发酵产生）压力在 0.05~0.34MPa 的起泡葡萄酒为低泡葡萄酒。

高泡葡萄酒按含糖量又可分为天然高泡葡萄酒（含糖量小于或等于 12.0g/L，误差允许为 3.0g/L），绝干高泡葡萄酒（含糖量为 12.1~17.0g/L，误差允许为 3.0g/L），干高泡葡萄（含糖量为 17.1~32.0g/L，误差允许为 3.0g/L），半干高泡葡萄酒（含糖量为32.1~50.0g/L)、甜高泡葡萄酒（含糖量大于50.0g/L)。国内生产起泡葡萄酒最著名的企业是酩悦轩尼诗夏桐（宁夏）酒庄有限公司。

（3）特种葡萄酒　特种葡萄酒指用鲜葡萄或葡萄汁在采摘或酿造工艺中使用特定方法酿制而成的葡萄酒。国内比较常见的有冰葡萄酒和山葡萄酒。冰葡萄酒，是将葡萄推迟采收，当气温低于-7℃使葡萄在树枝上保持一定时间，结冰，采收，在结冰状态下压榨、发酵，酿制而成的葡萄酒（在生产过程中不允许外加糖源）。山葡萄酒，是采用鲜山葡萄（包括刺葡萄、毛葡萄、秋葡萄等野生葡萄）或山葡萄汁经过全部或部分发酵酿制而成的葡萄酒。其他特种葡萄酒还有利口葡萄酒、葡萄汽酒、贵腐葡萄酒、产膜葡萄酒、加香葡萄酒、低醇葡萄酒、脱醇葡萄酒等。

葡萄酒的蒸馏酒——白兰地：白兰地作为由葡萄发酵的原酒通过蒸馏、橡木桶陈酿、调配而成的高度酒，酒精度一般为40%vol左右，近年来很多酒庄都在进行小规模的生产。

酒庄在产品定位时一定要考虑自身的投资规模、技术条件和葡萄园所在地区的自然条件等因素。如果所在区域果实成熟季（果实从开始成熟至达到工艺采摘要求这段时间）阴雨天较多（降雨量超过200mm），种出的葡萄果实花青素和单宁酚类物质含量偏低，这些地区的酒庄生产鲜饮型葡萄酒较为合适。另外，还要考虑市场需求，目前国内酒庄生产的葡萄酒主要是干红葡萄酒和干白葡萄酒，以及少量的甜葡萄酒，这也与国内的葡萄酒消费市场相匹配。

4. 小结

除生产型酒庄外，葡萄酒庄应定位于以葡萄酒生产销售为基础，同时提供优质果品、农产品和旅游研学、餐饮住宿等服务内容的综合运营商，园区规模不超过200亩（1亩≈666.67m^2，更大面积的葡萄园可以委托农户种植），投资规模在2000万元以下。葡萄酒主要通过庄主的人脉、酒庄内的实体店和网店进行销售，在满足庄主个性需求的同时，实现酒庄的盈利和发展。

现在，我国的葡萄酒产业准入制度已经废除，酒庄的建设规模和结构布局可以更加灵活。一部分土地用来种植酿酒葡萄，一部分土地种植个人喜好的特色水果、蔬菜和花卉，在满足个人追求田园休闲生活的同时，通过葡萄酒、农产品的销售和服务获得相应的收益，就像法国乡村的小酒庄、日本的小农场一样，成为人们年轻时的爱好，年老时的归宿。

第二节　葡萄酒庄的选址和规划

一、葡萄酒庄的选址

酒庄园址的选择是最为基础、最为重要的一步,事关整个事业的成败和收益,必须慎之又慎,在该阶段犯的每一个错误都将对酒庄产生长远的影响,并且极难矫正,绝不能仓促行事。

1. 依据相关法规政策和自身人脉选择园址

首先,近年来,我国根据不同地区的气候、自然条件和种植习惯,进行了较为严格的产区划分,在不同产区实行不同的产业政策和农业补贴,因此应当在国家政策扶持葡萄酒产业的地区选址。例如,我国宁夏回族自治区的银川市,实行扶持葡萄酒的产业政策,在土地、农业资金补助、税收等方面实行优惠政策,并有专门的政府部门帮扶企业。

其次,在选择园址时,应注意一些具体的法律法规。随着我国环保意识的增强和相关法律的健全,国家对过去不予重视的山坡荒地、河道荒滩和机井水源都加强了管理,因此选址时要充分考虑当地的法律、法规和环保政策,以免发生冲突,为企业的发展留下隐患。尤其是自2015年以来,国家进一步加强了基本农田保护的"五不准"制度,其中就有"不准占用基本农田进行植树造林,发展林果业"。

最后,要考虑在当地的人脉关系。葡萄生产的土地多为农村租赁,土地的安全和稳定是园址选择时必须考虑的问题,因此在租赁土地前必须与当地的各方协调好关系。

2. 依据当地的气候条件选择园址

尽管葡萄是一种世界性树种,各种气候条件下均有栽培成功的葡萄园,但不同的气候条件决定葡萄的种植难易程度,从而影响企业的投资管理成本和后期收益。对葡萄生长有重要影响的气候因素主要有生长季、有效积温和冬季最低温度、降水量和降水分布等。

（1）生长季　对于葡萄而言,生长季指一年中日平均温度大于10℃的连续天数。生长季的长短因地区而异,通常纬度高、海拔高的地区生长季短。一般葡萄的生长发育期是 120~180d，只有生长季达到 120d 以上才能够保证葡萄果实成熟后，葡萄枝条也能够充分成熟，适应冬天。因此生长季的长短，直接影响种植何种成熟期的葡萄品种（早熟、中熟、晚熟）。当然，生长季越长，可供选择的栽培方式和葡萄品种的范围也就越大。例如，我国的长白山产区，由于生长季过短，种植晚熟的赤霞珠则果实不能充分成熟，因此当地种植的多为生长季短、耐寒的山葡萄如双红、双优或山欧杂种如公酿 1 号和北冰红等。

（2）有效积温和冬季最低温度　　葡萄需要的最低有效积温在 1100℃ 左右，有效积温越多，可供选择的葡萄品种范围则越广。冬季最低温度，决定葡萄树冬季是否要进行越冬防护（在我国主要是冬季葡萄树是否埋土及埋土的深度）。在埋土防寒区建园，冬季葡萄树需要下架埋土，春季出土上架，这显著增加了种植难度和用工成本。

（3）降水量和降水分布　　降水量指一年中降雨和降雪的多少，降水分布则指降水量在各个月份中的多少。对于葡萄而言，冬、春季休眠期阴雨，生长季适度干旱，尤其是葡萄成熟期的干旱（月降雨量小于 50mm）的气候条件，最有利于葡萄的生长，获得优质果实。但我国属于雨热同季，雨季与葡萄成熟期重叠，对于年降水量大于 600mm 的地区，露地种植欧亚种酿酒葡萄，病害发生较为严重，需要使用大量药剂进行防控。年降雨量低于 400mm 的地区病害防控则相对简单，如我国西北地区宁夏贺兰山东麓产区和河北怀来产区，但这些地区冬季低温，葡萄树又需要埋土防寒，造成用工成本增加。

需要说明的是，在园址选择时不仅要关注所在地区大的气候条件，更要关注园址周围小的气候条件，大型山脉、湖泊和水库对其周边地区的小气候会有明显的影响。通常大型山脉会产生垂直气候变化，随着海拔升高，温度降低、生长季变短，如我国云南省由于大型山脉导致的气候变化，出现了许多适宜葡萄种植的小区域，图 2-4 为位于川滇高原金沙江干热河谷的赤霞珠葡萄园，虽然地处亚热带，但由于高海拔（海拔 3000m 左右）的作用，反而成为种植酿酒葡萄的适宜区域。大型湖泊和水库会降低夏季的最高温度，提高冬季的最低温度，增加空气湿度和降水量，造成春季温度回升慢，推迟葡萄萌芽，但会减轻晚霜危害，减缓秋季降温，减轻早霜危害。

总之，好的气候标准为成熟期降水少、温差大、光照强、微风吹，无灾害性天气等，详见表 2-1。

图 2-4　位于川滇高原金沙江干热河谷的赤霞珠葡萄园

表 2-1　适宜酿酒葡萄生长的理想气候条件

项目	生长季	最低温度	年降水量	生长季光照时间	成熟期日温差	自然灾害
要求	160d 以上	-10℃以上	600mm 以下	1250h 以上	10℃以上	无或极少

3. 依据地形、坡向、位置和土壤条件选择园址

（1）**地形、坡向和位置**　葡萄对空气流通（通俗地说就是微风）的要求远超其他果树，空气流通比较差的地块会增加霜冻危害和真菌疾病（如霜霉病）侵染的风险。葡萄喜欢排水良好的地块，虽然葡萄比较耐涝，但积水也会导致葡萄根系死亡，严重影响树体生长，并会导致许多病害的侵染发生。因此在选择园址时，一个允许机械通行，没有土壤侵蚀的向阳缓坡地或梯田山地，则成为葡萄园的首选。这些地块昼夜温差大、不易积水，有利于葡萄生长，同时选择这里不易与国家土地政策发生冲突。

在山地和丘陵坡地选址应注意两个问题。一是坡向的选择，南坡向会促进果实成熟，但有增加早春霜冻危害的风险；北坡向或东坡向减少了霜冻风险但会推迟果实成熟。二是位置，山坡底部冷空气容易堆积，山顶气温又下降迅速，都容易发生霜冻危害；山腰处则空气流通，阳光充足，晚秋、早春的霜冻会比山底和山顶来得晚、结束得早、出现的频率低，危害的程度也会比较轻。从图 2-5 可以看出地形和位置对霜冻的影响，坡底部葡萄树的霜冻危害明显重于坡中上部的葡萄树。

（2）**土壤条件**　葡萄对土壤的适应范围较广，除砂石地和重黏土地不适宜种植酿酒葡萄外，其他类型的土壤（注意土壤 pH 不能小于 5.5 或大于 8.5，土层厚度不能低于 100cm）均可以种植葡萄。但一个含有较多砾石（直径为 2~20mm）、pH 为 6.0~7.5、土层厚 100cm 以上的砂壤土地，则更适合葡萄生长（图 2-6）。这样的土壤疏松透气，液、固、气三相比较协调，保肥保水能力强，微生物活跃，肥料有效性高，不断分解的岩石还可以补充土壤的矿质元素，葡萄树壮而不旺。

图 2-5　地形和位置对霜冻的影响

图 2-6　富含砾石的砂壤土

4. 依据当地的环境和有无自然灾害选择园址

（1）**有无污染源**　在选择葡萄园址时，当地的环境条件必须符合国家农业行业标准 NY/T 391—2021《绿色食品　产地环境质量》的规定。葡萄园址应远离化工厂、化肥厂、冶炼厂、水泥厂等企业，一是减少被污染的风险，二是有利于品牌的健康营销。

（2）**有无严重的自然灾害**　在选择园址时尽量避开会出现台风、洪水、冰雹、泥石流、山体滑坡等自然灾害的地区或地段。在这些地区建园，会增大失败的风险和资金投入。

5. 依据当地的水电和交通等条件选择园址

葡萄属于相对耐旱、耐涝的果树，虽对水利条件要求不太严格，但在选择园址时也必须高度重视，因为精确控制灌溉时机和水量不仅是提高葡萄果实品质和产量的重要方法，同时也影响葡萄园的运营成本，尤其在干旱产区如我国西北干旱产区，供水量往往是当地葡萄酒产业发展的限制因素。

电力供应需要 380V 工业电到达酒庄酿造车间。交通一定要便利，至少有宽 6m 以上的硬化道路到达酒庄。当酒庄大致位置选定后，重点考虑的就是交通区位，尽量选择图 2-7 这样的位置，充分吸引两条道路的客流。

图 2-7　根据道路选择酒庄位置

6. 依据酒庄发展方向选择园址

酒庄位置的选择，其实还有两条路线的区别，一是葡萄酒优先，选择可以酿制高品质葡萄酒的园址，生产出业界认可的葡萄酒；二是环境优先，选择适宜观光旅游、康养居住的园址，酿造出能够代表当地风土条件的葡萄酒。

（1）**酿制高品质葡萄酒的园址**　如果选择酿制高品质葡萄酒这条路线，就必须选择最适宜酿酒葡萄生长的地区，获得最好的葡萄果实，然后酿制出高品质的葡萄酒，具体参照前面的气候土壤条件要求。代表酒庄是酩悦轩尼诗香格里拉（德钦）酒业有限公司，为了让葡萄能够在最适宜的条件下生长，将葡萄园选建在偏僻的金沙江河谷地区。

现在比较公认的优质葡萄酒产区有宁夏贺兰山东麓产区、山东烟台产区、河北怀来产区、西南干热河谷产区等。当然在满足可以酿制出优质葡萄酒的前提下，能够选择出一个环境优美，水电交通便利、靠近大城市的园址则更好。

（2）适宜观光旅游、康养居住的园址　如果走这条路线，则不必拘泥于选择最适宜葡萄生长的地区，而是选择一个最能满足自己生活的区域，有以下几条建议可以参考。

1）距离自己企业或居住城市 1h 车程内，环境优美，交通便利的位置。

2）拥有独特的景观资源（从酒庄所在的区域就可以看到或接触到）、自然资源（如温泉、草原、森林）或特色农产品资源，为酒庄的综合经营打好基础。如果在满足上述要求的前提下，还可以选择出一个尽可能让葡萄树健康生长，生产出优质果实的园址则更好。

7. 选择园址时还需关注的其他因素

在园址选择时，还应考虑该地区的经济水平、劳动力供应情况和社会治安状况；葡萄园周围土地的开发建设情况（在城市郊区建园更应考虑）；葡萄园内有无敏感设施（如地下是否铺有光缆、电线、天然气管道等），这些都会影响土地平整和园区施工；以及是否有其他所有人的建筑物、树木和墓地，这些因素都极易导致纠纷，影响葡萄园建设，甚至导致投资失败。另外，地块是否种植过具有共患病虫害的林木，这些林木是否发生过根癌病、根腐病、根结线虫病等病虫害也应考虑。

在参考上述建议的同时，还要向专业人士多咨询，尽量筛选出多个可供选择的葡萄园址，进行综合考虑，最终确定 2 个以上符合要求的园址。在选择园址时，可以充分利用卫星地图提供的便利。对于没有土地选择余地的投资人，只能根据当地的自然条件趋利避害，选择合适的葡萄品种和种植模式加以克服。

再次强调，酒庄的选址直接决定事业的成败，尽量选择离大城市近、交通便利、环境优美、有特色资源的地块。

二、酒庄土地的获取

当酒庄位置选好后，如何获取自己心仪的土地，则是整个酒庄建设中最难的工作之一。建成酒庄还是农场，投资者的人脉和能力在这个阶段最能体现出来。土地的获取分两部分：建设用地和农业用地。

需要特别强调的是，在土地获取过程中，尤其是支付费用前，首先要做的是边界定位，在土地定边时一定要让土地出让方通知土地边界的相邻方一起进行三方边界确认，将园区的边界确定清楚，设置上标志；其次是地面附属物定价，通过这些操作尽可能将存在的隐患提前暴露，探知当地的民风和社风。如果难度太大也好及时放弃，使用备选园址，避免出现骑虎难下的局面。

1. 建设用地的获取

建设用地是整个酒庄建设和发展的基础。关于农业用地转为建设用地，我国有一套严格的土地审批流程，如果没有地方政府和相关部门的帮助，建设用地很难获取，这也是很多企业到传统葡萄酒产区和政策扶持产区投资建设酒庄的原因。

2. 种植用地的获取

种植葡萄的土地获取相对简单，向村集体或农民直接租赁就可以，但一定要签订土地租赁合同并进行公证，将土地经营权从农民手里流转过来。需要说明的是在进行土地租赁前，一定要去土地规划部门查阅相关土地的性质，林地、荒山和荒滩允许发展林果业，可以种植葡萄树。如果占用农田种植葡萄树，属于违法行为，会对企业发展产生重大影响。

三、葡萄酒庄的整体规划

葡萄酒庄规划应在明确园区区位、自然条件和投资规模等因素的基础上，对葡萄酒庄进行合理的定位，然后充分利用区位和自然优势，做到有的放矢、量力而行，严禁大拆大建、走重资产的路线。

葡萄酒庄的整体规划必须按照酒庄的定位进行设计。投资葡萄酒庄，很多是其他行业的成功人士跨界而来，对于这个行业的竞争没有切身的体会，现实中单纯依靠葡萄酒销售进行盈利的酒庄很难生存。因此建议将酒庄定位于观光休闲型酒庄和家庭酒庄，既满足了个人喜好，又可以辅助现有产业的发展。

对于观光休闲型酒庄，则是将休闲娱乐项目的建设放到与葡萄酒生产同样重要的地位，甚至高于葡萄酒的生产，葡萄酒酿造生产只是核心项目之一，不能将其作为唯一的核心。葡萄酒的定位，应根据当地的风土条件和市场口味，确定葡萄酒的类型和生产工艺，酿造出具有当地风土特征的葡萄酒。

1. 酒庄规划前的思考

建设酒庄首先要保证有基本的盈利能力，其次才是生活的享受。所以酒庄的规划必须以吸引人流、增加收益为目标，观光休闲酒庄和家庭酒庄应在葡萄酒酿造的基础上加入精品农产品生产、亲子研学教育、养生娱乐、会议培训、餐饮住宿等内容，让成年人愿意来，小孩子喜欢来。需要说明的是，酒庄依靠初级产品赚利润差是很难长久的，只有通过体验农业，把文化、教育、旅游融合一体，给游客带来休闲娱乐的高品质生活体验才是长久之道。

对于亲子娱乐项目不能看到别人做得好，就盲目模仿，必须根据主业和酒庄的位置、交通、资源状况，去做最低成本的规划建设。简单地说，就是先查看酒庄土地的地形，是平地、坡地，还是丘陵，然后查看土地上是有山、有水、有树、有花，还是有废弃的建筑等；然后与现有运营良好、条件类似的酒庄、农庄进行对标，结合自身的资源寻找到最佳的切入点。

具体来说，就是根据当地的人口结构、酒庄的交通区位和自然资源定位将来的运营模式，然后根据运行模式去设计推导规划，而不是按照自己的想象进行规划。例如，当地有多少居住人口，有多少流动人口，潜在的目标客户群体有多大，这些必须在做酒庄之前调查清楚，以指导酒庄规模的确定。另外，酒庄距离城市有多远，如果车程在 50min 以内，可以规划为都市创意体验型酒庄，与幼儿园中小学对接，成为他们的校外实习基地，除了游乐教育体验项目，配套临时餐饮就可以了。如果车程超过 1h，可以规划为郊野休闲度假型酒庄，与教育培训机构对接，作为冬、夏令营研学基地，则需要配套住宿。

在建设顺序上应采用分批建设，第一批以葡萄园和厂房为建设重点；第二批以儿童游乐、户外运动、萌宠乐园、果蔬采摘、婚纱摄影为主要内容。当前面项目带来流量以后，再增设餐饮住宿等内容，餐饮主打田园风，简单快捷，自产自用，尽量减少固定投资，与城市餐饮差异化。住宿则与餐饮不同，应对标高档酒店，设施完备，物超所值。

当葡萄树正常结果后再增设葡萄酒酿造和灌装等设备，如果 200km 内有葡萄酒灌装企业，则只增设酿造设备，将发酵好的葡萄酒代为灌装即可；如果 100km 内有葡萄酒生产企业，可以直接委托生产，酒庄只保留葡萄酒酿造观光体验项目即可。

2. 酒庄功能区的划分和规划

观光休闲型酒庄和家庭酒庄根据功能大致分为葡萄种植区、大门和接待区、葡萄酒酿造区、休闲娱乐观光区、特色农产品种植区和餐饮住宿区等。葡萄种植区是整个酒庄的主体，其他功能区域分布其间。

（1）山坡丘陵地形酒庄的整体规划设计

1）大门和接待区。选址在山坡丘陵地形的酒庄，大门通常紧邻主干道，一进大门即是接待区，设置接待销售大厅和停车场，便于人员接待、门票和产品销售。小型酒庄通常只设置一个简单的大门，投资越少越好。

2）葡萄酒酿造区。葡萄酒酿造区通常位于山坡中上部（图2-8）或小丘陵的最高处（图2-9），具有如下优点：第一，视野开阔，风景好；第二，空气流通，便于发酵气体的逸散；第三，地下水位低，利于酒窖的开挖；第四，处于高位，避免洪水的侵袭；第五，排水方便；第六，背靠山体，可以减少阳光直射和北风的直吹，节约车间和酒窖的控温成本。

图2-8　山坡地形的酒庄园区规划　　　　图2-9　丘陵地形的酒庄园区规划

酿酒区域主要由办公室、化验品鉴室、葡萄果实前处理车间、发酵车间、贮藏车间、灌装车间、制冷和加热车间、葡萄酒窖、瓶装酒贮藏仓库、设备物资仓库等组成，通常位于一个建筑内。小酒庄通常将酒庄的日常接待、办公管理和葡萄酒生产合并在一个建筑内。

3）休闲娱乐观光区。休闲娱乐观光区通常位于办公接待区和葡萄酒生产区之间，小酒庄则位于葡萄酒生产区一侧。常见的项目有开心农场，种植可以满足采摘需要的果蔬和农作物；探险娱乐区，如穿越火线、野外研学；亲子乐园区，包括各种亲子活动游戏内容等。对于有地热温泉的地区，可以将温泉疗养与温室农业结合起来，充分利用温泉的热能。

4）特色农产品种植区。特色农产品种植区一般位于休闲观光区的一侧，可以和餐饮住宿区紧邻，也可以位于其对面。种植具有当地特色或高品质的果蔬产品，品种数量要少，产量相对要高，按照绿色标准，分季分茬种植，在确保供应连续性的基础上，作为礼品或高档果品对外销售。

5）餐饮住宿区。餐饮住宿区一般位于休闲娱乐区人员较少的一侧，用于参观旅游客人的餐饮接待服务。

（2）平原地形酒庄的整体规划设计　大门通常紧邻主干道，一进大门即是接待区，设置接待销售大厅和停车场。葡萄酒酿造区则位于葡萄酒庄的中心靠近大门一侧或者地势较高、环境景观最好的地方。休闲娱乐观光区则位于大门和接待区到葡萄酒酿造区道路的一侧，特色农产品种植区和餐饮住宿区则位于另一侧。图2-10为北京某酒庄的前期规划布局图。

图2-10　平原地形的酒庄园区规划

3. 酒庄规划时注意的事项

（1）**酒庄大门**　酒庄大门是酒庄的脸面，最能反映酒庄的审美格局。审美也是酒庄的核心竞争力。酒庄大门的设计一定要突出酒庄的主题定位，做到简洁美观实用，表达出的是创意，而不是资金的堆砌，吸引客人主动去拍照留念。

（2）**园区道路**　对于面积小于200亩的酒庄，园区道路的设计应以曲折为主，通过视线的遮挡和道路长度的增加，给游客更大的空间感。

（3）**草坪**　观光休闲型酒庄，一定要有两片比较大的草坪，既能增加酒庄的美感，又提供了举办大型活动的场地。图2-11为某酒庄用于举办室外活动的大型草坪。

图2-11　葡萄酒庄用于举办室外活动的草坪场地

第三章

葡萄酒酿造厂区的规划和建设

第一节 葡萄酒酿造厂区的组成
第二节 葡萄酒酿造厂区的具体规划
第三节 葡萄酒酿造厂区所需设备、设施及相关要求

第一节 葡萄酒酿造厂区的组成

根据 GB 12696—2016《食品安全国家标准 发酵酒及其配制酒生产卫生规范》和其他相关标准,可将葡萄酒酿造厂区划分为葡萄原料加工区(葡萄前处理区)、发酵区、贮藏陈酿区、原酒后加工区(稳定性处理及过滤区)和灌装包装区、葡萄酒检验区(化验室)等。另外,根据需要还应有办公区、品酒室、成品库房、原辅材料库房、更衣洗手消毒间、观光道等附属配套设施。

一、葡萄原料加工区(葡萄前处理区)

葡萄原料加工是葡萄原料从田间进入工厂的第一道环节,也是从农业阶段转入工业阶段的起点。根据葡萄原料接收、称量、临时存放、分级挑选、除梗破碎、压榨取汁(白葡萄酒和桃红葡萄酒)、输送入罐等工作内容划分出相应的工作区域,如葡萄原料运输车辆的候车区、葡萄原料称量区、葡萄原料卸货区、葡萄原料临时存放区、葡萄原料处理加工区、加工废弃物存放区和加工设备存放仓库等。

葡萄原料加工区(葡萄前处理区)场地应宽阔、地面硬化,以便于车辆停放和通行。其中的候车区、葡萄原料卸货区和葡萄原料处理加工区除了地面硬化还应安装顶棚,同时要有方便实用的下水管线,以便于雨天操作和地面清洗(图 3-1)。

图 3-1 葡萄原料加工区

二、发酵区

发酵区是整个葡萄酒庄的核心区域之一,是将葡萄果实转化为葡萄酒的地方,由各类发酵罐和辅助设施组成(图 3-2)。发酵车间采光除了人工光源外,还应在顶部采用透光窗设计,尽量利用自然光源,尤其在日常参观过程中,降低能源消耗。地面应采用防滑、便于清洗的抗冲击水性环氧地坪,以排污沟为中心线,自然倾斜 1%~2% 的坡度，利于排水。排污沟应采用可加盖的敞口不锈钢槽，与下水道相连，下水道应有可靠的液封装置，避免污水和浊气倒排。排风系统采用强通风系统，墙体的中上部安装不锈钢防尘排风扇。墙壁应由不透水、不吸水、耐洗刷、防渗的材料构成，3m 以下采用瓷砖贴面，3m 以上采用浅色、无毒、不易

图 3-2 发酵区

脱落、易于清洗、消毒、灭菌的防水涂料。发酵车间不设置顶棚，直接涂刷无毒、不易脱落、防潮防水的涂料。门设置纱门、水帘、风幕等防蝇设施，窗户全封闭，高度应在 1.5m 以上，内窗台采用向下倾斜 17%（45°），瓷砖贴面防尘。发酵车间的管道应根据用途涂刷成不同的颜色，如蒸汽消毒管道采用红色，传送葡萄醪的管道采用绿色，水管采用本色等。车间的管道要标明用途及去向以便于安全使用。

发酵车间的面积应包括经过合理排布后发酵罐的面积、罐与罐之间的间隔面积、罐与墙体之间的预留面积、车间内设备操作需要的通道和作业面积及车间与其他区域互通需要的面积。车间高度应包括罐体本身的高度、具有一定强度的地基占用的高度及人员和高空操作平台占用的高度。

发酵车间水源和电源采用斜三角布置，但水源不能与电源设置到一起，应在发酵车间的一侧和中部各布 1 排取水口，每排至少设置 3 个取水口，便于发酵罐和相关设备的清洗。设计发酵车间的大门时一定要考虑发酵罐的体积，不能出现发酵罐进不去的低级错误。

三、贮藏陈酿区

当葡萄发酵结束后，酿酒师会对葡萄原酒进行品鉴和等级划分，并根据不同的等级采用不同的贮藏与陈酿技术方案。对于可以酿制高品质葡萄酒的原酒，为了进一步提升品质会放入酒窖，采用橡木桶陈酿；而对于常规原酒，则放入不锈钢储酒罐进行陈酿。

储酒车间是贮藏发酵后至灌装前常规葡萄酒的地方，主要由封闭的厂房和安放其内的不锈钢贮酒罐组成（图 3-3）。酒庄内的酒窖多为陈酿酒窖，是用于陈酿成熟高品质葡萄酒的地方，放置的多为橡木桶、不锈钢储酒罐和少量裸瓶酒，与社会上常说的酒窖有较大区别，社会上的酒窖多为贮藏酒窖，主要用来存放成品瓶装葡萄酒。

近年来葡萄酒窖除了用于陈酿葡萄酒，参观展示也成为其重要功能，酒窖逐渐成为有实力酒庄的标准配置、生产高档葡萄酒的基础设施。根据功能，葡萄酒窖可分为以下几个区域：接待区、陈酿储酒区、橡木桶清洗保养区、品酒展示区等（图3-4）。

图3-3 储酒车间

图3-4 葡萄酒窖的功能布局

储酒车间的位置最好位于整个建筑的中间偏北部或山体的内部，尽量利用现有的环境条件，遮挡阳光和北风，减缓温度变化，降低能源消耗。车间顶部设置顶棚，增强隔音隔热效果，顶棚应能防灰尘积累、不生霉菌、不剥落、能清洗、无冷凝水；不设置窗户，尽量少设门，门的大小应能满足储酒罐的进入；道路设置采用宽窄道设计，车间四周紧临墙壁的储酒罐采用单排设计。中间的采用双排一组设计，组内仅留下可以过人的通道，组外则要留宽3m以上的道路，便于设备通行和日常倒酒等操作。地面、墙体、排水、电源、水源的设置参照发酵车间的标准。

酒窖的设计一定要根据酒庄的需求和经济实力，量力而行，既要实用，又要考虑美观和建设成本。酒窖选择的位置不应受恶劣天气及剧烈环境变化的影响。如果酒庄位于山区坡地，选择半山体式为最佳；如果位于平原地区，则根据地下水位，建设半地下或地下酒窖。在北方地区酒窖要考虑冬季供暖，为了降低能耗，保持酒窖恒温恒湿，在建造时应做好防水和保温工作。

酒窖的结构应根据功能进行布局，品酒展示区应位于外侧光照相对较好的位置，橡木桶清洗保养区应位于酒窖外侧排水方便、通风的位置。储酒区应位于整个酒窖靠近山体的位置或内部，根据生产目的储酒区又划分为相对独立的两个区域：新酒陈酿储酒区位于储酒区的外侧，用于当年新酒的陈酿；年份酒陈酿储酒区位于储酒区的内侧，用于陈酿1年以上的葡萄酒。

酒窖内不仅可以放置橡木桶进行葡萄酒的陈酿，也可以放置不锈钢储酒罐，用来存放橡木桶陈酿过的高端酒。酒窖的瓶储区要和桶储区有效分开，这是因为瓶储区要求的空气湿度要比桶储区低。

酒窖的建筑材料，内部使用的墙壁和屋顶材料应结实美观、耐潮防腐，目前混凝土预制和砖石拱砌较为理想。地面应平整，易于清洗，能够承受小型机械载重通行，材料多用混凝土或石材。地面必须设计斜坡和排水系统，便于清洁。酒窖一定要设置通风系统，侧墙可安装管道通风系统，使用不锈钢防尘排风扇进行强通风，降湿换气。酒窖的门一定要美观坚固，有框架、带有门栏。平原地区地下或半地下酒窖四周要有排水系统，防止暴雨或洪水进入酒窖。橡木桶清洗保养区应位于酒窖外侧，采用速排水系统，不要修建集水池，因为集水池容易积存污水，造成微生物污染。图3-5为张裕百年大酒窖。

图 3-5 张裕博物馆存放橡木桶的百年大酒窖

四、原酒后加工区（稳定性处理及过滤区）和灌装包装区

原酒后加工区（稳定性处理及过滤区）一般与储酒区和灌装包装区紧邻，安放各种过滤设备、制冷罐和成品罐，用于对发酵后和灌装前的葡萄酒进行稳定和过滤。灌装包装区主要涉及的工作有酒瓶的上线及清洗杀菌、葡萄酒灌瓶打塞、瓶装酒的缩帽喷码、瓶装酒的贴标装箱等，将散装的葡萄酒加工成成品酒。根据功能将灌装包装区又划分为配套区、上瓶区、灌装区、下瓶区和包装区。配套区主要用于放置无菌酒罐、洗瓶水罐、热水清洗罐和CIP（原位清洗）系统等设备。

这两个区域是整个酒庄的核心区域之一，是食品生产许可认证及食品安全生产最为关注的区域，属于葡萄酒生产的关键控制节点之一，其规划设计必须符合相关认证标准的要求。整个灌装车间借助过滤的进气保持"过压状态"，地板应铺设防滑、抗酸的瓷砖，所有地板和墙角应为圆形，以便清洁，地板从灌装机的后方到前方应设一个1.5%的自然斜坡（废水在灌装机的前面顺利排放），地面的排水应借助沟槽排入一个有盖的卫生排水沟内，排水沟到出口应设置斜坡避免残留积水。墙壁应贴高度为3m以上，最好到达顶棚的抗酸碱瓷砖，瓷砖应表面光滑，以便清洁（图3-6）。尽量少设置或不设置窗户。顶

图 3-6 灌装车间

棚及其结构必须防水，并易于进行干湿清洁。通风口在灌装机的后部沿墙壁分布，进口高度在 0.3~0.5m。排气装置在灌装机的前面，进风口位于对面墙壁的上方。

上瓶区要有以下两个功能分区：①空瓶运输通道，地面能够承重叉车和整托盘瓶子的重量，空间可以保证负载整托盘瓶子的叉车自由通行；②空瓶暂存区，存放当天灌装用瓶子的地方，配备清洁外包装的设备和工具。上瓶区应与灌装区隔离开，要有人工操作拆箱的架子。

人员通过清洁消毒区进入灌装区，该区为封闭区，具有照明、上水、排水、供气、供电、通风、保温控温等设施，整条灌装线两侧应留出人员操作通行和维修的空间。

下瓶区首先要有物料存放中转区，能够暂存包装材料、整垛托盘等。预留仓储笼裸瓶运输通道，在不需要直接贴标的情况下灌装后的裸瓶酒临时中转存放后运到酒窖。通过贴标、封箱后的成品酒，可暂存于成品酒临时中转运输区，最后将成品葡萄酒运送到成品库房。

灌装线默认设计方向是自左向右，灌装车间的设计应符合这一方向。

五、葡萄酒检验区（化验室）

葡萄酒检验区用于放置葡萄和葡萄酒分析测定仪器设备，用于葡萄酒生产过程中的检验测定工作，又叫化验室。常规的检测内容有葡萄样本重量、糖、酸、pH、苹果酸、色度、单宁、氮源、酒精度、挥发酸、二氧化硫、乳酸、酒石酸、蛋白质等。

在设计酒庄时，要严格规划这一区域。不要把化验室规划到角落，因为酿酒中很多重要的工作和决定，如新产品开发和原酒最终的调配试验，都是在化验室里完成的。图 3-7 为国内某大型葡萄酒庄的葡萄酒检验区（化验室）。

葡萄酒检验区（化验室）要有较大的空间，面积应在 40m² 以上。化验室通风要求与灌装车间类似。需要安装空气净化系统，气流可通过卫生过滤器分隔或使用空气处理系统与酒厂里的主要通风系统完全分隔开来。还需要有较大的水槽、较高的水龙头及充足的热水和冷水，便于器具的清洗。

葡萄酒检验区（化验室）必须有足够多的

图 3-7　葡萄酒检验区（化验室）

橱柜用于放置玻璃器皿、小型设备和化学试剂，地面还应安装地漏。葡萄酒检验区（化验室）的灯光照明不仅需要有良好的光照，还必须保证光照质量，台面和桌面区域都要保证获得足够的光照。从安全的角度来看，应该设有一个紧急洗眼淋浴器，安放在靠近出口的墙面上，这一装置能及时冲洗掉不小心洒到身上的强酸或强碱类化合物，从而避免它们烧伤皮肤、损害眼睛等。

六、库存物流区

该区是对 7 个独立功能库房区的统称，包括空瓶库房区、包装材料库房区、辅料库房区、化学品库房区、危险品库房区、成品库房区、工具设备库房区，这些区域需要配备防鼠虫、温度和湿度监测及消防安全设施。包装材料库房区、空瓶库房区及成品库房区一般与灌装包装区紧邻；化学品库房区、辅料库房区和发酵区紧邻；工具设备库房区与发酵区和前处理区紧邻。危险品库房区通常与上述区域分离，独立成区，不同危险品还需要单独存放并采取必要的安全防护设施。

1. 空瓶库房区

空瓶库房区应通风防潮，地面平整，允许电叉车或人力叉车运行至上瓶区，整体承重负载大于叉车负载后重量，高度大于叉车搬运整垛托盘瓶子的高度，面积允许存放一个灌装周期用的瓶子托盘数量。约 1.5m² 的面积可存放灌装 1t 酒的瓶子，考虑采购瓶子和运输瓶子进场的周期，适度增加瓶库面积。另外，增加 20% 的面积用于运输通道，空瓶库房区拥有更大的面积可更灵活高效地运转，最终按照每吨酒大约占 2m² 的标准面积计算库房面积。图 3-8 为某葡萄酒庄存放葡萄酒瓶的仓库。

图 3-8　空瓶库房区

2. 包装材料库房区

包装材料库房区主要用于存放瓶塞、胶帽、标签、纸箱等，其中瓶塞属于内包材，需独立存放，要与外包材有效隔离。包装材料库房区要求通风防潮、照明、避光、防鼠虫，有防火雨淋系统，配门锁。地面平整，允许电叉车或人力叉车运行至灌装车间，整体承重负载大于叉车负载重量，可采用两层高度设计存放，单层高度大于 2m，面积应允许存放一个灌装周期的用量，另外增加 20% 的面积用于运输通道。

3. 辅料库房区

辅料库房区用于存放各种酵母、果胶酶、酵母辅料、发酵辅料等，要求通风防潮、照明、避光、防尘、防鼠虫，配置门锁。地面平整，允许叉车运行至发酵和过滤区，整体承重负载大于叉车负载重量，采用多层货架存储，配备低温冰箱用于存放特殊辅料。地面、墙壁应采用不透水材料构筑，铺设瓷砖，需要的面积为 $10\sim30m^2$。

4. 化学品库房区

化学品库房区用于存放酸碱等化学品，要求通风防潮、照明、避光、防鼠虫，配置门锁。地面平整，允许叉车运行至发酵和过滤区，整体承重负载大于叉车负载重量，采用多层货架存储，且酸碱分开。需要的面积为 $10\sim15m^2$，地面铺设地板，耐酸碱腐蚀，易清洗，墙面铺设瓷砖且高度在 1m 以上，耐酸碱腐蚀，易清洗。

5. 危险品库房区

危险品库房区用于存放酒精等易燃易爆品，要求通风防潮、照明、避光、防鼠虫，配置门锁。地面平整，允许叉车运行至发酵和过滤区，整体承重负载大于叉车负载重量，采用多层货架存储，存储物品标记分明，消防设施完备，管理严格，严禁无关人员进入。需要面积为 $10\sim15m^2$，地面铺设地板，墙面铺设瓷砖，高度在 1m 以上，耐酸碱腐蚀，易清洗。

6. 成品库房区

成品库房区用于存放已经包装好的成品酒。地面平整，允许电叉车或人力叉车运行，整体承重负载大于叉车和每垛货物的重量（一般每垛 600 瓶，重约 1.5t），存储区域标记分明，管理严格，仓库面积包括货架面积和通道面积。要求控温控湿、通风防潮、照明避光，配有门锁，防鼠虫，配防火雨淋系统。面积应根据生产和销售能力而定。

7. 工具设备库房区

该仓库用于工具和移动设备的存放，要求地面平整，允许设备移动，能够由工具设备库房区送至前处理、发酵、过滤、储酒等区域，整体承重负载大于最大设备负载重量，地面画线存储，标记分明，小型工具可用多层货架存储，管理严格。仓库面积包括大型设备面积、货架面积及通道面积，要求整体通风防潮，有上下水系统，照明避光。需要 $30\sim90m^2$。

七、人员进出清洁消毒区

用于工作人员进入工作区域的卫生消毒，主要由休息室、男女更衣室、换鞋处、洗手消毒区、风浴间等组成（图3-9）。风浴间主要用途是在操作者进入车间前，用洁净空气吹淋，将其衣服表面附着的灰尘、发屑等杂质除掉，通过初、中效过滤器清除，以防操作者将身上的杂质带入车间，有利于达到卫生标准，以提高产品质量。

如果酒庄的工作人员不多，可以不用分别设置男女更衣室，以节约费用。在外更衣室脱去工人自己的外衣，在更衣室内换上工作服和工作鞋；将工作服挂在更衣间架子上，每天用紫外灯消毒；洗手水龙头为感应式，配备干手机；进入风浴间处安装脚踏消毒池；紫外灯开关在屋外，并设有明显警示标志。房间高度不超过2.5m。

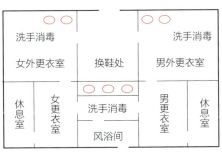

图3-9 过滤灌装车间的人员进出清洁消毒区布局

八、其他区域

其他区域主要有锅炉房、水井房、冷媒房（冷冻机房）、配电室等。配电室和锅炉房按照国家相关标准要求建设。水井房最好安装净水设备，减少水质对葡萄酒的影响。

第二节　葡萄酒酿造厂区的具体规划

一、酿造厂区的位置

葡萄酒酿造厂区是整个酒庄的核心，是整个酒庄投资中占比较大的部分之一，也是受国家法律法规管控最严格的部分，因此一定要慎重谨慎。厂区的位置一定要符合GB 14881—2013《食品安全国家标准 食品生产通用卫生规范》、GB 12696—2016《食品安全国家标准 发酵酒及其配制酒生产卫生规范》和GB/T 23543—2009

《葡萄酒企业良好生产规范》等标准的要求。GB 14881—2013《食品安全国家标准 食品生产通用卫生规范》对食品生产企业的厂址选择有以下要求：厂区不应选择对食品有显著污染的区域。如某地对食品安全和食品宜食用性存在明显的不利影响，且无法通过采取措施加以改善，应避免在该地址建厂。厂区不应选择有害废弃物及粉尘、有害气体、放射性物质和其他扩散性污染源不能有效清除的地址。厂区不宜选择易发生洪涝灾害的地区，难以避开时应设计必要的防范措施。厂区周围不宜有虫害大量滋生的潜在场所，难以避开时应设计必要的防范措施。

GB/T 23543—2009《葡萄酒企业良好生产规范》对葡萄酒厂的厂址有以下要求：工厂应建在无有害气体、烟雾、灰沙等污染物和其他危及葡萄酒生产卫生安全的地区。原酒生产场所应靠近葡萄种植区域，不应设置在易受污染区域。生活区应与生产区域隔离。

葡萄酒酿造区的选择在满足上述国家标准要求的基础上，还应考虑以下条件。

1）选择的位置应符合国家和地方政府的法律法规、产业政策和行业发展规划的要求，符合本地区城乡建设规划、生态环境规划、土地利用总体规划和用地标准。避免选址到工矿企业聚集区，尤其是化工等污染企业的聚集区，或有可能作为工矿企业或化工企业聚集区的地区或地段。

2）要有充足的电力供应，供电电压为380/220V，变压器功率应在300kVA以上。酒厂的位置应尽量靠近主电源，在符合用电安全的前提下，变压器离酒厂位置越近越好，以减少输电损耗。

3）确保用水供应充足，水质应符合GB 5749—2022《生活饮用水卫生标准》的规定。葡萄酒厂的大致用水量可以参照每酿制1L葡萄酒使用10L水的标准进行规划。

4）交通便利，确保通往葡萄酒厂的道路便利，最好紧邻当地的主干道，避免会有阻碍卡车通行的陡峭坡度和急转弯。

5）选择的位置应高度合适，排水良好，地基能够承受厂房和内部设施的重量。最好是平地，也可以是台地。西北面如果有山体等遮阴物则更好，可以降低建筑物被太阳照射的时长，避免吸收过多的热量，减少降温耗能。

6）选择位置的四周，应空气流通顺畅，利于排离发酵期间产生的废气。

7）酒厂的选址还应符合《中华人民共和国环境影响评价法》的规定，确保对当地环境和生态不会造成影响。

最后，按照上述标准和要求选择出合适的位置后，还应邀请当地行政审批部门、市场监督管理部门、应急管理局和环境保护部门到现场进行考察指导，提供酒厂选址和建设的意见。

二、酿造厂区的规划设计及要求

酿造厂区的规划设计一定要聘用具有相应资质的专业设计公司，庄主、酿酒师与设计师一定要反复沟通，达成的共识必须形成文字材料。规划设计要符合 GB 14881—2013《食品安全国家标准 食品生产通用卫生规范》、GB 12696—2016《食品安全国家标准 发酵酒及其配制酒生产卫生规范》、GB/T 23543—2009《葡萄酒企业良好生产规范》及关于厂房建筑等法规标准的要求。

1. 厂区环境

按照 GB 14881—2013《食品安全国家标准 食品生产通用卫生规范》的规定：厂区应考虑环境给食品生产带来的潜在污染风险，并采取适当的措施将其降至最低水平。厂区应合理布局，各功能区域划分明显，并有适当的分离或隔离措施，防止交叉污染。厂区内的道路应铺设混凝土、沥青，或者其他硬质材料；空地应采取必要措施，如铺设水泥、地砖或铺设草坪等方式，保持环境清洁，防止扬尘和积水等现象的发生，厂区绿化应与生产车间保持适当距离，植被应定期维护，以防止虫害的滋生。图 3-10 为国内某大型酒庄的葡萄酒酿造厂区。

图 3-10 葡萄酒酿造厂区的环境

厂区内不应有不良气味、有毒气体或其他有碍卫生的设施，否则应有相应的控制措施。厂区内禁止饲养动物。厂区应具备与生产系统相匹配的排水系统，排水道应有适当斜度，不应有严重积水、渗漏、淤泥、污秽、破损。厂区周界应有适当防范外来污染源的设计与构筑。厂区应保持道路、院落和停车场清洁卫生，应配备废物处理处置设施，防止它成为葡萄酒污染源。

还应注意厂区绿化带应多种植常绿灌木和草坪，生产区不宜种植有飞絮和香味浓郁的花树，以免葡萄酒受到污染和影响。厂区应按行政、生活、生产、辅助系统等划分布局。行政、生活区与生产区要相隔一定距离，并处于主导风向的上风侧。厂区内的主要道路要宽敞，做到人流和物流的道路分开或设有固定走向，保证安全和整洁。厂区内和进入厂区的主要道路的路面应选用混凝土、沥青、石块等不易起尘的材料铺筑，路面要平坦、无积水，并有足够的排水设施。

2. 厂房和车间的具体设计要求

（1）厂房的设计要求

GB 12696—2016《食品安全国家标准 发酵酒及其配制酒生产卫生规范》规定：厂房和车间的内部设计和布局应满足食品卫生操作要求，避免食品生产中发生交叉污染。厂房和车间的设计应根据生产工艺合理布局，预防和降低产品受污染的风险。厂房和车间应根据产品特点、生产工艺、生产特性及生产过程对清洁程度的要求，合理划分作业区，并采取有效分离与分隔措施，如：通常可划分为清洁作业区、准清洁作业区和一般作业区；或洁净作业区和一般作业区等。一般作业区应与其他作业区域分隔。厂房内设置的检验室与生产区域分隔。厂房的面积和空间应与生产能力相适应，便于设备安置、清洁消毒、物料存储及人员操作。

GB/T 23543—2009《葡萄酒企业良好生产规范》规定：厂房建筑、设备要依照葡萄酒生产工艺流程合理布局，能满足生产工艺、卫生管理、设备维修的要求，人流、物流的流向应布置合理，避免交叉污染。厂房和设施应有足够空间，以便有秩序地放置设备和物料。厂房应采取预防措施以防害虫和其他动物进入工作场所。灌装车间的灌装线、照明设施和顶棚应有防护措施，防止异物进入酒中。厂房内电源应有漏电保护装置，配电设施应能防水。厂房设计及设施应符合国家消防有关规定，并安装消防设施。相关生产车间应配置适当的劳动防护用品（如帽子、防滑工作鞋、工作服）。

（2）厂房内部结构与材料等要求　GB 14881—2013《食品安全国家标准 食品生产通用卫生规范》规定：建筑内部结构应易于维护、清洁或消毒。应采用适当的耐用材料建造。顶棚应使用无毒、无味、与生产需求相适应、易于观察清洁状况的材料建造；若直接在屋顶内层喷涂涂料作为顶棚，应使用无毒、无味、防霉、不易脱落、易于清洁的涂料。顶棚应易于清洁、消毒，在结构上不利于冷凝水垂直滴下，防止虫害和霉菌滋生。墙壁、隔断应使用无毒、无味的防渗透材料建造，在操作高度范围内的墙面应光滑、不易积累污垢且易于清洁；若使用涂料，应无毒、无味、防霉、不易脱落、易于清洁。墙壁、隔断和地面交界处应结构合理、易于清洁，能有效避免污垢积存，如设置漫弯形交界面等。门窗应闭合严密。门的表面应平滑、防吸附、不渗透，并易于清洁、消毒，应使用不透水、坚固、不变形的材料制成。清洁作业区和准清洁作业区与其他区域之间的门应能及时关闭。窗户玻璃应使用不易破碎材料。若使用玻璃，应采取必要的措施防止玻璃破碎对原料、包装材料及食品造成污染。窗户如设置窗台，其结构应能避免灰尘积存且易于清洁。可开启的窗户应装有易于清洁的防虫害窗纱。地面应使用无毒、无味、不渗透、耐腐蚀的材料建造。地面的结构应有利于排污和清洗的需要。地面应平坦防滑、无裂缝、并易于清洁、消毒，并有适当的措施防止积水。

GB/T 23543—2009《葡萄酒企业良好生产规范》规定：厂房地板、墙壁、顶棚易清扫，能保持清洁卫生和维修良好。生产车间地面、内墙壁、屋顶应使用光滑、无毒、防水、不易脱落、易于清洗消毒的建材。顶角、墙角、地角应呈弧形，以便于冲洗、消毒。发酵、过滤酒、灌装工序车间的墙壁和顶棚应有防霉措施。生产车间、仓库应有良好的通风设施，保证空气流通，温、湿度适当。生产车间地面应有适当的排水坡度及排水系统，排水沟应有足够的尺寸，并保持顺畅，且沟内不得设置其他管道，应防止倒虹吸。所有区域都应提供充足的照明或自然光，保证照明灯的光泽不改变产品的本身，亮度满足工作场所和操作人员的正常需要。厕所应设于较为方便的地点，并与生产场所保持一定距离，其数量应满足员工使用，厕所门窗不应直接开向生产车间，应采用冲水式厕所，厕所应采光、排水良好。

3. 常规设施及配套设备的要求

（1）**供水设施** 生产车间应能保证水质、水压、水量及其他要求符合生产需要。食品加工用水的水质应符合 GB 5749—2022《生活饮用水卫生标准》规定，对加工用水水质有特殊要求的食品应符合相应规定。间接用冷却水、锅炉用水等食品生产用水的水质应符合生产需要。食品加工用水与其他不与食品接触的用水（如间接冷却水、污水或废水等）应以完全分离的管路输送，避免交叉污染。各管路系统应明确标识以便区分。自备水源及供水设施应符合规定。供水设施中使用的涉及饮用水安全产品还应符合国家相关规定。

（2）**排水设施** 排水系统的设计和建造应保证排水畅通、便于清洁维护；应适应食品生产的需要，保证食品及生产、清洁用水不受污染。排水系统入口应安装带水封的地漏等装置，以防止固体废弃物进入及浊气逸出。排水系统出口应有适当措施以降低虫害风险。室内排水的流向应由清洁程度要求高的区域流向清洁程度要求低的区域，且应有防止逆流的设计。污水在排放前应经适当方式处理，应符合国家污水排放的相关规定。污水处理的作业属于有限空间作业，要配备正压式呼吸机、防毒面具、氧监测仪及排风设施以确保安全生产。

（3）**清洁消毒设施**　厂房应配备足够的工具和设备清洁设施，必要时应配备适宜的消毒设施，应采取措施避免清洁、消毒工具带来的交叉污染。

（4）**个人卫生设施**　生产场所或生产车间入口应设置更衣室；必要时特定的作业入口处可按需要设置更衣室。更衣室应保证工作服与个人服装及其他物品分开放置。生产车间入口及车间内必要位置，应按需设置换鞋（穿戴鞋套）设施或工作鞋靴消毒设施，如设置工作鞋靴消毒设施，其规格尺寸应满足消毒需要。应根据需要设置卫生间，卫生间的结构、设施与内部材质应易于保持清洁；卫生间内的适当位置应设置洗手设施。卫生间不得与食品生产、包装或贮藏等区域直接连通。应在清洁作业区入口设置洗手、干手和消毒设施；如有需要，应在作业区内适当位置加设洗手或消毒设施；与消毒设施配套的水龙头其开关应为非手动式（脚踏式或感应式）。洗手设施的水龙头数量应与同班次的食品加工人员数量相匹配，必要时应设置冷热水混合器。洗手池应采用光滑、不透水、易清洁的材料制成，其设计及构造应易于清洁、消毒。应在临近洗手设施的显著位置标示简明易懂的洗手方法。根据对食品加工工人清洁程度的要求，必要时应设置风淋室、淋浴室等设施。

（5）**通风设施**　厂房应具有适宜的自然通风或人工通风措施；必要时应通过自然通风或机械设施有效控制生产环境的温度和湿度。通风设施应避免空气从清洁度要求低的作业区域流向清洁度要求高的作业区域；应合理设置进气口位置，使进气口与排气口和户外垃圾存放装置等污染源保持适宜的距离和角度。进、排气口应装有防止虫害侵入的网罩等设施。通风排气设施应易于清洁、维修或更换。若生产过程需要对空气进行过滤净化处理，应加装空气过滤装置并定期清洁。根据生产需要，必要时应安装除尘设施。

（6）**照明设施**　厂房内应有充足的自然采光或人工照明，光泽和亮度应能满足生产和操作需要；光源应使食品呈现真实的颜色。如需在暴露食品和原料的正上方安装照明设施，应使用安全型照明设施或采取防护措施。

（7）**仓储设施**　厂房应具有与所生产产品的数量、贮藏要求相适应的仓储设施。仓库应以无毒、坚固的材料建成；仓库地面应平整，便于通风换气。仓库的设计应易于维护和清洁，防止虫害藏匿，并应有防止虫害侵入的装置。原料、半成品、成品、包装材料等应依据性质的不同分设贮藏场所、分区域码放，并有明确标识，防止交叉污染。必要时仓库应设有温度、湿度控制设施。

在我国葡萄酒属于食品工业，因此采取了较为严格的管理措施和要求。在欧美很多国家，葡萄酒属于农产品，管理规范要求不严，酒庄建设和管理基本根据生产需要决定，极大地减少了投资者的建设和运营成本。图 3-11 为美国纳帕山谷的葡萄酒发酵车间。

图 3-11　美国纳帕山谷的葡萄酒发酵车间

三、酿造厂区的整体布局

选址平地的酒庄可以参照图 3-12 的布局。将贮藏陈酿区、酒窖和成品仓库尽量放到东北角，减少太阳对这些区域的直射，降低热量获取。

图 3-12　平地葡萄酒酿造厂区各生产车间的布局

对于选址于山坡地的葡萄酒庄，可以参照图 3-13 的布局，将酒窖和贮藏陈酿区放到紧邻山体的一侧，减少热量的获取和散失，降低温度调控的费用。

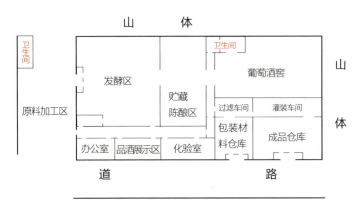

图 3-13 山坡地葡萄酒酿造厂区各生产车间的布局

第三节 葡萄酒酿造厂区所需设备、设施及相关要求

一、葡萄原料加工区所需设备、设施及相关要求

葡萄原料加工区所需的设施和设备与所要酿造的葡萄酒类型和工艺有直接关系,主要由运料设备、称量设备、选料设备、入料设备和冷库组成。原料加工区所需设备、设施及要求见表3-1。

表3-1 葡萄原料加工区所需设备、设施及要求

类别	设备名称	功能	要求
冷库	恒温冷库	低温保存新鲜葡萄原料	叉车自由进出,温度恒定控制在4℃左右,容积满足1d的采收量
称量设备	地磅	快速称量采收葡萄的重量	误差小于10kg,最大量程在30t以上
	台秤	少量物品的称量	最大量程为200kg
运料设备	田间运输车	运送葡萄原料出田间	能够在葡萄行间通行,便于摆放原料筐

（续）

类别	设备名称	功能	要求
运料设备	叉车	运输原料至前处理设备前	电动，提升高度为 3.0m，安全起重大于 1.5t
	塑料托盘	承载堆叠好的原料筐	无污染，易清洗，强度高，标准尺寸为 1.0m×1.2m
	原料筐	收集、装载、运输葡萄鲜果	可以堆叠 4~6 层，底部不透水，载重 15~25kg，两侧有手孔
	运输车	将葡萄园采摘下的葡萄果实运输到前处理区	车厢长宽应为托盘宽度的整倍数
选料设备	穗选平台	输送整串葡萄，挑选杂物	可移动，4 人操作，每台处理能力为 1~3t/h
	除梗粒选一体机	葡萄脱梗粒选	果粒无损伤，每台处理能力为 3~5t/h
	破碎机	挤压果粒出汁	快速轻柔，种子无破损，每台处理能力为 3~5t/h
	粒选机	果粒挑选	可移动，每台处理能力为 3~5t/h
	除梗破碎机	葡萄脱梗、破碎	种子无破损，每台处理能力为 3~5t/h
	提升机	将原料输送至下一道工序	可移动，可调角度，每台处理能力为 5t/h
入料设备	输醪泵	输送葡萄醪或果浆入罐	剪切力小，自动关停启动，每台处理能力为 4~10t/h
	压榨机	榨取葡萄汁和葡萄酒发酵后皮渣分离	快速榨取，减少空气接触，气囊压榨机容积在 3000L 以上
	输料管	输送葡萄醪或果浆	食品级软管，直径与发酵罐入料管口匹配
电源	防水电源箱	为移动设备提供电源	380V 三相五线，3~4 个 380V 插座，2 个 220V 插座

1. 运料设备

（1）**运输车辆和叉车** 运输车辆分两种，一种是可以在葡萄园自由通行的小型车辆，车厢底部平整，负责把葡萄果实从葡萄行间运输出来；另一种是大型运输车辆，负责把葡萄原料从葡萄园运输到原料加工区，车厢底部平整，便于放置托盘。叉车分两种，一是动力叉车，要求提升高度为3.0m，安全起重在1.5t以上；二是电动和手动液压叉车（图3-14）。

图3-14　手动液压叉车

（2）托盘和原料采摘运输筐　托盘选用1.0m×1.2m的九脚网格托盘，采摘运输筐选用与托盘配套的底部不透水、侧面有较多透气孔、载重15~25kg、可堆叠的塑料筐。筐的两侧应有人工搬运的手孔（图3-15），筐的长宽高应以充分利用托盘为准。

自走式葡萄采摘机（图3-16），骑行在葡萄行上，通过剧烈的振动，将葡萄果粒从果穗上振落，进入料斗，然后贮藏在料箱内，满箱后直接运到原料加工区。该机器的使用，对葡萄园的架形（单壁篱架）、架材高度（1.5m左右）、架材材质（木质或钢质）、树形（单干水平树形）都有一定的要求。

图3-15　葡萄采摘运输筐

图3-16　自走式葡萄采摘机

2. 称量设备

称量设备主要是地磅，用于外购葡萄原料的整车称量，最大量程在30t以上；还有电子台秤，用于称量整筐的葡萄原料，最大量程为200kg。如果酒庄周围有地磅称量的商家，酒庄就不需要自己购置。

3. 选料设备

选料设备主要包括穗选平台、除梗机、粒选机、破碎机和提升机等，如图3-17和图3-18所示。

（1）穗选平台　穗选平台常见的有网带检果机和振动穗选机。网带检果机，水

图 3-17 选料设备组合 1
从右至左分别是穗选平台、提升机、除梗机、粒选平台和破碎机

图 3-18 选料设备组合 2
从左至右分别是振动穗选平台、提升机、摆筒式除梗粒选机、粒选平台和对辊式破碎机

平运输果穗，工人位于机器两侧，从原料中挑选出枝条、叶片、泥块、腐烂和不成熟的果穗等杂物。该机器需要 4 名工人，处理能力为 1~3t/h，应采用食品级网带，机架应采用 304 不锈钢材质。

近年来振动穗选机逐渐在国内的酒庄开始使用，该机器通过高频振动使物料直线运动，利用输送板上的栅栏筛板和接杂料斗，自动完成去杂和排渣工作。该机器选用处理能力为 3~5t/h，材料使用 304 不锈钢即可。在具体使用时最好配备 2 名挑选工人，但由于机器振动，工人会比较累。

（2）除梗机、粒选机和破碎机

1）除梗机。常见的有摆筒式除梗机和转筒式除梗机（图 3-19）。这些机器主要用于葡萄果粒脱梗，粒选功能很弱，需要配置粒选机一起使用，常见的粒选机有振动筛选机和滚轮精选机。

2）粒选机。常见的振动粒选机通过高频振动使物料直线运动，通过输送板上配套的栅栏筛板及接料斗，自动完成去杂排渣，为了提高挑选质量，可以配置 4 名工人，位于两侧进行人工挑选。

图 3-19 上面是转筒式除梗机，下面是对辊式破碎机

3）破碎机。破碎机常见的是对辊式破碎机和离心式破碎机。对辊式破碎机通过轮辊的挤压使葡萄果粒破裂，离心式破碎机则是葡萄果粒在旋转叶轮的带动下高速旋转摔裂，通过转速的调节可以达到不同的破碎程度。

现在酒庄常见的是除梗粒选二合一的除梗粒选一体机，常见的有链板式除梗粒选一体机、振动式除梗粒选一体机。链板式除梗粒选一体机是除梗和粒选一体机中效率比较高的一种机型，下部配有大小滚轮，间隙可调，除梗速度快，果粒中杂质少，减少人工粒选。振动式除梗粒选一体机，集除梗、振动粒选、辊轮精选为一体，性能稳定，结构紧凑、除梗效率高，是目前世界上较为先进的粒选除梗设备。除梗粒选一体机主要用于高档优质葡萄酒的生产。目前国内张裕集团、天塞酒庄等多个酒庄都在使用。

对于不进行粒选的酒庄，常使用除梗破碎一体机用于常规葡萄酒的生产。常见的是转筒式

图3-20　上部是转筒式除梗破碎机，下部是螺杆泵

除梗破碎机，通过转筒的离心力和内部螺杆的反向力对葡萄进行果梗分离、破碎，配合螺杆泵进行输送（图3-20）。这类机器操作方便，对种子伤害小。

（3）提升机　提升机主要用于葡萄的提升输送，也可以水平输送。高度可以通过下部的支架进行调整。常见的是刮板式提升机。网带一般为食品级PVC（聚氯乙烯）网带，刮板为食品级PVC塑胶板，也有采用不锈钢刮板的提升机。

4. 入料设备

入料设备主要有压榨机、输送泵、输料管和汁渣分离机等。酿制白葡萄酒和红葡萄酒的工艺不同导致入料设备有较大的区别，白葡萄酒在入罐前需要使用气囊压榨机或篮筐式压榨机，获取葡萄汁后再入罐；红葡萄酒则是果实破碎后直接入罐，发酵后再压榨获取原酒。

（1）压榨机　压榨机是压榨取汁的设备，用于酿制白葡萄酒入罐前的葡萄汁榨取，红葡萄酒发酵后的酒渣分离。常见的有真空气囊压榨机、篮筐压榨机和螺旋连续压榨机。

1）真空气囊压榨机（图3-21）。生产白葡萄酒时，此设备通过管道与破碎机直接连接，葡萄醪满罐后，密闭料罐，通过向罐体内侧的气囊充气，挤压葡萄醪榨出葡萄汁，榨出的葡萄汁立即泵送到发酵罐内，整个过程应减少葡萄汁与空气的接触，防止果汁氧化。另外，真空气囊压榨机可以根据葡萄品种和工艺需要设定不同的气压和压榨程序，获得不同质量的葡萄汁。

图3-21　真空气囊压榨机

2）篮筐压榨机（图3-22）。篮筐压榨机通过液压系统，机械挤压葡萄醪或发酵后的皮渣获取葡萄汁或葡萄酒，在红葡萄酒和冰葡萄酒酿造中都可以使用。目前

已有使用惰性气体保护装置的篮筐压榨机,可以减少葡萄汁与空气的接触,防止氧化。篮筐压榨机是酿制冰葡萄酒的关键设备。

3)螺旋连续压榨机(图 3-23)。此设备分为单螺旋压榨机和双螺旋压榨机,主要用于发酵后的皮渣分离。这是大型葡萄酒厂酿制葡萄酒的常规设备。

图 3-22　篮筐压榨机　　　图 3-23　螺旋连续压榨机

(2)输送泵　输送泵为原料进入气囊压榨机或发酵罐提供动力,常见的有蠕动泵、螺杆泵和凸轮泵。

1)蠕动泵(图 3-24)。蠕动泵通过滚轮对弹性输送软管交替进行挤压和释放,来泵送流体。由于流体被隔离在泵管中,可快速更换泵管,流体可逆行,维修费用低。用于输送葡萄醪进入发酵罐,低速运转,破损率低,但价格较贵。

2)螺杆泵(图 3-25)。螺杆泵是容积式转子泵,依靠螺杆和衬套形成的密封腔的容积变化来吸入和排出液体。酒庄常用的是安装有自动起停装置的不锈钢单螺杆泵。主要用于葡萄醪的入罐和发酵后的酒糟输送,为酒庄的常规设备。

图 3-24　左侧是活塞泵,右侧是蠕动泵　　　图 3-25　螺杆泵

3)凸轮泵。凸轮泵依靠两个同步反向转动的转子,在旋转过程中于进口处产生吸力(真空度),从而吸入所要输送的物料。两个转子将转子室分隔成几个小空间,并按Ⅰ→Ⅱ→Ⅲ→Ⅳ的次序运转,介质(物料)即被输送至出料口。如此循环往复,介质即被源源不断地输送出去。凸轮泵除了用于葡萄醪入罐和发酵后的酒糟输送,也可用于倒酒。

（3）输料管　输料管用于葡萄醪、果浆和葡萄酒的输送，常见的有耐高压食品级输料软管（图 3-26）和不锈钢输料硬管。软管主要用于临时性的连接，容易清洗，可以反复使用。不锈钢硬管多固定安装在罐体和罐体工作平台上，多为专管专用，需要占用罐顶平台空间，清洗具有一定难度。中小酒庄通常为软硬管结合，发酵罐上的入料管、清洗发酵罐的水管为不锈钢硬管。

图 3-26　耐高压食品级输料软管

5. 冷库

在前处理区建立一个冷库，除了临时存放未能处理的葡萄果实外，还具有其他作用。首先可以避免果实对车辆的占用，提高葡萄果实采收和前处理入罐的效率；其次通过预降温处理有效提高高温季酿酒品质；最后可以作为备用成品仓库在非压榨季使用。冷库最好设置两个门，一个门进货，一个门出货，门的长宽高应以叉车携带标准托盘自由出入为准。冷库的容积为葡萄园一天的采摘量，长宽比以能放入更多的托盘为准，冷库的面积 = 托盘数 × $1.5m^2$。冷库应具有通风、降温、控湿功能，温度控制范围在 0~18℃，工作温度为 4℃，保温性能好。冷库的地面平整，方便叉车等运输工具携带标准托盘出入。

6. 葡萄原料加工区需要关注的一些事项

1）根据葡萄园的葡萄种类、产量及发酵车间的生产能力和工艺，设定原料加工区的每天处理量和每个设备的运转能力，统计每台设备的尺寸和工作面积。

2）根据每台设备的尺寸和工作面积，预留出足够的操作空间、移动空间及搬运通道。

3）根据每天处理量和废弃物周转频率，设计加工废弃物存放空间和运输通道。

4）预留出清洗、维修、照明等辅助工作的空间。

5）根据将来运输车辆的规格和转向需要设计出候车区域和装卸货区域的空间。还要考虑运输车辆的进出和卸货便利性、安全性、空气污染等。

6）根据将来葡萄临时存放的量设计冷库的规格和空间，确保冷库进出原料的便利性。

7）根据以上计算出前处理区域的最小占用空间，然后在此基础上再增加 10% 的富余量。

8）考虑葡萄分选区域的照明、防风、防尘、防雨、供排水、废料收集排放等因素。

9）考虑前处理设备运行的噪声、振动等。

二、发酵区所需设备、设施及相关要求

发酵区所需的设备主要有各种类型的发酵罐、酒泵、输酒管、控温设备、槽车、汁皮分离设备和运输设备等。发酵区域所需设备、设施及相关要求详见表3-2。

表3-2 发酵区常用设备、设施及要求

设备名称	功能	要求
白葡萄酒发酵罐	葡萄汁低温澄清、控温发酵	制冷效果快，罐体大小根据具体工艺和规模决定
红葡萄酒发酵罐	葡萄汁的控温发酵	罐体大小根据具体工艺和规模决定
防水电源箱	为移动设备提供电源	380V三相五线，车间内均匀分布，每个电箱有3~4个380V插座和1个220V的插座
螺杆泵	泵送葡萄醪、酒糟等半固体	至少2台，可调速，处理能力为1~20t/h，自动起停
叶轮泵	泵送葡萄汁和葡萄酒	至少1台，可调速，处理能力为1~20t/h
输酒管	连接泵和发酵罐、槽车等设备，输送葡萄醪、葡萄汁、葡萄酒和酒糟等	有认证的食品级软管，管径DN40~65，根据酒罐选择，管头安装304不锈钢卡箍式快速接头
辅料锅	溶解辅料	带搅拌、带盖子、容积为0.3~0.6m³/台
敞口槽车	开放循环、添加辅料、酵母等	斜底平面、容积为0.5~1.5m³/台，进出口安装304不锈钢快速接头，至少2台
叉车	运输、装卸	与前处理区共用
皮渣槽	装载皮渣	可完全放置于发酵罐下，容积为0.5~1.0m³/台，有叉车卡槽，至少2台
清洗机	发酵罐、车间地面等清洗	至少1台，可调压
清洗水源	发酵罐、车间地面等清洗	车间内均匀分布，安装快速接头
清洗水管	设备清洗和卫生清洗	固定管和软管结合，固定管管径DN40~65、软管管径DN15~25，管头安装快速接头，食品级
冷媒管	连接冷媒系统和发酵罐	自动控制、2套主管，根据发酵罐容积选择规格
通风换气设备	发酵车间通风换气	通风效率高、防尘

1. 发酵罐

酒庄常用的发酵罐根据材质分为木质发酵罐（图3-27）和不锈钢发酵罐（图3-28）。木质发酵罐可用于提升香气和品质，但提升品质的能力会逐年下降，防霉、防漏、消毒保养也比较麻烦。不锈钢发酵罐使用年限长，热导率高，清洗维护方便，易于增加辅助配件，易于实现自动化，根据功能又分为无控温功能的普通发酵罐、制冷发酵罐和控温发酵罐（控温发酵罐又分为手动控温发酵罐和自动控温发酵罐）。普通发酵罐成本低，结构简单、配套设施少，一般在发酵期间气温较低的地区使用。制冷发酵罐，通过罐外的米勒板、冷带或罐内的冷盘管，使用制冷剂降低发酵温度，一般在发酵期间气温较高地区使用。控温发酵罐，通过配套的控温设备，实现温度的自由控制，但投资大，运营成本高。

图3-27　木质发酵罐　　　　　　　图3-28　不锈钢发酵罐

2. 酒泵和输酒管

葡萄酒发酵区经常进行的工作有葡萄醪入罐、发酵循环和添加辅料、倒酒等。常用的泵有叶轮泵（图3-29）、活塞泵（图3-30）、离心泵、螺杆泵及蠕动泵等，各种泵的优缺点见表3-3。

图3-29　叶轮泵　　　　　　　图3-30　活塞泵

表 3-3　泵的类型和优缺点

设备名称	叶轮泵	活塞泵	离心泵	螺杆泵	蠕动泵
优点	价格适中、体积小、流速稳定、不怕气体混入、可变频变向	有防爆功能、少量固体不会堵塞、扬程大、不怕气体混入、可空负载运行、可变频变向	造价低、泵送速度快	可输送半固体、造价低	隔氧密封，可输送半固体，也可输送酒液，运输轻柔
缺点	不可长时间空负载运行	造价高、体积大	不能有气体混入、不能长时间空负载运行，实际使用中酒有氧化风险	隔氧密封性差会混入空气、摩擦大	造价高、泵送速率低
备注	专用液体输送，用途广泛	适合高端酒庄，购买1台即可			适合高端酒庄，购买1台即可

输酒管分为两类，一类是食品级的不锈钢管，另一类是食品级的输酒软管。输酒软管必须耐高压、耐腐蚀、耐磨损、耐低温（工作温度为 $-30\sim100℃$），内壁光滑、不沾水，整体透明，可以观察到葡萄酒在管内的输送状态。

3. 控温设备

（1）控温系统的设备组成　控温系统常见的设备包括室外冷热交换机组、冷媒贮藏缓冲罐和泵组、冷媒控制系统（含罐体控制、机组控制、泵组控制、中央计算机、温度感应）、主管道和分支管道，以及控制开关等。

（2）控温设备要求　发酵前期 4~5℃保持 12~150h；发酵期间 14~28℃保持 7~28d；发酵后期 28~30℃保持 7~28d；乳酸发酵 20~22℃保持 10~21d；日常储酒保持 12~18℃全年；灌装处理前低温 -5~0℃保持 7~14d，用于葡萄酒稳定。控温设备应能满足上述要求。

（3）控温设备选购　控温设备的总控温能力必须大于专业人员计算需求值的 10%；必须向有成熟工作经验的冷媒控制系统企业采购；有条件的酒庄尽量选用冷热一体的机组或 2 组机器并联；使用 2 个冷媒缓冲罐并联，灵活利用设备最高效率；控制系统尽量选用直观的显示屏进行控制操作，减少失误（可联网更佳）；最好有计算机记录下所有的控温操作；长期使用的区域，管道应该有保温材料包裹；控温系统要有一定的自动化程度（预先设定好每个罐的温度后，计算机根据实际温度自动泵送冷热媒）；为了全面实行自动控温，冷媒管道最好是双进双出连接罐体。

4. 皮渣收集运输设备

（1）**电叉车** 电叉车有效负荷为 1.5t，体积尽量小，可以与前处理区共用。

（2）**皮渣运输绞龙** 此设备可以连续不断地输送皮渣，功率应大于皮渣压榨机。

5. 敞口槽车和辅料锅

（1）**敞口槽车** 敞口槽车（图 3-31）用于添加辅料时充分混匀，清洗罐体时装清洗液，开放循环时暴露空气散发不良气味、补充氧气，以及在没有液体计量器的情况下计量液体体积等。

（2）**辅料锅** 辅料锅（图 3-32）用于辅料添加时的溶解和搅拌均匀。

图 3-31　敞口槽车　　　　图 3-32　辅料锅

6. 罐顶平台

过去有许多工作需要在罐顶平台上进行操作，如罐体清洗、压帽、发酵循环、甚至葡萄醪入罐等，随着许多新设备新工具的应用，罐顶平台的作用在下降，但依然不可或缺。罐顶平台应为不锈钢材质，护栏高度过腰，结构坚固，走道要具有防滑功能（钢格板式），在有酸碱溶液和水的情况下人员可以正常行走（图 3-33）。辅助设施如清洗管道、葡萄醪输送管道应位于走道下面。平台的布局应尽量减少人员在罐与罐之间行走的距离。最后注意的是走道和辅助设施的排布，不能影响发酵罐罐盖正常打开。

图 3-33　罐顶平台

7. 防水电源箱

防水电源箱又称工业插座箱（图 3-34），主要由工程塑料箱体、工业插头、工业插座、断路器、连接器、防水保护窗口等模块结构组成，可根据需要自由组装，如加装保护器、电流表、电压表等。其额定电压为

图 3-34　防水电源箱

380V/220V，具有过载、短路保护功能。

8. 发酵区需要关注的一些事项

1）发酵区域面积计算，应根据生产量和工艺，确定相应的发酵罐体积和数量，以及相应的作业空间，计算出相应的占用面积。每排发酵罐前都要有足够的通道用于日常管理和出皮渣、倒酒等工作，宽度一般在 4m 左右；罐体与罐体之间应有一定的过人空隙，宽度一般在 50cm 左右；罐体与墙体间应留有空隙便于人员通行和各种管道的布置，宽度一般在 100cm 左右；每排罐不可过长，一般不超过 20 个罐，过长则应增加横向通道确保使用便利，道路的宽度在 4m 左右。罐体的分布也应考虑软管和电线的活动半径。

2）对于购买成品罐的酒庄，一定要注意发酵罐的高度和直径是否可以通过发酵车间的大门；与顶棚之间是否有足够的空间；发酵区域的地基是否可以承重满罐后的重量。

3）中小酒庄配置 3~5t 的发酵罐即可，适量配置一些 0.5~1t 的小发酵罐。

4）电源箱应适当多布置，所有的插座和开关、电闸必须具有防水功能。

三、贮藏陈酿区所需设备、设施及相关要求

该区域是贮藏发酵后至灌装前所有葡萄酒的地方，主要由封闭的厂房和安放其内的不锈钢罐组成。贮藏陈酿区常用设备、设施及要求见表 3-4。

表 3-4　贮藏陈酿区常用设备、设施及要求

设备名称	功能	要求
普通储酒罐	长期贮藏葡萄酒	密封良好，不渗漏，不漏气，规格根据发酵罐决定
控温保温储酒罐	长期贮藏葡萄酒，冷冻酒和进行乳酸发酵	密封良好，不渗漏，不漏气，规格根据工艺需要决定
防水电源箱	为移动设备提供电源	380V 三相五线，车间内均匀分布，每个电箱内有 3~4 个 380V 插座和 1 个 220V 插座
离心泵	泵送葡萄酒	至少 1 台，处理能力为 1~30t/h
叶轮泵	泵送葡萄酒	可调速，处理能力为 1~20t/h，可与发酵区共用
输酒管	输送葡萄酒	有认证的食品级软管，管径 DN40~65 根据酒罐选择，管头安装 304 不锈钢卡箍式快速接头
液体流量计	准确计量通过液体的体积	可移动，精度高，0.5~30t/h

（续）

设备名称	功能	要求
清洗水源	储酒罐、车间地面等清洗	车间内均匀分布，安装快速接头
清洗水管	设备清洗和卫生清洗	固定管和软管结合，固定管管径 DN40~65、软管管径 DN15~25，管头安装快速接头。尺寸大于 DN32 的管道用卡箍式快速接头，尺寸小于 DN32 的管道使用板把式快速接头，食品级
冷媒管	连接冷媒系统和储酒罐	自动控制、2套主管，根据储酒罐容积选择规格
通风换气设备	车间通风换气	通风效率高、防尘

1. 储酒罐

（1）储酒罐的类型 常见的有普通储酒罐和控温保温储酒罐。根据材质储酒罐又分为不锈钢储酒罐（图 3-35）和橡木桶储酒罐（图 3-36）等。橡木桶储酒罐一般用于高档葡萄酒和白兰地的贮藏，普通不锈钢储酒罐是普遍使用的储酒设施，主要用于普通葡萄酒的贮藏陈酿，罐的直径和高度比例为 1∶2.5，以减少横截面积，防止过多的酒面与氧接触。控温保温储酒罐，就是在普通不锈钢储酒罐内部安装冷媒盘管，外部安装米勒板和保温层，实现温度的控制。近年来为节省酒庄投资，开始将发酵罐和储酒罐进行二合一设计，既可以用于葡萄酒发酵也可以用于葡萄酒的贮藏，从而将功能多样化。不同储酒罐的类型和优缺点详见表 3-5。

图 3-35 不锈钢储酒罐　　　　图 3-36 橡木桶储酒罐

表 3-5 不同储酒罐的类型和优缺点

设备名称	优点	缺点	应用
普通储酒罐	成本低、结构简单、配套设施少	无法控制温度，葡萄酒受外界温度影响	环境温度绝佳的酒窖使用或非长期储酒时使用
控温保温储酒罐	温度可控，可用于浅色酒发酵、可实现冷冻酒和苹乳发酵	成本高、配套设施要完备	需要长时间储酒或贮藏高品质酒时使用

（2）储酒罐单罐体积和总容积 建议酒庄储酒罐总容积为每年产酒吨数的2倍，主要是考虑葡萄酒的陈酿和销售能力。80%~90% 的单个储酒罐的体积等于主力发酵罐的单罐体积，15% 的单个储酒罐的体积小于或等于非主力发酵罐的单罐体积，此外还需要一些 500~1000L 容积的储酒罐。

2. 液体流量计

液体流量计，用于罐内葡萄酒体积的测量，仪表直读式，不需换算。

3. 贮藏陈酿区需要关注的一些事项

1）建议中小酒庄采用不锈钢锥底储酒罐（图3-37），有利于酒泥沉淀和分离。

2）罐顶平台应为不锈钢材质，护栏高度过腰，结构坚固，走道要具有防滑功能，在有酸碱溶液和水的情况下人员可以正常行走。平台的布局应尽量减少人员在罐与罐之间行走的距离。管道排布简洁，布局合理，通常位于走道下面。储酒区罐顶平台工作比较少，确保可以正常过人即可。最后所有走道和管线的排布应允许罐盖正常打开。

3）储酒区做好控温措施，常年温度最好处于 12~18℃，日温差为 1℃。

图 3-37 不锈钢锥底储酒罐

四、酒窖所需设备、设施及相关要求

近年来，随着酒庄观光旅游和休闲度假功能的占比不断增加，酒窖作为参观旅游的重要内容，已成为葡萄酒庄的标配部分（图3-38）。酒窖主要用于原酒的成熟陈酿，常见的是一排排的橡木桶和小型不锈钢罐，另外裸瓶酒为了进一步陈酿，也会放入酒窖。酒窖理想的条件是冬暖夏凉、温差小，可实现恒温贮藏，酒窖温度常年维持在15℃左右，空气相对湿度为 60%~85%，空气新鲜无异味，光照偏暗等。酒窖常用的设备、设施及要求见表3-6。

图 3-38 中粮长城酒业有限公司的葡萄酒窖

表 3-6 酒窖常用设备、设施及要求

设备名称	功能	要求
叶轮泵或蠕动泵	泵送葡萄酒	可调速，处理能力为 1~20t/h，可与发酵区共用
蒸汽发生器（图3-39）	提供消毒用蒸汽，洗桶洗罐	饱和蒸汽，全不锈钢，功率为 18~24kW，可移动
高压洗桶机（图3-40）	清洗橡木桶	高压水 360° 清洗，可移动
电叉车（图3-41）	搬运橡木桶和葡萄酒	体积尽量小，可与发酵区共用
输酒管	输送葡萄酒	有认证的食品级软管，管径 DN32，管头安装 304 不锈钢卡箍式快速接头
清洗水管	设备清洗和卫生清洗	固定管和软管结合，固定管管径 DN40~65、软管管径 DN15~25，管头安装快速接头。尺寸大于 DN32 的管道用卡箍式快速接头，尺寸小于 DN32 的管道使用板把式快速接头
高压惰性气管	为罐和设备提供气体	固定管和软管结合，管径根据实际决定
清洗水源	地面、橡木桶清洗	酒窖内均匀分布，安装快速接头
防水电源箱	为移动设备提供电源	380V 三相五线，酒窖内均匀分布，每个电箱有 3~4 个 380V 插座和 1 个 220V 插座
通风换气设备	通风换气	通风效率高、防尘、防蚊蝇
橡木桶（图3-42）	葡萄酒成熟陈酿	根据原酒和工艺要求选用不同橡木材质和烘烤程度的桶
橡木桶架（图3-42）	支撑橡木桶，可堆叠	牢固、无污染，具体规格由酿酒师确定
仓储笼（图3-43）	装裸瓶酒	防锈、可堆叠，符合瓶型的尺寸，每笼存储 500~600 瓶酒
小型不锈钢储酒罐	葡萄酒成熟陈酿	容积不超过 1000L，叉车可以自由移动
货梯通道	升降运送货物	承载重量大于 3.5t

图 3-39 蒸汽发生器

图 3-40 高压洗桶机

图 3-41 电叉车

图 3-42　橡木桶及桶架　　　　　　　　　图 3-43　仓储笼

1. 橡木桶

橡木桶在高品质葡萄酒酿制中一直扮演着很重要的角色,甚至已经成为葡萄酒酿造工艺中的一部分。但也存在认识上的误区,把橡木桶陈酿误认为是葡萄酒成熟陈酿的必然环节,现实中不乏未经橡木桶熟化的优质酒。但不可否认的是,世界上大多数高品质的葡萄酒多经过橡木桶熟化的工序,橡木桶确实会显著影响成品酒的风味和口感,能为葡萄酒带来不同的风味。概括来说,橡木桶可以为葡萄酒增加香气和香型,桶内渗入的微量氧气可以软化单宁,使葡萄酒的口感变得更加柔和,而这些又取决于制作橡木桶的橡树种类、橡木的纹理结构、烘烤程度及制作工艺等。橡木桶具有使用年限,随着使用的时间越长,能给葡萄酒带去的香气和风味便越少。一般来说,橡木桶在酿造过 3~5 次葡萄酒后(或葡萄酒存放 18 个月以上),便几乎不能给葡萄酒增加任何香气和风味。

(1) **橡木桶的规格**　橡木桶的规格和型号很多,桶型有波尔多型、勃艮第型、雪利型等,容量则有 30L、100L、225L、228L、300L、500L 甚至几千升不等(图 3-44、图 3-45),国内比较常见的是 225L 波尔多木桶和 228L 勃艮第木桶,选择橡木桶型号时需要考虑两个因素,一是操作的方便性;二是内比表面积。多数情况下,人们通常选用 225L 波尔多型橡木桶。这种橡木桶不仅有合适的内比表面积,而且移动操作和清洗都很方便。

图 3-44　张裕酒窖内的大型卧式橡木桶　　　图 3-45　张裕酒窖内的大型立式橡木桶

（2）影响橡木桶陈酿的因素　橡木桶对葡萄酒陈酿的作用主要取决于橡树种类、橡木的纹理结构、烘烤程度及制作工艺等。

世界上橡树的种类约为250种。由于结构和成分的不同，每一种橡树赋予葡萄酒的风味是不一样的。对于葡萄酒行业来说，最为常用的树种主要有3种，即产于法国、奥地利、捷克、斯洛文尼亚、波兰等欧洲国家的卢浮橡和夏橡，以及主产于美国的美洲白栎。这3个树种的木纹结构特点相近，但理化组成和呈香特性均有不同。卢浮橡的干浸较高，富含易溶于水的酚类化合物，但挥发性香气物质较少；夏橡的特点是挥发性芳香物质和酚类化合物有较好的平衡；而美洲白栎的特点是香气物质中香兰素的含量比较高。欧洲的橡木一般香气较优雅细致，易于与葡萄酒的果香和酒香融为一体，而美洲白栎的香气较浓烈，较易游离于葡萄酒的果香和酒香之上。如果酿制橡木味浓重单一的葡萄酒，一般多选用美洲白栎；如果想酿造橡木香、果香、酒香协调优雅的葡萄酒则选择欧洲橡木。

橡木桶烘烤程度通常分为轻度、中度和重度，不同烘烤程度的橡木桶会赋予葡萄酒不同的香气和风味。轻微或中度烘烤的橡木桶给葡萄酒带去的香气和风味较为轻淡，会赋予葡萄酒一种鲜面包的焦香；中等偏重或重度烘烤的橡木桶则会赋予葡萄酒更为浓郁和强劲的香气和风味。因此，选择橡木桶的烘烤程度时一定要结合所酿葡萄酒的风格仔细斟酌。

橡木的纹理也是影响橡木桶质量的重要因素。纹理越密，橡木桶赋予葡萄酒的香气和风味会越美妙。而对于橡树来说，纹理的紧密程度随树龄的增长而增长，因此，一般情况下，使用的橡木越古老，制成的橡木桶品质越高。

（3）常见的橡木桶　目前我国生产上常见的橡木桶主要有4类，即法国橡木桶、美国橡木桶、匈牙利/东欧橡木桶和本地橡木桶。

1）法国橡木桶。法国橡木桶通常不会赋予葡萄酒浓郁的香气和风味，但提供的香气和风味较为精致微妙，多为烘烤和坚果的香味。法国橡木桶与美国橡木桶相比更精细、平衡，它能够缓慢地释放化合物，更适于长期陈酿。法国橡木桶售价较高，至少为1000美元，质量上乘的定价甚至可高达3000美元。

2）美国橡木桶。美国橡木桶的受欢迎程度仅次于法国橡木桶。美国橡木桶通常带有较粗的纹理，还含有较多的单宁，桶的孔隙比法国橡木桶大，会带给葡萄酒甜甜的椰子和香草风味，像赤霞珠、马瑟兰这种风格较为奔放的葡萄酒常常与美国橡木桶相得益彰。但是美国橡木桶在香气和色泽上略逊于法国橡木桶，原因是美国橡木桶的木质味道十分明显，很容易在酿造的过程中将酒原有的香气盖过，且橡木芳香不如法国橡木桶柔和。一般认为，美国橡木桶对葡萄酒风味和芳香方面的影响要更大一些。相对于法国橡木桶，美国橡木桶较为便宜，一般价格在 500 美元左右，在市场上十分有竞争力。这一现象一方面是因为橡木桶制作工艺的差异，另一方面则是因为美国橡木材料利用率更高。

3）匈牙利/东欧橡木桶。匈牙利橡木桶与美国或法国的橡木桶在外形上略微有所不同，体形要更加圆润，也更矮一些。如今匈牙利橡木桶越来越受欢迎，其中很重要的一个原因是其与法国橡木桶的差别并不大，为葡萄酒提供的风味特征也类似，但价格却更加便宜。马尔贝克（Malbec）和西拉（Syrah）葡萄酒与这种橡木桶的配合通常会有不错的表现。多数情况下，匈牙利橡木桶会带给葡萄酒更多坚果的风味，香草和鲜奶油的风味也并不少见，成本价大约为每个 300 美元。

4）本地橡木桶。我国本土的橡树主要是分布于东北三省和内蒙古自治区的蒙古栎。制桶的企业主要分布于东北、河北和山东，比较著名的是朗格斯酒庄的朗格斯橡木桶厂。

橡木桶的选择和购买，主要取决于葡萄酒的生产工艺、酿酒师个人的经验，以及酒庄的目的和经济实力。

2. 橡木桶架

橡木桶架主要有 3 种：传统木楔架、普通堆叠架（图 3-46）和新型圆支架（图 3-47），常见橡木桶架的类型和优缺点详见表 3-7。酒庄应根据自己的定位和资金规模选择不同的桶架。

图 3-46 普通堆叠架

图 3-47 新型圆支架

表 3-7　橡木桶架的类型和优缺点

类型	普通堆叠架	新型圆支架
优点	可用叉车操作、坚固耐用、无污染、可堆叠 7 层	可以随时转桶、可随时操作任意桶、坚固耐用、无污染
缺点	每次堆叠需要有一定技术、添桶时相对比较麻烦、对底桶的操作较困难、外表面磨损后影响寿命	不可移动、成本高、需要人工上下桶、最多堆叠 3 层

3. 酒窖需要关注的一些事项

1）酒窖作为酒庄重要的参观内容，参观路线设计一定要合理，避免走重复路线。

2）酒窖应有良好的通风控温控湿条件，保持空气新鲜的同时保证温、湿度的稳定。

3）酒窖要有良好的防鼠和防蚊虫设施，避免有害生物进入。

4）酒窖的灯光要保持适当的昏暗，但不能影响游客的通行。

5）酒窖的道路要平整，保证小型电叉车能够正常通行和作业。

五、原酒后加工区所需设备、设施及要求

该区域一般与储酒区域、发酵区域和灌装区域紧邻，安装或放置各种过滤设备和冷冻罐，用于发酵后和灌装前葡萄酒的过滤和稳定。常用的过滤设备有硅藻土过滤机（图3-48）、板框过滤机（图3-49）、错流过滤机（图3-50）、膜过滤机等，用于葡萄酒的澄清和除菌。常用设备、设施及要求详见表3-8。

图 3-48　硅藻土过滤机

图 3-49　板框过滤机

图 3-50　错流过滤机

表 3-8 原酒后加工区所需设备、设施及要求

设备名称	功能	要求
叶轮泵	泵送葡萄酒	可调速，处理能力为 1~20t/h，可与发酵区共用
硅藻土过滤机	蛋白过滤	尽量减少硅藻土混入酒中，可移动
板框过滤机	去除杂质	可移动，设备大小根据每次过滤酒的吨数决定，跟随灌装速度提供动力
冷冻罐	用于葡萄酒冷冻稳定，去除酒石	保温控温性能好、具备搅动混匀功能、密封良好，规格根据工艺需要决定
储酒罐	存放过滤冷冻稳定后、灌装前的葡萄酒	具有良好的保温控温功能、密封良好，规格根据工艺需要决定
错流过滤机	葡萄汁和葡萄酒的稳定性过滤	可低温运行，可移动
输酒管	输送葡萄酒	有认证的食品级软管，管径 DN32~65，管头安装 304 不锈钢卡箍式快速接头
清洗水管	设备清洗和卫生清洗	固定管和软管结合，固定管管径 DN40~65、软管管径 DN15~25，管头安装快速接头。尺寸大于 DN32 的管道用卡箍式快速接头，尺寸小于 DN32 的管道使用板把式快速接头
高压惰性气管	为罐和设备提供气体	固定管和软管结合，管径根据实际需要决定
防水电源箱	为移动设备提供电源	380V 三相五线，车间内均匀分布，每个电箱有 3~4 个 380V 插座和 1 个 220V 插座
通风换气设备	通风换气	效率高、防尘、防蚊蝇

需要注意的事项主要有：地面要易于清洗并且具有防滑功能；设备作业空间应富余，不能拥挤；紫外灭菌灯的开关要高置，并有明显的警示标志，开启后应有红色灯光警示。

六、灌装包装区所需设备、设施及要求

该区域主要的工作内容是酒瓶的清洗、葡萄酒灌瓶、缩帽、打码、贴标、装箱等。所需设备、设施及要求详见表 3-9。图 3-51 为国内小型葡萄酒庄的灌装线，图 3-52 为国外移动集装箱式灌装线。

表 3-9　灌装包装区所需设备、设施及要求

设备名称	功能	要求
CIP（原位清洗）系统	设备酸碱自动清洗	自动控制清洗，清洗灌装机和其他需要酸碱清洗的设备
无菌酒罐	给灌装机提供合格的葡萄酒	结构简单，便于高温蒸汽清洗消毒，作为配套设备所在区域应具有较好的通风排水功能
热水清洗罐	提供设备清洗用热水	85℃热水，2h 达到温度，清洗灌装机和错流设备等
上瓶机	半自动辅助上瓶	气动，单排上或整层上
洗瓶机	清洗酒瓶内部	残留水要少，清洗压力高
灌装机	灌装葡萄酒	带有惰性气体保护功能
压塞机	瓶塞压入瓶中	无痕、压力均匀
正压密封机	提供无污染环境	密封，无菌正压空气通入
激光打码机（或喷墨打码机）	酒帽上打码追溯信息	免维护，打码速度应是灌装机最快速度的 2 倍，可标记日期、时间、顺序码和简单防伪图案，可存储上传上述信息
外瓶清洗烘干机	清洗烘干外瓶	清洗后外瓶干净干燥
缩帽贴标机	封装瓶口胶帽、贴标签	对于不连续的生产且数量少的情况下优选不干胶贴标机
分瓶器	传送带上节流分配瓶子	可选配
输酒管	输送葡萄酒	有认证的食品级软管，管径 DN32~65，管头安装 304 不锈钢卡箍式快速接头
清洗水管	设备清洗和卫生清洗	固定管和软管结合，固定管管径 DN40~65、软管管径 DN15~25，管头安装快速接头。尺寸大于 DN32 的管道用卡箍式快速接头，尺寸小于 DN32 的管道使用板把式快速接头
高压惰性气管	为罐和设备提供气体	固定管和软管结合，管径根据实际需要决定
防水电源箱	为移动设备提供电源	380V 三相五线，车间内均匀分布，每个电箱有 3~4 个 380V 插座、2 个 220V 插座

图 3-51　小型葡萄酒灌装线

图 3-52　移动集装箱式灌装线

灌装包装区需要注意的事项主要有：上瓶区面积为 20~40m^2，操作员为 2~4 名。灌装线默认设计方向是自左向右，灌装车间的设计应符合这点。灌装机应具备抽真空和充氮气功能；根据瓶型的不同，应配置相配的模具。灌装机可以选择无菌正压空气功能或采用封闭式设计在安装后接入无菌空气；灌装机尽量选择自动上塞功能，避免传统的顶部人工上瓶塞；灌装机实际工作速度一般是标定每小时最大灌装速度的 75%；灌装线核心部分灌装和压塞建议采购进口设备，非核心如激光打码机、外瓶清洗烘干机、缩帽机、贴标机等采购国产设备。灌装线上所有设备的输送链条应在同一高度的水平线上。灌装线用的水电气管道应从上而下吊顶布局。输送链条尽量选择金属材质的免维护产品，根据说明适量使用润滑剂。针对灌装机安装密闭间，密封范围是灌装和压塞 1 个工位即可，现在多是洗瓶、灌装、压塞一体机，自带密封间。

七、葡萄酒检验区（化验室）所需设备、设施及要求

该区域用于放置各种取样的葡萄和葡萄酒样品，以及分析测定仪器设备，并完成各项指标的测定工作。化验室的主要功能见表 3-10。

表 3-10　化验室主要检测功能

工作阶段	检测指标	作用
葡萄成熟控制	样本重、糖、酸、苹果酸、色度	监测果实发育，确定最佳成熟度与采收日期
葡萄采收	糖、酸、pH、色度、单宁、氮源	检测发酵基础数据，用于发酵工艺、辅料的选择
酒精发酵初期	糖、酸、pH、酒精度、挥发酸、二氧化硫、氮源	指导发酵过程、及时调整关键指标和工艺
酒精发酵中期	酒精度、糖、酸、pH	监测酒精发酵过程，及时调整工艺
酒精发酵结束	糖、酸、pH、酒精度、挥发酸、二氧化硫、苹果酸、乳酸	确定酒精发酵终止，为苹乳发酵做准备
苹乳发酵阶段	苹果酸、乳酸、挥发酸、残糖、二氧化硫	监测苹乳发酵过程，确定发酵终点
陈酿阶段	挥发酸、二氧化硫	保证良好的陈酿状态，及时调整关键指标
葡萄酒调配	残糖、酸、pH、酒精度、挥发酸、二氧化硫	检测基础数据，为调配工艺选择做参考

（续）

工作阶段	检测指标	作用
葡萄酒稳定性处理	酒石酸、蛋白质、微生物稳定性检测	检测基础数据，确保葡萄酒的稳定性
装瓶	测定国家标准规定的指标	确保葡萄酒符合国家规定和标准

葡萄酒庄的化验室不需要特别高端，能够满足基本的测试功能即可。化验室最基本的检测项目分别是酒精度、总酸、挥发酸、二氧化硫、糖、干浸出物、pH 等，掌握这些数据，就能够对葡萄酒的酿造实现基本的掌控，提前发现风险，对可能出现的问题提前矫正，从而酿造出满意的葡萄酒。如果购置一台多孔道分光光度计，可以显著提高检测的效率。如果资金实力许可，配置测试内容更多、更先进的仪器设备，则能够对葡萄酒生产进行精确的把控。小型葡萄酒庄化验室所需仪器设备见表 3-11。

表 3-11 满足化验室基本功能所需的仪器设备

测试项目	测试方法	仪器设备
酒精度	密度瓶法	分析天平、500mL 全玻璃蒸馏器、数显高精度恒温水浴锅、50mL 附温度计密度瓶等
	酒精计法	酒精计（分度值为 0.10%vol）、1000mL 全玻璃蒸馏器等
总酸	酸碱滴定电位滴定法	组织破碎机、碱式滴定管、加热磁力搅拌器、数显高精度恒温水浴锅等
	酸碱滴定指示剂法	组织破碎机、碱式滴定管、加热磁力搅拌器等
挥发酸	蒸馏滴定法	单沸式蒸馏装置、电炉、碱式滴定管、100mL 容量瓶、三角瓶（250mL）、移液管等
游离二氧化硫和总二氧化硫	氧化法、直接碘量法	二氧化硫测定装置、真空泵等
总糖和还原糖	直接滴定法	恒温水浴锅、锥形瓶、容量瓶、电炉、滴定管等
干浸出物	密度瓶法	分析天平、500mL 全玻璃蒸馏器、数显高精度恒温水浴锅、50mL 附温度计密度瓶
pH		pH 测定仪

八、配套系统所需设备、设施及要求

配套系统主要有灌装车间消毒系统、给水排水系统、配电系统、供气系统、控温系统、管道系统等。

1. 灌装车间消毒系统所需设备、设施及要求

灌装车间消毒系统主要由两部分组成，一是进入车间的清洁消毒系统，主要由更衣室和紫外消毒灯、非接触水池、风干机、消毒脚踏池、风浴室、休息室等组成；二是车间消毒系统，外表面和空间消毒设备最常用的是紫外消毒灯，罐内消毒可以使用蒸汽消毒。

2. 给水排水系统所需设备、设施及要求

（1）**给水系统及其要求** 给水系统分为两部分，一部分是葡萄园灌溉用水，应能保证3d全园灌溉一遍，用水质量达到NY/T 391—2021《绿色食品 产地环境质量》要求。常用的设备有变频泵、压力容器罐和水肥一体化系统。另一部分为生活生产用水，用水质量应达到国家饮用水标准。水源一般有两个：公共自来水系统或自备井，一般都需要配套纯净水设备，满足车间生产的需求，如化验室用水、灌装洗瓶、辅料溶解、设备和不锈钢罐清洗等都会用到纯净水。给水系统的具体设备要求详见表3-12。

表3-12 给水系统所需设备及要求

设备		要求
纯净水系统	制水机	反渗透，达到饮用水标准，制水量为1~3m^3/h
	储水罐	自动控制补水，体积满足洗罐时最大用水需求
	废水罐	存储制水废水，用于地面和水沟清洗
	变频泵	变频能力为0~60bar（1bar=10^{5}Pa），出水量15m^3/h以上，扬程大于10m
自备井系统	变频泵	根据水井深度、车间的距离和最大用水量选定
	过滤系统	离心过滤和网状过滤同时使用，过滤泥沙杂质
	储水罐	自动补水，容积为20m^3
	管道和接头	建议使用不锈钢管，尤其是车间内，接头分为设备清洗和人工清洗两种规格，接头的分布，分为地面和罐顶，具体位置根据现场而定。全车间的接口都应互通互连，建议尺寸大于DN32的管道用卡箍式快速接头，尺寸小于DN32的管道使用板把式快速接头

（2）排水系统及其要求　酒庄的废水排放应符合国家和当地的环保法规。一般酒庄采用的污水处理设备为微生物处理方式，污水处理设备日处理量应大于日洗罐总用水量。发酵车间、储酒车间、过滤灌装车间采用宽 10~15cm 的不锈钢排水槽（转弯处应为圆角，便于清洗）与地下排水管相结合，接口处应设计有过滤系统，防止反味和拦截皮渣等异物。排水管应有防反味和防堵塞设计。

3. 配电系统所需设备、设施及要求

配电系统需要满足酒庄所有用电设备的总负荷，并有足够的安全防护措施（如隔离围挡、三防棚）。主电源应为 380V 且稳定，三相五线制，零线接地齐全，接地总线应达湿土层。车间内接电箱为各种移动设备提供电源，具体数量根据车间大小决定，要求具有防水、防过载功能。每个电箱内置 3~4 个三相五线设备专用插座和 1 个 220V 插座。大型设备如灌装线、制冷设备等应直接连接主电源，并配置相关控电设备。所有线路和用电设备都应配备用电保护装置，保证用电安全。

4. 供气系统所需设备、设施及要求

葡萄酒庄常用的气源有氮气、压缩空气和二氧化碳。氮气主要用于葡萄压榨、发酵前后的氧气隔离、长期储酒时罐内剩余空间的填充、倒酒操作时罐和管道的气体补充和置换、灌装机灌装时空瓶气体置换等。压缩空气用于清洗后风干及气动活塞和半自动上瓶机的气动需要等。二氧化碳主要用于新鲜葡萄和空罐的隔氧等，气体要求为食品级、纯度大于 99.9%、无水、无杂质。在一些生产工艺中有时还会用到氧气。相关气源应向专业供气公司购买，一般购买的气源容器为高压气瓶（图 3-53），使用时根据压力要求安装降压表。各种气源罐的设备配置要求见表 3-13。

图 3-53　二氧化碳气瓶

表 3-13　不同气源种类及设备要求

种类	设备要求
氮气	氮气高压气瓶、氮气专用减压阀、输气软管、不锈钢球阀、气瓶运输推车等
氧气	氧气高压气瓶、氧气专用减压阀、输气软管、不锈钢球阀、气瓶运输推车、微氧设备等
二氧化碳	二氧化碳高压气瓶、二氧化碳专用减压阀、输气软管、不锈钢球阀、气瓶运输推车等

用气设备，所有用气设备的接口统一为10号快速接气头，用气端和气体主管道通过专用软管连接，使用不锈钢球阀进行控制，软管应为食品级高压气专用透明管，输气设备通往各车间的管道使用304不锈钢管，不锈钢管规格为DN15~25。

5. 控温系统所需设备、设施及要求

酒庄需要温度控制的区域主要有冷库、发酵罐、储酒罐、冷冻罐、化验室、酒窖、成品仓库、过滤灌装车间等。需要的设备主要有冷媒系统、空调系统、温度感应装置、温度显示和设置装置等。上述每个区域都应有独立的控温系统，具备温度显示、记录和下载功能。需要温度调控的区域应做好相应的保温措施，减少能量损耗。控温系统所需设备及要求见表3-14。

表3-14 控温系统所需设备及要求

类别	设备	要求
必选项	室外风冷运行机组	总功率经计算后满足车间冷热需求即可，需求量大的酒庄可设置两套系统，错峰使用
	冷媒罐	冷媒罐的体积和数量应包含总管路长度的占用
	冷媒泵	单冷系统需要一备一用，冷热双系统加倍，泵的规格应将管道长度和高度计算在内
	电子控制系统	应连接控制室外机组、冷媒罐输送泵、单个罐体阀门开关。所有操作均可计算机和人工双控制，最好由专人负责
	冷媒主管道	管道应架设到罐顶平台底部，将冷媒输送至每个预留冷媒接口的罐身后。主管道与罐体之间应安装电控开关控制冷媒进出
可选项	车间通风控温	车间布置新风系统，可连接冷媒罐进行车间控温
	酒窖通风控温	酒窖空间的控温送风系统应与车间、罐桶的冷媒系统分开独立。酒窖通风控温系统要求全年温度控制在12~18℃，相对湿度为60%~85%
	成品仓库	可以使用与酒窖相同的设备进行通风控温，可以整合到一起，也可以相互独立

6. 管道系统所需设备、设施及要求

酒庄常见的管道有冷媒系统管道、入料不锈钢管道和软管、输酒不锈钢管道和软管、上水不锈钢管道和软管、高压气不锈钢管道和软管、电线管道、高温软管等。在输送葡萄酒和葡萄醪时具体使用不锈钢管道还是软管，根据酒庄的规模和实际需要而定，软管一定要使用透明或半透明的食品级材料。不锈钢管道与软管的优缺点见表3-15。

表 3-15 不锈钢管道和软管的优缺点

分类	不锈钢管道	软管
优点	外观干净、耐用、可实现自动化（需配套软硬件）	几乎没有管道残留，清洗维护方便，造价相对低廉，使用灵活，实用性强，除了葡萄入料管道是专用，其他管道可以相互通用
缺点	一次性造价高、使用效率低、需额外的阀门和支撑结构，维护困难，管道内易有残留、使用缺乏灵活性，还需要连接软管和泵	不能承受过高压力，寿命一般为5~8年

（1）**冷媒管道** 冷媒系统管道全部为不锈钢材质，管道外包裹保温层，可委托发酵罐制造厂进行制作和安装。冷媒主管道建议安装在靠墙或罐顶平台下空隙处。冷媒管道的具体规格见表3-16。

表 3-16 冷媒管道规格

分类	类型和直径	配套零件	数量或长度
冷媒系统主管道	不锈钢，DN50~90	分区域主管道阀门	根据罐体排布计算
冷媒系统支管道	不锈钢，DN15~25	单罐冷媒管控制阀门	根据罐体排布计算

（2）**入料管道** 入料主管道距离不长或者入料管道压力不高的中小酒庄可以采用全软管入料，节省投资。也可以只排布发酵区内的主管和支管，原料加工区至发酵区用软管。车间入料用管道和入料软管的接口必须一致。入料管道的具体规格见表3-17。

表 3-17 入料管道规格

分类	类型和直径	配套零件	数量或长度
发酵区罐顶平台管道	不锈钢，DN90~120	主管道分段阀门	根据发酵罐排布计算
罐顶平台主管至单个发酵罐的支管道	不锈钢，DN65~90	单罐控制阀门	每个罐前1套
原料加工区至发酵区入料主管接口的软管	软管，DN65~100	组合管道及配套快速接头	长度应比泵到发酵区入料主管接口的实际长度要多一些

（3）**输酒管道** 车间输酒泵和罐体上的接口、输酒管的直径和接口必须一致。输酒管道的具体规格见表3-18。

表 3-18 输酒管道规格

分类	类型和直径	配套零件	数量或长度
发酵区与储酒区互通	不锈钢，DN40~65	分段组合连接	两区域最小距离
储酒区与酒窖互通	不锈钢，DN40~50	一根管道连接	两区域最小距离
储酒区与过滤区互通	不锈钢，DN40~65	分段组合连接	两区域最小距离
过滤区与灌装区互通	不锈钢，DN40~50	分段组合连接	两区域最小距离
无管道车间输送酒	软管，DN40~65	不锈钢运酒罐车、卡箍或连接件	灵活组合

（4）上水管道　上水管道采用各种规格的镀锌钢管，具体要求见表3-19。

表 3-19　上水管道规格

分类	类型和直径	配套零件	出水口数量
罐顶平台和地面纯净水管道	不锈钢管道，DN15~25，高压软管，DN15~25	卡箍和接头	平均每15m设1个出口
各车间地面如酒窖、前处理、发酵、储酒、过滤灌装区域纯净水管道	不锈钢管道，DN40~65	卡箍和接头	平均每20m设1个出口
各车间地面如酒窖、前处理、发酵、储酒、过滤灌装区域等自来水管道	不锈钢管道，DN25~65，高压软管，DN15~25	卡箍和接头	平均每20m设1个出口

（5）高温和清洗软管　大型酒庄一般要安装大型的蒸汽锅炉用于大型葡萄酒罐的蒸汽消毒，因此应在车间内铺设专用的高温蒸汽管道。小型酒庄一般使用蒸汽发生器和高压清洗机，作为可移动设备，通常使用高温蒸汽软管。高温和清洗软管的具体规格见表3-20。

表 3-20　高温和清洗软管规格

分类	类型和直径	配套零件	数量或长度
蒸汽发生器专用	食品级，DN32	蒸汽洗桶不锈钢管、原厂管道总成、360°清洗喷头	每10~15m设1根
灌装机清洗专用	食品级，DN32	原厂管道总成	热水罐至灌装机
过滤设备清洗专用	食品级，DN32~65	原厂管道总成	热水罐至最远设备，2根

如果管道直径和接口不同，可以使用变径接头进行弥补。DN40 以下的卡盘是统一尺寸，DN50 以上的卡盘尺寸有多种规格，必须选择一个统一规格。所有设备采购前需要明确统一的接口标准，并写明到合同中。各种用途的管道标识必须清楚，最好涂成不同的颜色。管道安装尽量不占用空间，紧贴墙壁安装牢固，不要有过多的转弯尤其是直角弯，管道配件和包裹材料要美观实用。对于需要穿墙的管道，可以提前在墙体内埋设较粗的不锈钢管，铺设时直接穿越即可，或者铺设时直接打孔。

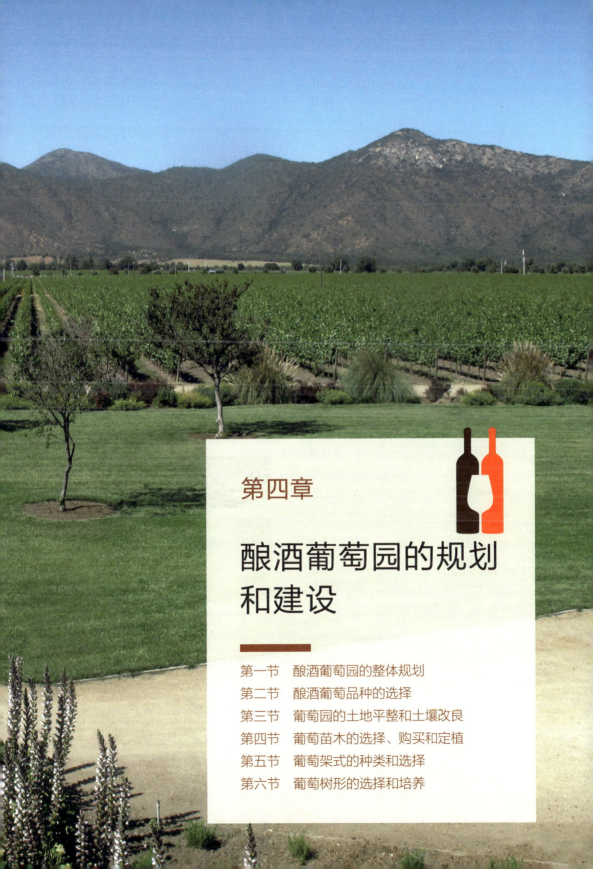

第四章

酿酒葡萄园的规划和建设

第一节　酿酒葡萄园的整体规划
第二节　酿酒葡萄品种的选择
第三节　葡萄园的土地平整和土壤改良
第四节　葡萄苗木的选择、购买和定植
第五节　葡萄架式的种类和选择
第六节　葡萄树形的选择和培养

第一节　酿酒葡萄园的整体规划

葡萄园主要由以下部分组成：道路系统、种植区域、行架系统、水电系统、园区美化与安全防护系统、办公仓储系统等。这些内容的排布和设计构成了葡萄园的整体规划。

一、道路系统的规划

道路系统的规划应根据葡萄园的面积和地形而定。面积较大、地形复杂的葡萄园可进行两级道路系统规划，设置主路和支路。主路贯穿全园，道路宽度应在 6m 以上，便于车辆通行。对于主路不能直接到达的区域，设置支路，道路宽度应在 4m 以上。地形平坦、面积较小的葡萄园，只需设置宽度在 4m 以上、能够满足机械正常通行的道路系统即可。在这里多说一点，葡萄园的道路路面应略低于田间的地面，以便于车辆作业和田间排水，实现作业道路与日常通行道路、排水系统三合一。田间通行的道路路面不必硬化，铺设砂石压实即可（图 4-1），既环保又节约投资。供游客观光的道路则应适当硬化，并配置供休憩的设施。

图 4-1　葡萄园田间通行的砂石道路

二、种植区域的规划

1. 种植大区的规划

对于土地面积超过 200 亩的葡萄园，可依据主道路的分布或大型沟壑、土垄的自然存在划分出不同的种植大区，种植大区的面积一般为 50 亩以上，以单台拖拉机驱动的打药机 1d 的工作面积为极限。对于土地面积小于 200 亩的葡萄园，则根据现有的道路、沟壑、土壤质地和土壤地力等级规划出面积不等的种植小区即可，不再进行种植大区的规划。

2. 种植小区的规划

平原地区的葡萄园根据种植大区内的土壤质地、现有道路或沟壑划分出不同的种植小区，对于土壤质地相对一致的葡萄园，则根据土壤地力等级划分不同的种植小区；对于山坡地葡萄园，根据土壤质地的同时，还要参考具体的坡向、坡位和沟壑划分种植小区；对于修筑梯田的葡萄园，每一个梯田就是一个种植小区。如果整个种植大区内不存在明显的分界线，则不再进行种植小区的划分。

当种植小区规划结束后，对每个种植小区进行土壤肥力等级测定，然后再进行行架系统、水电系统、品种布局等内容的规划，从而形成完整的园区规划。

三、行架系统的规划

1. 葡萄行向的确定

一般种植小区内的葡萄行采用南北行向、东西行宽，但对于南北长度短于50m、东西长度又明显大于南北长度的葡萄园或山区小型梯田地，为了充分利用土地则适宜采用东西行向或与山地等高线平行的行向（图4-2）；如果地块的南北长度大于50m，在不考虑其他因素的前提下，篱架均适宜采用南北行向、东西行宽，棚架采用东西行向、南北行宽。

对于在坡地未修筑梯田的葡萄园，当坡度小于20°时，最好顺坡向设置葡萄行向（图4-3），坡度大于20°的葡萄园，最好修筑梯田采用与山地等高线平行的行向。对于光照强烈，容易产生高温伤害的地区，如果采用篱架栽培，葡萄行向最好采用东北-西南行向，尽量利用叶片遮挡正午时分的阳光，反之采用西北-东南行向，尽量增加果实的光照时间。对于经常刮大风的地区，葡萄行向应顺风向设置，以减小受风力，降低风吹倒葡萄架的概率。

图4-2 沿山地等高线设置的葡萄行向

图4-3 顺坡向设置的葡萄行向

2. 葡萄行长的确定

葡萄行长的确定，首先是受地块坡度和长度的影响。对于不受长度限制的园区，为了防止水土流失，坡度为 10°~15° 的地块，最大行长不超过 100m；坡度为 15°~20° 的地块，最大行长不超过 70m；坡度在 10° 以下的地块，则根据田间管理的需要设置行长。以人工管理为主的葡萄园，一般行长不超过 200m，行的两端留 5m 以上的作业道，便于机械作业；对于使用大型机械的葡萄园，葡萄行长不应短于 200m，葡萄行的两端分别留 6m 以上的作业道，方便机械作业和节约土地。对于受地块长度限制的园区，则根据每个地块的具体形状和长度设置行长，记得留下两端的作业道即可，作业道的宽度应根据自己使用机械的转弯半径来确定。

3. 葡萄行宽的确定

采用篱架栽培的葡萄园，葡萄行宽的确定应遵循以下几个原则。首先葡萄行之间尽量减少遮阴，如果遮阴也要保证下部的叶片 1d 拥有 4h 以上的光照时间，通常葡萄行宽是篱架高度的 1.25 倍以上（图 4-4）。其次要考虑田间机械化作业和埋土防寒的需要。在满足上述条件的前提下，在同一个地块内设计出尽量多的葡萄行，增加产量。通常单壁篱架的行宽为 2.3m 左右，十字形架的行宽为 2.6m 左右。

棚架葡萄行宽没有严格的要求，如果是露地栽培，主要考虑的是葡萄园的早期产量，通过缩小行宽，增加种植葡萄的行数，迅速布满架面，提高前期产量，一般行宽为 3.5~4.0m。对于设施内的棚架则应充分利用搭建设施的支柱，避免架材浪费，节约投资。

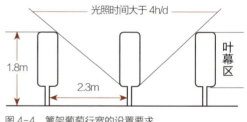

图 4-4 篱架葡萄行宽的设置要求

四、水电系统的规划

动力电应当架设到每个种植大区。出水口应到达每个种植小区，水源的水质应当满足 NY/T 391—2021《绿色食品 产地环境质量》的规定，供水量应满足 3d 灌溉 1 次全园的标准。为了节约用水、避开地形对浇水的制约、提高劳动效率等，建议采用水肥一体化系统，即在田间铺设管道，葡萄行上安装滴灌管，在每个种植大区水源入口处安装施肥器，肥随水走，施肥浇水二合一。需要注意的是，每次使用前和使用后都要对滴灌系统的过滤器进行清洗，避免堵塞；冬季气温低于 0℃ 的地区，冬季浇水后应将管道系统内的积水排干净，防止冻裂管道。

为了满足高品质果实的生长，葡萄酒庄一般都选择在生长季降水量稀少的地区，很少牵涉排水问题。选择在降雨较多、地下水位高的地区建园的酒庄，则必须考虑排水问题。年降水量超过 600mm 的地区，为了减轻雨水对葡萄生产的影响，最好采用简易避雨栽培模式（图 4-5）。排水系统采用与道路系统相伴的方式，道路两侧设置排水渠，排水渠采用浅沟模式，方便作业机械的通行。

图 4-5 简易避雨栽培的酿酒葡萄园

五、园区美化与安全防护系统的规划

1. 园区美化

每当我们从电视或电影中看到国外的葡萄园或葡萄酒庄时，都会在不经意之间发现他们的葡萄园也是一种风景，给人独特的美感和享受（图 4-6）。我们在建设葡萄园时，也一定要将葡萄园的美化考虑在内。对于大型酒庄，通过咨询专业的园林设计公司，将葡萄生产与休闲观光旅游结合起来，提高葡萄园或企业自身的文化品位，同时为企业发展和产品营销增加内涵。对于小规模的葡萄园，可以通过小范围的栽花种草、器物的整齐堆放、架材的整齐一致，让葡萄园变得整洁美观。

图 4-6 景色秀丽的葡萄园

2. 安全防护系统

安全防护设施不单指围墙，还包括防鸟网、防风林或防风布（图 4-7）及监控系统等。近年来，果园鸟害已经成为威胁果园种植成功的主要问题，建园时必须将防鸟网的搭建规划在内，露地园区通常将葡萄立柱加高 70cm 左右，将葡萄立柱与搭建防鸟网的立柱二合一（图 4-8）。

图4-7 智利山区葡萄园设置的防风布　　图4-8 搭建防鸟网的葡萄园

另外，对于大风区的葡萄园，建议在葡萄园种植大区的四周建立防风林，葡萄园种植小区内设立防风布，以减少风害。在防风林的设置上，一定要注意林带的宽度不能低于10m，林带与葡萄园的间距不少于10m。

六、办公仓储系统的规划

对于大型葡萄酒庄，由于葡萄种植面积大，员工多，农业种植管理部门通常作为一个独立的部门存在，拥有自己独立的办公区和机械物资仓储区。为了管理方便，办公生活区和机械物资仓储区一般都位于一个院落内，放置在酒庄一个相对偏僻的地方，拥有单独的大门和员工通道。对于小型葡萄酒庄，由于人员较少，葡萄种植、葡萄酒生产和酒庄管理都是同一批人员，就不用进行这么麻烦的功能分区，只要有单独的机械物资存放仓库即可。

第二节　酿酒葡萄品种的选择

一、我国常见的酿酒葡萄品种介绍

1. 酿制红葡萄酒的葡萄品种

我国酿制红葡萄酒常用的葡萄品种主要有赤霞珠、美乐、蛇龙珠、马瑟兰等。

（1）赤霞珠（*Cabernet Sauvignon*）　欧亚种，原产地为法国波尔多，为我国酿制红葡萄酒的首选品种（图4-9）。果穗多为圆锥形，带副穗，平均穗重175g。果粒着生中等紧密。果粒呈圆形，蓝黑色，平均粒重1.5g。果皮厚，果肉多汁，未充分成熟时有悦人的淡青草味，充分成熟时具有浓郁的玫瑰香味（麝香味）。该品种从萌芽到浆果成熟需要160d左右，活动积温为3300℃以上。该品种生长势强，叶片紧凑厚实、抗病性强、适应性强、结实力强，易早期丰产。

赤霞珠的果粒小，皮厚，种子多，因此酿制的葡萄酒颜色深，单宁重，具有陈酿潜力。葡萄酒年轻时往往具有类似青椒、薄荷、黑醋栗、李子等果实的香味；陈年后逐渐显现雪松、烟草、皮革、香菇的气息，色泽深厚、单宁丰富，结构感强，陈酿潜力强。经橡木桶陈酿的赤霞珠葡萄酒会带有比较容易识别的烟草气息。该品种是酿造色泽深厚、单宁强劲、酒体厚重的陈酿型红葡萄酒的首选品种。但在我国中东部地区，由于气候原因，赤霞珠的花色苷和单宁含量偏低，用其酿造酒体平衡、入口清爽、突出果香的鲜酒也很不错。

图4-9　赤霞珠

（2）美乐（Merlot）　欧亚种，原产地为法国波尔多，别名梅鹿辄，是我国各葡萄酒产区酿制红葡萄酒的主栽品种之一（图4-10）。果穗为圆锥形，带副穗，平均穗重189.8g。果粒着生中等紧密或疏松。果粒呈短卵圆形或近圆形，紫黑色，平均粒重1.8g。果皮较薄，果肉多汁，有柔和的青草香味。成熟期比赤霞珠早10d以上，从萌芽到浆果成熟需要145d左右，活动积温为3150℃以上。该品种生长势强，适应性较强，抗病性较强，早果性好，丰产，对不同的架式、树形和修剪方式适应性强。该品种根系较浅，在干旱和寒冷地区不宜使用自根苗建园。

图4-10　美乐

该品种果粒较软，皮薄，单宁含量低，成熟期遇雨果实病害严重，酿制的葡萄酒适于鲜饮，过去较少单独装瓶，主要和赤霞珠或少量的品丽珠混合灌装。目前国内不少酒庄都生产有美乐的单品种葡萄酒，使用美乐酿制的葡萄酒，呈漂亮的宝石红带微紫色，果香浓郁，常有樱桃、李子等果实的香味，酒香优雅，酒质柔顺，早熟易饮。

（3）蛇龙珠（Cabernet Gernischt）　欧亚种，原产地和品种来源有争议。我国各酿酒产区均有栽培，在山东烟台产区栽培面积较大（图4-11）。果穗为歧肩圆柱形或圆锥形，平均穗重232g。果粒呈圆形、紫黑色，平均粒重2.0g。果皮厚，果肉多汁，有浓郁

图4-11　蛇龙珠

的青草香味。果穗和果粒均明显大于赤霞珠。成熟期略早于赤霞珠,从萌芽至浆果成熟需要150d左右,活动积温达3150℃以上。该品种生长势强,适应性和抗病性较强,耐干旱、喜沙壤土,黏重土壤会导致树体生长势过强,花芽形成很少,因此,选择合适的土壤条件是栽培成功的关键。

蛇龙珠酿制的葡萄酒呈深宝石红色,常有青椒、李子、黑醋栗、覆盆子、红色和黑色浆果的香气;单宁柔和、口感柔顺、清新优雅,酒体协调而饱满。

(4)马瑟兰(*Marselan*) 欧亚种,由赤霞珠和歌海娜(*Grenache*)杂交育成(图4-12)。与具有悠久历史的传统酿酒葡萄品种相比,马瑟兰的培育和栽培历史相当短暂,至今不过60余年(1961年培育成功)。第一款商品马瑟兰葡萄酒直到2002年才由法国南部卡尔卡松(Carcassonne)附近的德弗罗酒庄(Devereux)推出。2001年中法庄园将它从法国引入我国。果穗为圆锥形,平均穗重185g左右。果粒着生中等紧密偏松散。果粒呈圆形,紫黑色,平均粒重1.5g。果皮厚,果肉多汁。成熟期与赤霞珠相当,从萌芽到浆果成熟需要160d左右,活动积温为3300℃以上。该品种生长势中等,叶片紧凑厚实、抗病性强、适应性强、结实力强,易早期丰产,对不同的架式、树形和修剪方式适应性强,但果实不抗白腐病,尤其遭受冰雹后更为严重。

马瑟兰酿制的葡萄酒呈深红紫色,具有荔枝、薄荷、桑葚、蓝莓、黑樱桃等黑色水果和草本植物的香气,酒体圆润饱满、单宁强劲而平衡、细腻,余味悠长,具有较强的陈酿潜力。2004年中法庄园推出单品种酒后,逐渐受到国内酿酒师的重视,各葡萄酒产区均有种植。

除了上面介绍的四个品种外,国内比较常见的酿制红葡萄酒的葡萄品种还有黑比诺、品丽珠、西拉(图4-13)、小味儿多及国内培育的山葡萄或山欧杂种如北红(图4-14)、北醇、北冰红等,这些品种相对上述介绍的酿制红葡萄酒的品种,在栽培技术或酿造技术上会有一定的挑战,有兴趣的可以尝试一下。

图4-12 马瑟兰

图4-13 西拉

图4-14 北红

2. 酿制白葡萄酒的葡萄品种

（1）**霞多丽**（*Chardonnay*） 欧亚种，原产地为法国勃艮第，别名查当尼，是我国各葡萄酒产区酿制白葡萄酒的主栽品种，也是酿制白葡萄酒的标准品种（图4-15）。果穗为歧肩圆柱形，带副穗，平均穗重142.1g。果粒着生极紧密。果粒近圆形，黄色或黄绿色，平均粒重1.4g。果皮薄，粗糙。果肉柔软，汁多，味清香。萌芽至浆果成熟需140d左右，活动积温为2979℃以上。该品种生长势强，适应性强，早果性好，结实力强，易早期丰产，但抗病力中等，果实较易感白腐病，应适时采收。

图4-15 霞多丽

该品种酿制的干白葡萄酒年轻时呈麦秆黄色，具有浓郁的果香和花香，口感清新活跃；陈酿后呈金黄色，有香草、蜂蜜、奶油和烤面包香味，口感丰满柔和。

该品种酿制的起泡酒清新爽口、带有浓郁的果香和蜂蜜香味，但国内很少见霞多丽酿制的单品种起泡酒，比较常见的是酩悦轩尼诗夏桐（宁夏）酒庄有限公司使用霞多丽和黑比诺共同生产的夏桐天然型起泡酒。

（2）**雷司令**（*Riesling*） 欧亚种，原产地为德国，是德国酿制高级葡萄酒的经典品种。山东烟台地区栽培较多（图4-16）。果穗为圆锥形或圆柱形，带副穗，平均穗重190g。果粒着生极紧密。果粒近圆形，黄绿色，有明显的黑色脐点，平均粒重2.4g。果粉和果皮均中等厚。果肉柔软，汁中等多，味酸甜。从萌芽至浆果成熟需145d左右，活动积温为3162.7℃以上，浆果晚熟。该品种植株生长势中等，早果性较好，产量高，应控制负载量；适合在干旱、半干旱地区种植，抗寒性较强，喜阳光，适应黏土，耐干旱瘠薄；抗病性中等偏弱，叶片易感毛毡病和霜霉病，果实易感白腐病。

图4-16 雷司令

雷司令酿制的白葡萄酒，可以从干到甜，酒体颜色呈浅黄绿色，具有丰富的果香味如青苹果、柠檬，同时还会伴有淡雅的花香、蜂蜜等香气；陈酿后，酒体颜色呈金黄色，酒香复杂，在花香基础上带有轻微的汽油味，具有成熟的水果香味与蜂蜜香。

（3）贵人香（*Italian Riesling*） 欧亚种，别名意斯林、意大利雷司令，为意大利古老品种，在我国各酿酒产区均有栽培（图4-17）。果穗为圆柱形，带副穗，平均穗重194.5g。果穗大小不整齐，果粒着生极紧。果粒近圆形，绿黄色或黄绿色，有多而明显的黑褐色斑点，平均粒重1.7g。果粉中等厚。果皮中等厚，坚韧。果肉致密而柔软，汁中等多，味甜，酸味少。生长势中等，抗病性中等，进入结果期早，丰产。从萌芽至浆果成熟需140d左右，活动积温为2979℃以上，浆果中晚熟。该品

图4-17 贵人香

种耐盐碱，不抗寒，抗病性较弱，易感染毛毡病和霜霉病，不抗炭疽病。该品种易丰产，栽培中应控制产量，提高果实品质。

该品种酿制的白葡萄酒，酒体颜色呈浅黄色或麦秆黄色，具有成熟的水果香味，口感清新爽口；陈酿后，酒体丰满柔和，回味较长。

除了上述介绍的3种常见的酿制白葡萄酒的葡萄品种外，国内能够见到的酿制白葡萄酒的葡萄品种还有琼瑶浆、小芒森、白羽等，感兴趣的也可以尝试种植。对于酿制白葡萄酒的葡萄品种可以采用简易避雨、拉花序等栽培措施解决果穗过紧和果实病害防控问题。

3. 酿制冰葡萄酒的葡萄品种

（1）威代尔（*Vidal*） 法美杂种，是酿造冰葡萄酒的主栽品种，在我国的东北和西北地区有大面积栽培（图4-18）。果穗为圆锥形，有副穗，平均穗重350g左右；葡萄果粒近圆形，平均单粒重2.1g，果皮黄绿色、果皮较厚、果粉薄。该品种生长势强，抗病性强，早果性好。浆果晚熟，从萌芽至浆果成熟需150d，是酿造高质量甜葡萄酒和起泡酒的葡萄品种。该品种抗寒能力明显强于一般的欧亚种葡萄品种，在埋土防寒线附近的地区可以自然越冬，但应注意防控果实白腐病。

图4-18 威代尔

该品种酿造的甜葡萄酒，酒体颜色呈浅金黄色，果香浓郁，但入口酸度较高，酒体不丰满；经橡木桶陈酿后，酒体呈亮丽的金黄色，常有柑橘、菠萝、柚子、蜂蜜等味道，入口柔滑，酒体饱满，富有层次，回味持久。我国辽宁桓仁县大面积种植该品种，用于酿制冰葡萄酒。该品种酿制的干白

葡萄酒，果香浓郁，但入口不够丰富细腻。

（2）北冰红　北冰红是中国农业科学院特产研究所选育出的第一个酿造冰红葡萄酒的山葡萄品种。果穗为长圆锥形，果穗紧，平均穗重159.5g；果粒呈圆形、蓝黑色、果粉厚，果粒平均重1.30g；果肉呈绿色，果皮较厚，果皮韧性强，果刷附着果肉牢固。果实发育期短，吉林地区9月下旬成熟，可以延迟到12月上旬采收，树上冰冻果实。该品种抗寒性极强，在长白山产区可以自然露地越冬，抗病性强，但不抗霜霉病，应注意防控。

该品种酿制的冰红葡萄酒呈深宝石红色，具有浓郁悦人的蜂蜜和杏仁复合香气，酒体平衡、醇厚丰满，具有冰葡萄酒的独特风格。该品种在吉林集安地区有较大面积栽培。

4. 葡萄砧木品种

（1）SO4　SO4是从冬葡萄和河岸葡萄杂交后代中选育出的葡萄砧木品种（图4-19）。SO4是抗根瘤蚜、抗根结线虫的多抗砧木，长势旺盛，扦插易生根，并与大部分葡萄品种嫁接亲和性良好，具有促进接穗品种成熟的作用，但该品种的抗旱性、耐盐性、耐寒性和抗涝性均是中等偏下。

（2）5BB　5BB是从冬葡萄与河岸葡萄的自然杂交后代中选育出的葡萄砧木品种（图4-20）。5BB抗根瘤蚜、抗根结线虫，较抗旱、耐石灰性土壤。植株长势旺盛，扦插生根率高，嫁接亲和性不如SO4。在田间，嫁接部位靠近地面时，接穗易生根和萌蘖。一些地区反映，5BB与品丽珠等品种嫁接有不亲和现象。该品种的抗寒性、抗涝性中等偏下，生产上要予以重视。

（3）抗砧3号　抗砧3号是中国农业科学院郑州果树研究所从冬葡萄与河岸葡萄的杂交后代中选育出的葡萄砧木品种（图4-21）。抗砧3号长势极强，抗根结线虫、抗葡萄根瘤蚜、耐盐碱、耐石灰性土壤；抗寒性显著强于SO4和5BB；但嫁接亲和性不如SO4。

图4-19　SO4新梢　　　　图4-20　5BB新梢　　　　图4-21　抗砧3号新梢

生产上可能会用到的葡萄砧木品种还有110R，该品种抗葡萄根瘤蚜、抗根结线虫，抗旱性和抗寒性显著强于SO4，适于我国华北、西北和东北地区种植。

二、酿酒葡萄品种的选择

葡萄酒庄是一个投资大、见效慢的产业，从建园开始到酿出葡萄酒至少需要3年以上的时间，所以在葡萄酒类型定位和配套葡萄品种的选择上必须慎之再慎。

1. 根据确定的葡萄酒产品类型，选择相应的葡萄品种

葡萄品种的选择必须依据酒庄规划的葡萄酒产品类型进行选择，如果定位的是红葡萄酒，则应选择果实为紫黑色的葡萄品种；如果定位再细一些准备做陈酿型的干红葡萄酒，则应选择赤霞珠、马瑟兰等果实颜色深、单宁含量多的葡萄品种；如果定位的是鲜饮型干红葡萄酒，则应选择美乐、蛇龙珠等单宁平衡、果香丰富的品种；如果定位的是冰红葡萄酒，可以选择国内自主培育的葡萄品种，如北冰红或者一些耐寒的山欧杂种。

如果定位的是白葡萄酒，首先选择霞多丽；如果还想做一些甜白葡萄酒，可以选择雷司令和贵人香，白葡萄酒基本上就这3个品种。如果做起泡酒，还可以种植一些黑比诺进行搭配。白葡萄酒的酿酒工艺和操作流程已基本实现标准化、流程化，可供酿酒师发挥的空间很小，在选择品种时也少了许多麻烦。如果定位的是生产冰白葡萄酒，可以种植威代尔。

如果想做一些桃红葡萄酒，则不必在品种选择上下功夫了，只需要调整一下种植方法和酿造工艺，或遇到一个着色不好的年份就可以了。

以上说的是做单品种葡萄酒，如果定位的是混酿葡萄酒，则可以选择2个及以上的葡萄品种，其中一个做主酿品种，其他的做辅酿品种，主酿品种的种植面积应大一些，辅酿品种的种植面积相对少一些。主酿品种是葡萄酒的骨干，辅酿品种是对葡萄酒香气、口感等内容的补充，比如赤霞珠与美乐这种主辅搭配。

2. 根据当地的气候条件，选择相应的葡萄品种

各地在发展葡萄生产时必须根据本地区的生长天数、有效积温、早晚霜发生时期、降水量分布、日照时长、灾害性天气的发生规律等具体气候条件，合理选择栽培品种。

适宜葡萄生长的有效天数和有效积温是发展葡萄生产和选择葡萄品种时的关键性因素。在有效生长天数较长的地区，如我国的华北地区，品种选择的范围就广，

不同成熟期的品种均可发展；在有效生长天数较短的地区，如我国东北的长白山产区和新疆的天山产区，则应选择中晚熟葡萄品种如美乐、霞多丽等，种植赤霞珠和小味儿多等晚熟品种在某些年份可能会遭受早霜危害，果实达不到技术成熟。

还要考虑降水量和降水分布，这两个因素直接影响病害的发生频率和发病程度，通过产区分布可以发现，我国的葡萄酒产区基本上都分布于北方地区，只有少量产区分布于西南地区，最主要的原因就是受降水量和降水分布的影响。其实我国的自然条件并不适宜种植欧亚种的葡萄品种，西北地区生长季降水量少，但冬季干旱寒冷，葡萄树需要埋土防寒；不需要埋土防寒的黄河以南地区，生长季又降水集中，病害发生严重；云南高海拔地区可以选出部分适宜地区，又存在交通不便、位置偏远的问题。这也导致我国的酿酒葡萄种植需要花费大量的技术和人工成本，与进口葡萄酒相比成本明显偏高。

所以在选择葡萄品种时，一定要选择那些抗病性好、管理简单的葡萄品种，如赤霞珠、马瑟兰等，甚至不要拘泥于欧亚种葡萄，国外培育的一些美欧杂种类酿酒葡萄品种也可以进行尝试，多在酿酒工艺上下功夫。比如日本酿酒师对本土葡萄品种甲州（图4-22）的酿酒工艺进行了持续多年的改进，终于使得这一古老品种得到了酿酒界的认可。

图 4-22　甲州

在气候条件不适宜地区建设的酒庄，整体的气候条件无法改变，但对于葡萄树生长的局部环境，则可以通过设施栽培进行改善，比如避雨栽培等。

3. 根据葡萄园每个种植小区的具体情况，选择相应的葡萄品种

在山坡地建园时，地形变化会导致不同地块之间在局部气候和土壤条件上发生显著变化。位于山顶的地块与山坡中下部的地块相比，早春温度回升慢，秋季降温早，易发生早晚霜冻并且危害重，但空气透明度高、光照好、昼夜温差大、空气湿度低，土壤瘠薄、墒情差，应选择长势强、耐干旱、耐瘠薄、抗寒、萌芽晚的葡萄品种如威代尔，或者选用耐旱的砧木品种如110R或抗砧3号进行嫁接栽培。山坡中部的地块是整个葡萄园中气候和土壤条件最好的地块，应当种植酒庄的主栽品种。山坡底部的地块与山坡中上部的地块相比，通常土质肥沃、墒情好、空气湿度大，但也有易发生霜冻和洪涝灾害等问题，病害也比较重，适宜种植喜肥水、易成花、抗病性强的葡萄品种。平地葡萄园的地块气候和土壤条件相对一致，品种的选择更多地考虑人工管理和机械作业。

第三节　葡萄园的土地平整和土壤改良

一、葡萄园的土地平整

在葡萄园整体规划的基础上，葡萄园的土地平整应根据各种植大区和小区的具体情况进行。在平地或坡度小于 20°的坡地建园时，如果土层深厚，但地面高低起伏，可以使用推土机或挖掘机直接顺坡平整处理；如果土层较薄，则尽量以填为主，顺坡平整，避免土层丢失。在坡度大于 20°的山坡地建园，建议修建梯田。通常被大型沟壑切割开的独立山坡就是一个种植大区，修建成的每块梯田就是一个种植小区。

梯田的具体修建方法：梯田台面应由外向内倾斜，形成外高内低的台面，降雨时台面上的水由外向内流，汇集到内侧的排水沟内，再逐级排出园外，从而避免雨水冲刷梯田壁。梯田台面的长度以不超过 200m 为宜，如果过长，浇水、排水和其他作业均不方便；梯田台面的宽度则是越宽越好，但也不能使修建好的梯田壁过高，通常梯田壁高度不超过 3m。梯田壁的修建一定要牢固，最好用石头砌成，如果无石头，将梯田壁削成垂直面也可以，但要注意经常维护。

如果感觉修建梯田投资过大，难以负担，也可以采用葡萄行向与坡向垂直的垄田栽培模式（图 4-23），将葡萄种植在一个宽 60~100cm、长度根据地块而定、内部平整的垄田沟内。

平原地区种植小区内土地平整的具体要求：首先，将小区内无用的林木、建筑物、垃圾等清理干净，包括地下的树桩和大树根，它们的存在既不方便后面的田间作业，又容易引起多种共患性病虫害如根腐病、根癌病和根结线虫病的发生；其次，将高低不平或存在坑洼的地表整平。葡萄种植小区的土地平整结束后，最好休耕 1~3 年，尤其前茬是林地的地块，既可以恢复土壤地力，又可以降低共患性病虫害发生的概率。

图 4-23　采用垄田栽培的山地酿酒葡萄园

二、葡萄园的土壤改良

根据每个地块土壤测定获得的土壤松紧度、pH、有机质和矿质元素含量等指标，对土壤进行改良。土壤改良在降水量少、地下水位低的地区（多为我国黄河以北地区）通常与定植沟开挖结合起来；在降水量大、地下水位高的地区（多为我国淮河以南地区）通常与挖沟台田结合起来；黄淮之间则应根据园区的具体情况而定，地下水位高、易积水的地块采用台田种植，反之则可以采用平畦种植。

1. 土壤松紧度的改良

对于土壤 pH、有机质和矿质元素含量都达标，土壤松紧度不达标的地块，只需使用深翻犁将全园深翻 60cm 以上即可。

2. 土壤有机质和矿质元素含量的调整

（1）常见的有机肥和矿质元素肥料　常用的有机肥种类主要是动物粪便和堆肥，目前国家已禁止农田使用未腐熟的动物粪便，必须使用腐熟的有机肥。因此购买商品有机肥时，注意索要产品的检测报告，仔细查看其有机质含量、矿质元素种类和含量、肥料的 pH、加工工艺等内容。还有一个办法是田间生草，生长季进行自然生草，当草的高度达到 30cm 以上，深翻入土。在冬季可以种植小麦的地区，入秋后播种冬小麦，第二年葡萄萌芽前旋耕入土，连续操作 3 年可以显著增加土壤的有机质。

近年来，除了常见的大量元素单肥和复合肥外，不少厂家已开始生产中微量元素复合肥，以满足土壤改良对中微量元素的需求。我国常见矿质元素肥料及其含量见表 4-1。关于有机肥和矿质元素的使用量，可以参照国家颁布的土壤肥力等级，按照 3 级以上的标准进行计算。

表 4-1　我国常见矿质元素肥料及其成分

名称	肥料种类	外观、颜色、气味	成分
氮	尿素	白色或略带微红色固体颗粒，容易分解，有氨气味	含氮 46% 左右
磷	过磷酸钙	深灰色、灰白色颗粒或粉末	含 P_2O_5 14%~20%、钙 12% 左右、硫 9% 左右
钾	硫酸钾（水溶）	无色结晶体	含氧化钾 50%
钙	过磷酸钙	深灰色、灰白色颗粒或粉末	含钙 12%、P_2O_5 14%~20%、硫 9% 左右

（续）

名称	肥料种类	外观、颜色、气味	成分
镁	七水硫酸镁	白色结晶状固体	含镁 18.5% 左右、硫 24.6% 左右
硫	造粒硫黄	黄色颗粒	含硫 95% 以上
铜	七水硫酸铜	浅蓝色结晶体	含铜 25% 左右
锌	七水硫酸锌	白色结晶或粉末	含锌 22.7% 左右
铁	七水硫酸亚铁	浅蓝绿色晶体或粉末	含铁 20% 左右
硼	硼砂	无色晶体或白色粉末	含硼 15% 左右

（2）改良方法　土壤有机质和矿质元素调整必须和土壤深翻结合起来进行全园改良。首先将所施的肥料撒施到土壤表面，使用大型旋耕机将肥料与土壤初步混匀，然后再使用重型拖拉机牵引的可以将土壤深翻 60cm 以上的深翻犁以纵、横、斜 3 种方式将土壤进行深翻，将所施的肥料与土壤充分混匀，对于没有深翻犁的地区可以使用挖掘机代替。对于全园改良有难度的酒庄，可以采用定植沟改良，将计算好施用量的有机肥和矿质元素肥料条状撒施到定植行上，然后使用拖拉机旋耕 2~3 次，再用挖掘机开挖定植沟。对于台田种植的葡萄园，则可以将计算好的肥料撒施到定植行两侧，然后用大型旋耕机旋耕 3 次以上，使肥料和土壤充分混匀，再使用葡萄埋土机，将行间的土翻到葡萄行上，最后进行人工修整。

3. 葡萄定植沟的开挖和台田

葡萄定植沟的开挖和台田，首先要进行的是葡萄定植行画线，该项工作做到位，会为后面的其他工作，如葡萄定植沟开挖或台田、葡萄架材搭建、管道铺设等工作打好基础。

（1）葡萄定植沟的开挖　定植沟的规格为：宽 70cm 左右，长度与葡萄行长相当，深度在 60cm 左右。具体方法为：首先将计算好的有机肥、矿质元素肥料和改良剂条状撒施到定植行上，宽度和长度均与定植沟的标准大致相当（图 4-24），然后使用旋耕机旋耕 2~3 次，与土壤充分混匀（图 4-25），再使用挖掘机开挖定植沟（图 4-26），只需要将挖出的土按照原样放回即可。用挖掘机开挖过后，使用旋转犁开出灌水沟，然后灌水沉实（图 4-27）。最后等表层水分晾干后，使用旋耕机将沟底整平，至此定植沟的开挖工作结束。

图 4-24　条施底肥

图 4-25　旋耕混匀肥料

图 4-26　使用挖掘机开挖定植沟

图 4-27　定植沟灌水沉实

（2）葡萄行台田　对于地下水位高或容易积水的葡萄园，土地平整后，还应进行挖沟台田。具体做法为：将计算好的有机肥、矿质元素肥料和改良剂，全园撒施，然后用大型旋耕机全园旋耕 2~3 次，与土壤充分混匀后，再用深翻犁进行深翻，再次旋耕破碎后，进行定植行画线。然后以两个定植行的中间为界，将部分旋松的土壤堆积到定植行上（可以使用拖拉机驱动的葡萄树埋土防寒机进行操作），修成一个高度为 0.3m 左右、顶部略凹陷、两侧缓慢下降、长度与定植行等长的条台地，故称台田（图 4-28）。

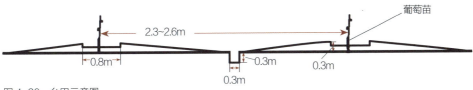
图 4-28　台田示意图

为了加强葡萄园排水，可以在葡萄行间再开挖一个深 0.3m 左右、宽 0.3m 左右的排水沟。这样既可以提高葡萄树种植位置，又可以降低地下水位，还便于机械作业通行。行间的排水沟应与田地四周的排水渠连通。

第四节 葡萄苗木的选择、购买和定植

一、葡萄苗木的种类和选择

1. 葡萄苗木的种类和质量标准

目前,国内能够购买到的葡萄苗木多为一年生扦插苗和嫁接苗,关于苗木的质量标准按照农业农村部发布的 NY 469—2001《葡萄苗木》标准执行。图4-29为国外进口的一年生嫁接苗。

2. 苗木的选择

图4-29 国外进口的一年生葡萄嫁接苗

尽管目前生产上普遍使用自根苗,但我们还是提倡根据当地的土壤条件(主要是当地土壤是否存在葡萄根瘤蚜、根结线虫等土传性病虫害)选择适宜的砧木进行嫁接栽培。但同时也要说明不是所有的嫁接苗都好,如果不清楚嫁接苗使用的是什么砧木,或者这些砧木不具有抗根瘤蚜、抗根结线虫的特性,没有进行过砧穗组合试验,这样的嫁接苗还是慎用。

二、葡萄苗木数量的确定

当一个种植小区的葡萄行数和葡萄行长确定后,通过确定葡萄行上的株距(葡萄行上2个葡萄苗木之间的距离),即可获得1个种植小区的苗木种植量。埋土防寒地区,计划采用小棚架、独龙干树形栽培的葡萄园,葡萄行上的株距为1.5m左右;采用双十字形架式、倾斜单干水平树形,土壤肥沃或长势旺的葡萄品种葡萄行上的株距为2.0m左右,土壤贫瘠或长势弱的葡萄品种葡萄行上的株距为1.5m左右。

自然越冬区(非埋土防寒区),采用双十字形架式的葡萄园,土壤肥沃或长势旺的葡萄品种葡萄行上的株距为2.0m左右,土壤贫瘠或长势弱的葡萄品种葡萄行上的株距为1.5m左右。棚架栽培的葡萄园则要根据将来的葡萄树形决定。

三、葡萄苗木的购买、检疫、运输和贮藏

1. 苗木购买

当葡萄园土壤改良结束，葡萄品种、苗木类型和数量确定后，下一步的工作是苗木订购，由于国内生产的葡萄苗木质量普遍不高，国外的苗木又极难大规模进口。为了公司的长远发展考虑，最好委托国内具有苗木脱毒组织快速繁育实力的科研或育苗单位，进行定点育苗，购买无病毒组培苗，或者向国内有实力的苗木繁育公司或科研院所按照国家颁布的苗木标准订购苗木，并且在购苗前应对苗木销售单位进行考察。

2. 苗木检疫和运输

一是苗木起运前一定要向苗木销售单位索要苗木检疫证，如果没有苗木检疫证则为非法调运苗木，要承担法律责任。二是对调运的苗木进行保湿包装，可以使用带有塑料内衬的编织袋，苗木中间填装湿碎纸或消过毒的湿锯末。三是葡萄苗木的根系在-5℃时就会受冻，所以苗木调运一定要注意保暖。四是运输时一定要雇用负责的司机或物流公司，并进行投保，降低风险。

3. 苗木贮藏

对于购买苗木量大或不能立即定植的葡萄园，则要进行假植贮藏。对于冬季最低温度高于-10℃的地区，可以在室外选择背风向阳、土层深厚、不积水的地方，挖深0.5m左右、宽1.5~2.0m、长度根据苗木数量而定的假植沟。假植沟挖好后，先在沟底填入一层湿沙或细土，然后将捆好的苗木根系向下与地面成70°角半躺于假植沟内，苗木之间要挤紧，但不可重叠，一排摆放好后，用细沙盖住根系和大部分茎秆，再用前述的方法摆放第二排苗木，然后覆盖细沙，如此反复操作。待苗木假植完以后，浇一次透水，然后再把露出根系的地方用细沙盖严。当气温降到0℃以后，苗木上部露出沙子的茎秆也应用细沙掩埋，进行保湿保温，埋土的厚度以使苗木根系处于冻层以下为准。为了防止假植中造成品种混乱，应分品种单独假植，起苗时再次核对。对于冬季最低温度低于-10℃的地区，应选择室内使用细河沙进行假植贮藏。

四、葡萄苗木的定植

1. 苗木定植时间

淮河以北的地区，冬季易发生低温冻害，宜在春季进行定植，土壤化冻后越早

越好。淮河以南的地区，如果定植后不会损失，则宜秋栽；否则宜春栽。

2. 定植坑的开挖

当葡萄定植沟或台田完成后，则应根据确定好的株距，在定植沟或台田上开挖定植坑。首先确定好定植行的位置和两端，然后在量绳上按照确定好的株距捆扎红色的布条，再将量绳放到确定好的定植行上，在红色布条的位置撒上白色的腻子粉即确定出定植坑的位置，最后使用树坑机，开挖出一个深度为15cm左右、直径为15cm的树坑（图4-30）。对于土质湿黏的葡萄园，使用铁锹人工开挖定植坑比较好，可以避免树坑机在定植坑四周形成硬泥层。

图4-30 树坑机开挖出的定植坑

3. 苗木浸泡和修剪

当确定苗木定植日期后，把将要定植的品种苗木提前1d取出，浸泡到清水中12~24h，然后捞出，将苗木根系修剪成10cm左右的长度，放入塑料箱内做好品种标记并盖上湿布保湿备用。

4. 苗木定植

根据园区品种布局和工人的工作量，确定定植的葡萄品种和苗木数量，并进行人员分工，一定要安排专人负责品种鉴别和苗木分发，做到取苗、摆苗、定植同时进行，尽量减少苗木晾晒时间，定植完一个葡萄品种后，再定植下一个品种，严禁两个或多个品种同时定植，以避免工人在操作中将不同的品种混淆栽乱。定植时，首先要将苗木扶正，前后左右对齐，然后边埋土边轻轻向上提苗，保持根茎部与地面等高，当培土与地面等齐后，再踩实土壤。

5. 苗木浇水和铺设地膜

定植完一个种植小区，就可以抽调人手浇水，定植水必须浇透浇足，等表土无明水后立即铺设地膜，一般需要3名工人，1个人放膜，2个人压膜和放苗，每铺到一株葡萄苗上方时，便在苗木对应的薄膜上打1个孔，使苗木露出薄膜，然后用土将露苗孔四周的薄膜压实（图4-31）。对于西北干旱地区或采用台田种植

图4-31 定植苗后铺设白色地膜的葡萄行

的葡萄园，定植苗后直接将滴灌管铺设到地膜下面，膜下浇水，提高利用率。

对于春季地温回升快的地区，比较适宜选用黑色地膜，既可以保湿、又具有防治部分杂草的作用；对于春季地温回升慢的地区，适宜采用白色地膜。

6. 安装引缚杆或塑料套筒

当葡萄苗生长高度达到 60cm 以上，要安装引缚杆，引缚葡萄苗生长，同时安装塑料套筒（图 4-32），这样葡萄行上的杂草可以使用除草剂进行防控，行间的杂草可以使用拖拉机驱动的旋耕机或松土除草一体机进行控制。

图 4-32　安装塑料套筒的葡萄园

第五节　葡萄架式的种类和选择

一、我国常见的葡萄架式

1. 单壁篱架

这类架式的架面与地面垂直，葡萄树向上生长，葡萄枝叶分布在架面上，远观好似一道篱笆，故称为篱架（图 4-33）。单壁篱架系统主要由立柱（边柱、支柱、中柱）、拉丝（定干线、引绑线、锚线）和锚石组成（图 4-34）。通常立柱高度为 2.0~2.5m，中柱埋入土中 50~80cm，边柱埋入土中 80~100cm，一般葡萄行越长立柱埋土越深；立柱地上部架高 1.5~2.0m，立柱行间距离为 2.3~2.6m，行上距离为 4.0~6.0m，其上架设 5~6 道拉丝。该架式的主要优点是便于机械化管理；其缺点是有效架面较小，光照和空间利用不充分。目前在酿酒葡萄上的应用较为普遍。

图 4-33　采用单壁篱架的葡萄园

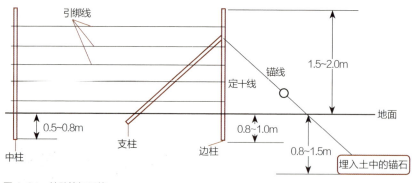

图 4-34 单壁篱架系统

立柱常见的有水泥柱和钢构柱（图 4-33）。在部分林木资源丰富的地区也可以使用木立柱（图 4-32）。边柱、中柱和支柱可以是同一材质同一规格，也可以是不同材质不同规格，但因为边柱要承担主要的拉力，所以边柱应比中柱的规格大一些。支柱位于边柱内侧，用于支撑边柱，下端埋于土中，上端顶在边柱的中上部，与地面形成 45° 左右的夹角。

拉丝一般有 5 道，最下面的 1 道拉丝离地面 50cm 左右，使用 16 号镀锌钢丝，用于固定滴灌管；第 2 道拉丝一般离地面 80~110cm，使用 14 号镀锌钢丝，用于固定树干，称为定干线；定干线往上每隔 30~40cm 架设 1 道拉丝，用于引绑当年萌发的枝条，称为引绑线，一般使用 16 号镀锌钢丝。锚线和锚石主要用来固定边柱，锚线通常采用 12~14 号镀锌钢丝或镀锌防锈钢绞线，锚石一般是长、宽、高为（40~50）cm×（40~50）cm×（30~40）cm 的预制水泥块，也可以用石块代替，埋入土中 0.8~1.5m，葡萄行越长锚石埋得越深。

2. 双十字形架或多十字形架

通常立柱高 2.5m 左右，中柱埋入土中 50~80cm，边柱埋入土中 80cm 左右，通常葡萄行越长立柱埋土越深；立柱地上部高 1.8~2.0m，立柱的行上距离与行间距离分别为 4.0~6.0m、2.5~3.0m。在立柱中上部分别固定 2 个横梁，上部的横梁长度为 1.2~1.4m，高度为 1.8m 左右；下部的横梁长度为 0.6~1.0m，高度为 1.4m 左右，这种架式为双十字形架。也有在立柱上架设多个横梁，称为多十字形架（图 4-35）。建园时，在横梁两端和立柱距地面 0.8~1.2m（定干线）处各牵引一根镀锌钢丝，定干线使用 14 号镀锌钢丝，其他位置使用 16 号镀锌钢丝，从而形成一个完整的架式系统。该架式的边柱稳固系统，建设时可参照单壁篱架系统。

横梁的材质有竹木、镀锌角铁、镀锌矩钢和镀锌钢管等。木质和竹质横梁的直径应在 6cm 以上，角铁横梁应选择厚度在 0.3cm 以上的国标镀锌角铁，钢管横梁应选择直径在 4cm 以上的国标镀锌钢管，矩钢横梁应选择 3.0×4.0cm 以上的国标镀锌矩钢。

图 4-35 使用镀锌角铁横梁的多十字形架

该架式与单壁篱架相比具有架面空间大、可以减轻日灼危害等优点。近年来通过对葡萄树形的改变，如倾斜式单干单臂树形，该架式已开始在埋土防寒区推广应用。

近年来，随着简易避雨栽培大面积应用，在制作葡萄立柱时将边柱和中柱的长度再延长 50cm 左右，达到 3.0m 左右，从而将避雨棚和防鸟网的立柱与葡萄架材的立柱三合一，使用斜梁代替原来的横梁，边柱上的斜梁使用镀锌矩钢（图 4-36），中柱上的斜梁使用镀锌钢丝代替（图 4-37）。

图 4-36 采用镀锌矩钢斜梁结构的简易避雨棚

图 4-37 中柱采用镀锌钢丝作为斜梁的简易避雨棚

3. 水平棚架

在立柱顶部架设横梁，在横梁上牵引拉丝，形成一个离地面较高，且与地面相对平行的架面，称为水平棚架。棚架根据单独架设或连叠架设，分为单栋水平棚架（图 4-38）和联栋水平棚架（图 4-39）。在高温多湿地区采用棚架栽培，果实和叶片远离地面，可减轻病害发生；在高温干旱地区采用棚架栽培，可以减轻高温和强光照对葡萄果实的伤害。缺点是管理操作比较费工。

图 4-38　单栋水平棚架　　　　　　　　图 4-39　大棚内的联栋水平棚架

水平棚架架材主要由立柱（边柱、中柱、支柱）、横梁、拉丝、锚线和锚石组成。

1）立柱。我国常见的有水泥柱和钢构柱。因为边柱要承担主要的拉力，边柱应比中柱的规格大一些。水泥柱的规格：边柱为 12.0cm×12.0cm×300.0cm，中柱为（8.0~10.0）cm×（8.0~12.0）cm×250.0cm；镀锌钢管材质的规格：边柱为直径 7.0cm 以上、长度为 300.0cm 的国标镀锌钢管，中柱为直径 3.3cm 以上、长度为 250.0cm 的国标镀锌钢管；镀锌矩钢材质立柱的规格：边柱为 7.0cm×7.0cm×300.0cm 的国标镀锌矩钢，中柱为 5.0cm×5.0cm×250.0cm 的国标镀锌矩钢。支柱的材质和规格与中柱相同。通常柱间距为 350.0cm×350.0cm，中柱埋入土中 50~80cm，边柱埋入土中 80~100cm，葡萄行越长立柱需要埋土越深。

2）横梁。横梁的材质与立柱相同，主要有钢构横梁（钢管或矩钢）、竹木横梁。钢管材质的横梁直径为 5.0cm 以上，长度略大于行宽；矩钢的直径则大于 5.0cm×5.0cm，长度略大于行宽；竹木横梁的直径则应大于 10.0cm，长度也是略大于行宽。目前生产上多用镀锌钢绞线或 12 号以上的镀锌钢丝代替中柱上的横梁（图 4-38）。

3）拉丝。一般架面上从架根到架梢等距离安装 6~10 道 16 号镀锌钢丝，用于葡萄树的生长和结果。立柱上等距离安装 4~5 道 16 号镀锌钢丝，紧邻地面的那道拉丝，一般距地高度为 40~50cm，用于安装滴灌管或微喷管，其他拉丝用于引缚葡萄幼树生长。

4）锚线和锚石。锚线和锚石主要是用来固定边柱，通常锚线采用 12~14 号镀锌钢丝或镀锌防锈钢绞线，锚石一般是长、宽、高为（40~50）cm×（40~50）cm×（30~40）cm 的预制水泥块，也可以用石块等代替，埋深 0.8~1.5m。

近年来，随着塑料大棚、温室的促成和避雨栽培在葡萄生产上的应用，水平棚架在设施内的应用得到重视，搭建时可以直接利用原有搭建大棚的立柱，从而节省架材投资，充分利用棚内空间。另外水平棚架也常用于停车场或庭院，只是架面需要更高一些。

二、葡萄架式的选择

栽培架式的选择应立足实际需求，从以"密植、高产、费工"为特征的葡萄架式中走出来。根据品种特性、地区气候环境特点、栽培管理水平等多项因素，选择"省工、防病、优质"的葡萄架式。

1. 首先要考虑的是便于机械化作业和人工管理

葡萄是一种投资较大、管理费工费时的果树，所以在建设葡萄园时，一定要把便于机械化作业、降低工人劳动强度和难度、节省管理费用放在首位，尤其是面积超过 100 亩的葡萄园。想在这里说明的是，决定葡萄树是否易于埋土防寒的关键因素是树形，而不是架式，所以从管理省工、节约成本的角度考虑，建议使用单壁篱架或双十字形架。

2. 必须适应当地的气候条件、地势地形和所选葡萄品种的生长特性

选择的架式必须适应当地的气候条件，在单位面积内容纳尽量多的能够进行有效光合作用的叶片，同时又可以减轻病虫和气候危害，有利于树体生长和果实发育，实现丰产和优质。对于高温高湿的南方地区，适宜选择远离地面、通风透光、散湿的高干架式，如带有避雨棚的高干双十字形架，避雨大棚的水平棚架。

生长季光照强烈，地面干旱高温，果实和叶片易发生高温障碍的地区，宜采用棚架，在果实上面形成一个遮阴层，减少果实接收到的辐射，降低温度。对于容易发生霜冻的地区选择离地面较高的棚架（图 4-40），也可以减轻霜冻的危害。

选择架式还要考虑栽培品种的生长特性，当种植长势强的葡萄品种如赤霞珠，可以选择棚架；对于长势弱的品种如雷司令、黑比诺等，则宜用单壁篱架或双十字形架。

图 4-40　智利高山干热峡谷内采用的棚架葡萄园，可以减轻高温和霜冻对葡萄的危害

3. 必须考虑将要采用的栽培方式

在选择架式时，还应考虑到葡萄园的栽培方式。比如采用避雨大棚栽培的葡萄园，为了充分利用棚柱，节省投资，适宜采用棚架，采用其他架式则会造成架材的额

外投入；采用简易避雨栽培的葡萄园则适宜采用双十字形架（图4-37）；采用露地栽培的葡萄园，适宜采用单壁篱架或小开角的十字形架。

第六节　葡萄树形的选择和培养

葡萄为木质藤本植物，为了获得产量和管理方便，必须使葡萄树生长成一定的树形，使它攀附到葡萄架上，充分利用生长空间，从而达到丰产、稳产、优质的目的。需要说明的是，树形和架式之间虽然联系紧密，但并不是因果关系，同一种架式可以用不同的树形，同一种树形也能够应用到不同的架式上。

一、葡萄生产上的常见树形

葡萄生产上的常见树形主要有单干水平树形和独龙干树形。

1. 单干水平树形

单干水平树形，主要包括一个直立或倾斜的主干，主干顶部着生1~4个结果臂，结果臂上再着生结果枝组；如果只有一个结果臂则为单干单臂树形（图4-41），有两个结果臂则为单干双臂树形（图4-42）。如果主干倾斜则为倾斜式单干水平树形（图4-43）。该树形主要应用在单壁篱架、十字形架上，在非埋土防寒区也可以应用到水平棚架上（图4-44）。

图4-41　单干单臂树形

图4-42　单干双臂树形

图 4-43　倾斜式单干水平树形

图 4-44　水平棚架上的单干双臂树形

2. 独龙干树形

独龙干树形适用于各种类型的棚架。每株树即为一条龙干，长 3~6m，主蔓上着生结果枝组，结果枝组多采用单枝更新修剪或单双枝混合修剪。埋土防寒区为了便于冬季下架埋土防寒，通常将该树形改良成如图 4-45 所示的鸭脖式独龙干树形。

图 4-45　埋土防寒区为便于葡萄树下架埋土而采用的鸭脖式独龙干树形

二、葡萄树形的选择

1. 根据当地的气候条件选择树形

对于冬季最低温度低于 -15℃、葡萄树越冬需要埋土防寒的地区，选择的树形必须容易下架，埋土防寒，如鸭脖式独龙干树形、倾斜式单干水平树形。对于不需要埋土防寒，但生长季湿度较大、容易发生病害的地区，选择能够增加光照、通风散湿的树形，则比较有利于葡萄树的生长，如主干高度超过 1.4m 的单干水平树形等。

2. 根据园区的机械化程度选择树形

为了提高劳动效率、降低葡萄园的管理成本，机械化、自动化是今后葡萄园管理的发展方向，选择的树形必须有利于打药、修剪、土壤管理等机械的作业，因此在埋土防寒区建议采用倾斜式单干水平树形，在非埋土防寒区采用单干水平树形。

三、葡萄树形的培养

1. 单干水平树形的培养

单干水平树形，主要包括直立式单干单臂树形、直立式单干双臂树形和倾斜式单干单臂树形，其中倾斜式单干单臂树形主要应用在埋土防寒区。

（1）**直立式单干水平树形的培养** 定植萌芽后，选择2个健壮的新梢，作为主干培养，不摘心。当2个新梢基部长牢固后，只保留1个健壮的新梢继续培养（该新梢可以插竹竿或纤维杆引缚生长，也可以采用吊蔓的方式引缚生长，图4-46），当新梢长过定干线60cm后，将新梢按照同一方向压倒引绑到定干线上，作为结果臂进行培养。新梢定干线以下的部分称为主干，引缚到定干线上生长的部分称为结果臂。主干上萌发的副梢，定干线向下20cm内的只保留主干外侧最靠下的一个，20cm再向下的全部采用"单叶绝后"处理，即只保留1片叶，叶柄基部的芽及以上的部分全部去除。结果臂不摘心，沿着定干线向前生长，当结果臂生长到与邻近植株交接后，对其进行剪截，结果臂上萌发的副梢全部保留，只管向上引缚生长（图4-47），副梢上萌发的二级副梢全部采用"单叶绝后"处理。

图4-46 选留一个新梢吊蔓生长

图4-47 结果臂上萌发的副梢向上引缚生长

冬季修剪时，结果臂上生长的枝条和主干上保留的那个枝条全部留1个饱满芽进行剪截，自此树形培养结束，这样培养出的树形是单干单臂树形。如果定植当年，当新梢长过定干线后，在定干线的下部25~30cm处再选留一个副梢反方向引绑到定干线上，也按照培养结果臂的方式进行培养，这样培养出的树形是单干双臂树形。在非埋土防寒区，将单干双臂树形应用到水平棚架上，就是人们常见的T字树形。

（2）倾斜式单干单臂树形的培养　该树形与直立式单干单臂树形的培养相似，区别在于定植时所有苗木均采用顺行向倾斜30°定植，选留的新梢也按照与苗木定植时相同的角度和方向斜着向定干线上培养，当到达定干线后，不摘心，继续沿定干线向前培养，此后的培养方法与直立式单干单臂树形完全相同。以后每年春季出土上架时都按照第一年培养的方向和角度引绑到架面上。

2. 独龙干树形的培养

独龙干树形为我国棚架栽培的常见树形。图4-45所示为冬季修剪后的棚架鸭脖式独龙干树形，具体培养过程如下。

（1）苗木定植　埋土防寒区葡萄苗木定植的位置应距离葡萄架根80cm左右，以便于鸭脖式独龙干树形的培养，非埋土防寒区则应与立柱在一条直线上，以便于田间机械作业。

（2）苗木定植第一年的树形培养和冬季修剪　定植萌芽后，首先选择2个生长健壮的新梢，引缚向上生长，当2个新梢基部生长牢固后，选留1个健壮的新梢（作为龙干）引绑其沿着立柱架面内侧向上生长，对于其上的副梢，棚架面以下的全部采侧"单叶绝后"处理。新梢到达棚架面以后（埋土防寒区新梢应引绑到棚架面的下侧，便于冬季葡萄树下架；非埋土防寒区新梢则引绑到棚架面的上面），其上萌发的副梢全部保留，这些副梢交替引绑到龙干两侧生长，充分利用空间，对于副梢上萌发的二级副梢全部进行"单叶绝后"处理，整个生长季龙干上的副梢都采用此种方法，任龙干向前生长。冬季在龙干直径为1.0cm的成熟老化处剪截，龙干上着生的枝条则留1个饱满芽进行剪截，作为第二年的结果母枝。

对于冬季需要埋土防寒的地区，葡萄树应在土壤上冻前完成修剪，并埋入土中。对处于埋土防寒边界的地区（冬季最低温度偶尔会达到-13℃的地区），或冬季容易出现大风干旱的地区，建议第一年生长的幼树，最好也进行埋土防寒保护。对于非埋土防寒地区，冬季修剪最好放在落叶后1个月。

（3）苗木定植第二年的树形培养和冬季修剪　埋土防寒区，当杏花开放的时候，抓紧进行葡萄树出土上架；非埋土防寒区，当树体开始伤流，龙干变得柔软有弹性的时候，也应抓紧时间将修剪过的葡萄树进行引绑定位。埋土防寒区在引绑时首先要将龙干压到地面超过立柱一段距离，然后勾回来再向上引绑，形成一个鸭脖如图4-45所示，记得龙干一定要引绑到立架面的内侧、棚架面的下侧。

萌芽后，每个结果母枝上保留1~2个健壮的新梢，如带有花序每个新梢保留1~2个花序结果，新梢上萌发的副梢，果穗附近的2~3个副梢采用"单叶绝后"处理，其他副梢直接抹除。

龙干上直接萌发的新梢，位于结果母枝之间的直接抹除，位于龙干前端没有结果母枝龙头部分的新梢，全部保留，交替引绑到龙干两侧。如果树形没有布满架面，则在龙头前端，选留1个生长健壮的新梢作为延长头引缚其继续向前生长，其上的花序必须疏除，其上萌发的副梢全部保留，交替引绑到两侧生长，副梢上萌发的二级副梢直接抹除。当龙干延长头离架梢还有50cm时进行摘心，摘心后萌发的副梢全部保留并向两侧引绑生长。冬剪时龙干上的所有枝条都留1个饱满芽进行剪截，至此树形的培养工作结束。对于没有布满架面的植株，按照第二年的方法继续培养。仔细想一想，独龙干树形其实就是单干单臂树形（图4-48）。

图4-48 水平棚架上的独龙干树形

第五章

酿酒葡萄的生产管理

第一节　酿酒葡萄的生物学特性
第二节　酿酒葡萄的土肥水管理
第三节　酿酒葡萄的树体管理
第四节　酿酒葡萄的病虫害管理
第五节　酿酒葡萄的成熟与采收

葡萄酒庄规划建设
与酿酒葡萄管理

葡萄生产管理，首先要明确的是生产管理的目标是什么。高产、优质、低成本很容易回答出来，但酿酒葡萄与鲜食葡萄的质量评价标准具有显著的区别，甚至在某些指标上完全相反，比如果粒大小、果皮厚度、单宁含量等。具体指标要求见表 5-1。

表 5-1 葡萄果实质量评价标准

项目	酿酒葡萄		鲜食葡萄	
	白色品种	红色品种	白色品种	红色品种
果粒大小	小	小	大	大
果皮厚度	厚	厚	薄	薄
颜色		越深越好		深
果肉质地	柔软多汁	柔软多汁	硬脆不流汁	硬脆不流汁
出汁率	高	高	低	低
含糖量	高	高	高	高
含酸量	偏高	偏高	低	低
果皮单宁含量	高	高	低	低
种子数量	少或无	多	少或无	少或无
芳香物质	多	多	有则更好	有则更好

果实质量评价标准的不同，直接导致酿酒葡萄与鲜食葡萄的生产管理措施存在明显的区别。相对来说，鲜食葡萄的种植难度较低，达到果大、糖高和色深 3 个指标即可，而酿酒葡萄则需要达到 5 个指标，糖高、酸高、色深、味浓、果皮单宁含量多，尤其是红色品种的果皮颜色和单宁这两项才是酿酒葡萄种植管理中真正的难点。

鲜食葡萄品质更多受栽培管理技术的影响，很少讲究地理区域，如阳光玫瑰，从辽宁到广东都有高品质的葡萄园，而酿酒葡萄则有显著的地理区域限制，高品质的酿酒葡萄是种出来的，更是建园选址选出来的。园址选得好事半功倍，反之费时费力效果差。

第一节　酿酒葡萄的生物学特性

一、葡萄树的器官与功能

葡萄树的器官主要有根、茎、芽、卷须、叶、花、果实。

1. 根

（1）**葡萄根系的组成和结构**　葡萄的根系主要由主根（骨干根）、侧根和吸收根组成。种子发芽长成的葡萄树具有1条明显的主根，使用葡萄枝条扦插或压条繁殖的葡萄树则不具有主根，只有几条明显的骨干根，骨干根上生长各级侧根，侧根上着生吸收根。

吸收根是葡萄树吸收土壤中水分和养分的主力，主要由输导区、吸收区、伸长区、生长点和根冠组成。根冠位于吸收根的最顶端，结构紧实，用于保护后面的生长点；生长点是产生新细胞的主要部位，是根系发展的基础；伸长区是根系延伸的主要动力区，生长点产生的大部分细胞在此伸长生长；吸收区也叫根毛区，表面布满根毛，根毛是根系吸收水分和养分的主力，但寿命只有几天，吸收区随着根的生长逐渐木栓化变成输导区。

葡萄成龄根的器官结构与大多数植物一样，分为根皮、木栓层、韧皮部、形成层、木质部和髓。葡萄根具有强大的再生能力，被切断后，位于伤口处的形成层能够分化形成新的不定根。

（2）**葡萄根系的功能**　葡萄根系具有固定葡萄树体，吸收和输送土壤中的水分、矿质元素和小分子有机物，合成有机营养物质和激素如细胞分裂素、赤霉素等，向下运输叶片和新梢合成的有机物如碳水化合物等，以及贮藏营养物质等功能。

（3）**葡萄根系的分布**　葡萄根系在土层中的深度可达2m以上，但主要根系分布在土层20~60cm的范围内，土质疏松、透气性好的土壤根系分布深；土质黏重、透气性差的土壤根系分布浅。决定根系分布深浅除了土壤质地外，还与葡萄根系的类型有关，欧亚种葡萄、山葡萄、冬葡萄、河岸葡萄属于水平根系，根系以水平生长为主，在土层中分布偏浅；沙地葡萄属于垂直根系，在土层中分布较深。另外根系在土层中的分布还受到地下水位和犁底层的影响，地下水位高，根系分布浅，犁底层厚实，根系下扎困难，在土层中分布浅，这也是北方地区要深挖定植沟，南方地区要进行台田的原因之一。

（4）葡萄根系的生长周期　葡萄根系没有自然休眠期，只要土壤温、湿度适宜就可以一直生长，土壤温度为25℃左右，土壤湿度为田间持水量的60%~80%是根系的最佳生长条件。春季地温回升到10℃左右时，葡萄根系开始活动，吸收水分，贮藏的营养物质开始水解，向上下输送，地上部分开始伤流。当地温上升到15℃左右时，葡萄根系开始生长。当地温上升到20~25℃，葡萄根系进入第一个生长高峰，产生大量新根，并在土壤里延伸扩展。当地温超过30℃以后，葡萄根系生长速度开始下降，夏季土壤的高温干旱或高湿积水，以及花果发育对养分的竞争，都对根系的生长发育产生抑制。进入秋季，土壤温、湿度再次回到最适区间，葡萄根系出现第二个生长高峰，此时受伤的根系能够迅速得到恢复并产生大量新根，增强养分的吸收能力，虽然生长量明显少于第一个生长高峰，但此时正值植株储备越冬营养物质的关键时期，此时秋施基肥，加强土肥水管理，能够增加植株营养物质的储备，有利于葡萄树安全越冬，这也就是秋施基肥的理论基础。

2. 茎

（1）葡萄枝蔓的组成和名称　葡萄属于多年生落叶木质藤本植物，枝蔓柔软，具有明显的节和节间，利用节上的卷须攀缘树木和立柱向上生长。其多年生的茎又被称作蔓，蔓上生长的绿色枝条称为新梢；新梢褪绿木质化以后称为当年生枝，当年生枝冬季落叶后被称为一年生枝；修剪后用于第二年生长结果的一年生枝，称为结果母枝。对于人工搭架栽培的葡萄树，地面以上直立生长的茎，称为主干，主干上着生的具有一定长度的多年生枝称为主蔓，主蔓上着生的用于结果的多年枝称为结果枝组，结果枝组上着生的一年生枝在冬季剪截后称为结果母枝，结果母枝春季萌发出的绿色枝条称为新梢。

（2）葡萄茎的结构　葡萄新梢由生长点、节间和节组成，节上着生芽、卷须、叶片和花序（图5-1）。葡萄新梢初长时直立生长，当长到6片叶以后开始下垂，但不同品种之间下垂的早晚有较为明显的差别。新梢基部的节间较

图5-1　葡萄酒染色品种烟73的新梢

短，随着向上生长逐渐变长。节间的长短除了与品种有关外，与肥水管理水平关系更密切，偏施氮肥和水分充足，枝条徒长，节间就长，反之干旱缺肥，节间就短。多年生主干或老蔓上的树皮会炸裂脱落，极易成为害虫的越冬场所，冬季应剥掉焚烧。

葡萄的成龄茎由树皮、木栓层、韧皮部、形成层、木质部和髓组成，茎的形成层能够产生愈伤组织和不定根，这也是葡萄能够进行嫁接繁殖和扦插繁殖的生理基础。

（3）葡萄新梢的生长周期　当最低气温稳定上升到10℃左右时，大多数葡萄品种的芽眼开始萌动，芽眼膨大，鳞片开裂、露白、破绒、露心、展叶。当最低气温稳定到15℃以上，新梢进入快速生长期，节上的芽也开始分化，花序逐渐展露，当新梢长到6片叶以后，副梢开始出现，新梢长到14片叶左右时开始开花。坐果后，新梢生长有1个减缓期。进入雨季后，新梢开始疯长，大量副梢产生，同时新梢从基部开始向上老化成熟，颜色由绿变白又变黄最后变成深红色，当新梢生长超出架面下垂后，生长速度会暂时变缓，但不会停止。进入秋季天气凉爽后，新梢会出现第二次生长高峰，直到最高气温下降到15℃以下新梢生长才会停止，此时营养物质开始迅速积累，为越冬做准备。进入冬季后，枝条成熟的部分变成暗红色，未老化成熟的绿色前端遇低温后变成褐色，最后干枯死亡。

3. 芽

（1）葡萄芽的类型和结构　葡萄的芽属于混合芽（包裹在鳞片内的幼茎），位于叶柄与茎交界处的叶腋内。叶腋内一般有2个芽，位于外侧的芽形成后当年萌发，称为夏芽；位于内侧的芽越冬后第二年春季萌发，称为冬芽。夏芽和冬芽都有当年成花的能力，这也是葡萄利用新梢进行二次结果和在热带地区种植的生理基础。葡萄的冬芽通常有1个主芽和若干个副芽，栽培条件良好的情况下紧邻主芽的1~2个副芽也会发育得格外强壮，第二年与主芽一起萌发生长，这就是一芽双枝或三枝的原因。

（2）葡萄芽的发育周期　春季葡萄树萌芽后，能够看到位于新梢叶腋外侧的夏芽发育很快（冬芽位于内侧被夏芽遮挡），新梢长到4片叶以后位于基部的夏芽发育完成，后萌发形成副梢。冬芽的发育则相对缓慢，在开花前后开始进行花原基的分化，萌芽后10周左右，分化形成带有花序原基的8个叶原基，这些叶原基内的腋芽原基也开始分化。如果此时进行摘心、抹除副梢等强刺激操作，冬芽就会加速完成花序和花蕾的分化，很快萌芽形成副梢，并可能带有花序，如果营养不良，花序就会退化，萌发后发育成营养枝。如果在夏芽分化的过程中，采取同样的措施，夏芽也能完成花的发育，萌发形成结果枝。正常情况下，当鳞片形成后，冬芽就逐渐转入休眠期，休眠不是真的停止生长，只是叶芽原基和花原基的分化变得极其缓慢。第二年早春萌芽前，叶芽原基发育成幼茎，花原基发育成花序，腋芽原基则继续叶原基的发育。

（3）葡萄花芽的节位　　葡萄的冬芽内通常包含有1个或多个花原基，这些花原基在营养条件良好的情况下发育成花序，当营养不良的时候退化消失，这就是部分新梢不带花序的原因。一般葡萄枝条上3~10节芽内的花序发育最好，最容易萌发形成结果枝，但葡萄形成花芽节位的高低不仅与品种本身的特性有关，与枝条的管理水平也密切相关。如威代尔、佳美的花芽分化节位低，甚至隐芽萌发都能带花，因此可以进行极短梢修剪；而西拉、黑比诺的分化节位相对要高，冬季修剪要适当长留枝，但人为控制枝条的生长让养分回流和枝条基部见光，也能让基部芽发育成花芽，这也就是西拉、黑比诺葡萄树冬季枝条也能够进行极短梢和短梢修剪的原因。

4. 卷须

卷须是退化了的茎，帮助葡萄树攀缘，但在现代栽培管理中，葡萄的枝条都会进行人为引绑，已不需要葡萄自己攀缘，卷须的缠绕反而为葡萄树管理增添麻烦，所以在葡萄树管理中应将卷须及时去除。

5. 叶

（1）葡萄叶的组成　　葡萄的叶属于完全叶，由叶柄、叶片和托叶组成，叶片呈手掌状，从全缘到7裂均有（图5-2），叶片背面多有茸毛。叶柄细长，与叶片长度大致相当或略长，略带红晕。托叶位于叶柄基部，当叶片展开后自行脱落。

图5-2　葡萄叶片

（2）葡萄叶的功能　　叶是葡萄进行光合作用、制造有机养分的主要器官，树体90%~95%的干物质由叶合成。营养均衡、光照条件强的叶片厚而大，呈深绿色，角质层明显，叶片光合作用强，抗病性强。偏施氮肥、光照条件弱的叶片大而薄，呈浅绿色或黄绿色，突遇强光叶缘易焦枯，抗病性弱。通常酿酒葡萄的叶片明显小于鲜食葡萄的叶片。

叶片作为葡萄树的能量来源,保持正常的叶果比是生产高质量葡萄果实的基础,通常 0.5kg 葡萄果实需要 15~20 片叶才能正常生长,尽管酿酒葡萄的果实通常不到 0.5kg,但每个新梢上也应保留 12 片叶以上。

(3)葡萄叶的生长周期　通常叶片面积未达到其正常面积 1/3 前,叶片合成的光合产物低于自身的消耗,处于净消耗阶段;当超过 1/3 后,叶片合成的光合产物大于自身的消耗,进入净生产阶段,该阶段大概能维持 90~120d,此后叶片逐渐衰落。进入深秋后随着温度降低,叶片内的养分开始往枝条内转移,在干旱条件下,叶片开始变色,果实为紫色或黑色的品种,叶片变为红色(图 5-3);果实为白色的品种,叶片变成金黄色(图 5-4);果实为粉色的品种,叶片呈黄红杂糅的颜色。

图 5-3　红色品种的叶片秋季变色

图 5-4　白色品种的叶片秋季变色

叶片交替着生在新梢的两侧,位于基部早春生长的叶片小而不规则,寿命短;新梢中上部春夏生长的叶片大而厚,光合作用强,寿命长,抗病力也强;秋季新梢顶端生长的叶片重新变得小而薄,并易感葡萄霜霉病。因此保留春末夏初花序上生长的 10~15 片叶可以提高葡萄树对霜霉病的抵抗力。

6. 花

(1)葡萄花的类型和结构　葡萄花根据花性分为两性花、雌花和雄花。绝大多数酿酒葡萄品种的花属于两性花,同一朵花内包含有雄蕊和雌蕊,能够自花授粉,不需要配置授粉树。葡萄的花很小,由花梗、花托、花萼、花冠、雄蕊、雌蕊等组成;花萼不发达,5 个萼片合生,包围在花的基部;5 个绿色的花瓣自顶部合生在一起,形成帽状的花冠。葡萄开花时花瓣自基部与子房分离,向上、向外翻卷,花帽在雄蕊的作用下从上方脱落,即为"脱帽状"开花。

(2)葡萄花序及其发育　葡萄的花朵通常聚集在一起,形成一个复总状圆锥花序,由花序梗、花序轴、花梗和花蕾组成(图 5-5)。一个新梢上通常会有 1~2 个花序，着生在新梢的第 3~6 节，酿酒葡萄品种的花序一般较小，花数通常低于 500 朵。葡萄的花序通常在当年的芽里面就已经分化完成，萌芽后则迅速完成生殖器官的发育，如果营养不良，分化好的花序也会重新退化消失。

图 5-5 进入始花期的赤霞珠葡萄花序

葡萄开花一般较晚，通常在春末夏初，因此花果很少受到晚霜低温天气危害，这是葡萄相对于桃、苹果、梨等果树有利的一面。酿酒葡萄品种一般不存在坐果不良的情况，即使花期遇到降雨也不会如鲜食葡萄品种那么严重。

7. 果实

（1）葡萄果粒的结构及功能　酿酒葡萄果粒重 1.3~3.5g，其中约 80% 为汁液，果皮颜色从绿色、黄绿色、金黄色、粉色到红色、紫色、黑色和蓝黑色等。果实的结构从外到内分别是果梗、果粉、果皮、果刷、果肉及种子等部分。

果梗和果刷是葡萄果粒连接穗轴和输送养分的通道，果刷的强弱直接决定葡萄果粒的落粒性。果粉是果粒外面的白色粉状层，对葡萄果粒起保护作用，也是野生酵母寄生的位置。

果皮是果粒的外壳，分为外、中、内 3 层，外果皮有一层蜡质层，起保护作用，中果皮和内果皮的细胞中含有大量色素、酚类物质及维生素等，这些物质的种类和含量对酿酒品质有重大影响，是红色品种果皮颜色和单宁的主要来源。通常红色品种的果皮较厚，白色品种的果皮较薄，如赤霞珠的果皮占比高达 16.4%，霞多丽只有 7.8%。

果肉是葡萄汁的主要来源，占果粒重的 70%~90%。大多数酿酒葡萄成熟后，果肉细胞壁溶解，使果粒表现为柔软多汁。果肉大多数无色，少数染色品种呈红色。果肉含有大量的糖和酸，以及矿物质、有机氮、维生素和芳香物质等，这些成分直接与酿酒品质有关。

酿酒葡萄通常含有较多的种子，平均 1 个果粒含有 3~4 粒种子，种子呈梨形，位于果肉中央，占据较大的空间。种子含有较多的酚类物质，是葡萄酒单宁的重要来源，但质地粗糙，因此在果粒破碎和压榨时，应避免种子破裂，不让过多的粗质单宁进入葡萄汁或葡萄酒中。

（2）葡萄果实发育周期　葡萄果穗多为圆锥形，少数为圆柱形（比如贵人香和雷司令），果穗重 100~500g，也有超过 500g 的大果穗品种，如蛇龙珠。葡萄开花受精后大约 1 周，果肉细胞开始迅速分裂，但随后分裂速度减慢并在 3 周内停止，然后细胞迅速膨大，持续 6~8 周，从外观明显看到果粒迅速变大，该阶段为果实发育的第一阶段，称为果实迅速生长期；之后果粒生长速度减慢，外观没有明显变化，种子内的胚开始发育，种壳变硬，根据品种不同持续 1~6 周，该阶段为果实发育的第二阶段，称为果实停长期，通常早熟品种该阶段时间短，晚熟品种该阶段时间偏长；之后，果肉细胞开始迅速膨大，填充糖、转化酸，芳香物质开始积累，果皮细胞开始积累色素和多酚物质，种皮开始变褐，胚逐渐发育成熟，从外观看果实开始失去绿色，白色品种的果肉开始变软，果皮开始有光泽，红色品种的果肉变软，果皮开始上色（图 5-6），该阶段为果实发育的第三阶段，称为果实成熟期。

果实成熟后，穗梗和穗轴逐渐木质化，果梗仍保持绿色，但含有较多的粗质单宁，口味生涩，对葡萄酒口感有一定影响。成熟后如果推迟采收，负载量低的情况下，葡萄果实的含糖量会继续增加，含酸量持续下降，单宁含量继续减少，如果继续推迟采收，部分品种的果梗会木质化或干枯，果粒出现皱缩（图 5-7），该阶段称为过熟期。果实成熟期是葡萄栽培管理中最为重要的时期，对酿酒品质具有决定性影响的作业都是在这个时期完成的，这也是病虫害危害的高峰时期，是葡萄能否丰产丰收的关键时期。

图 5-6 开始成熟的蛇龙珠葡萄果实

图 5-7 过熟的蛇龙珠葡萄果实

二、葡萄树的物候期及相关农事操作

1. 伤流期
春季枝条伤口流出树液。此时应控制土壤湿度，不再修剪枝条，减少伤流量。

2. 绒球期
芽眼鳞片开裂，露出褐色茸毛。这时躲藏在鳞片里面的害虫开始苏醒活动，应进行第一次害虫防治，重点防治绿盲蝽和介壳虫。

3. 露心期

可以看到新梢的生长点，但基部仍可看到少量鳞片和茸毛。该时期葡萄害虫开始危害植株，应进行第二次害虫防治。

4. 展叶期

新梢上第一片幼叶完全展开。这时可以看到前期虫害的防控效果，如果叶片上看到有许多针尖大小的黑点，说明有绿盲蝽危害，应抓紧防治。该时期同时也是叶片黑痘病开始危害植株的时期，应进行病害防控。

5. 花序显露期

这时能够看到新梢上的花序，可以判断出结果枝和营养枝，可以进行第一次的定枝工作。

6. 新梢生长期

新梢快速生长，叶片渐次展开，花序明显变大。该时期应注意黑痘病和绿盲蝽的防治。

7. 花序伸长期

花序伸长生长迅速，但分枝依然抱紧花序轴。该时期是使用赤霉素进行花序拉长的关键时期。

8. 花序分离期

花序分枝从花序轴上渐次分开，但花朵依然紧邻。此时应进行 1 次葡萄灰霉病和穗轴褐枯病的防治。

9. 花朵分离期

花朵从分枝上渐次分开，能够看到花梗。该时期是叶面补硼、补锌，花序灰霉病和穗轴褐枯病防治的关键时期。

10. 始花期

葡萄园不超过 10% 的花序上出现不超过 10% 的花朵开放就到了始花期（图 5-5）。该时期是使用化学药剂进行防治病虫害的节点时间，此后进入开花期，使用化学药剂会影响开花坐果和幼果发育。

11. 盛花期

葡萄园超过 60% 的花序上出现超过 60% 的花朵开放。该时期是开花授粉的关键时期，如果遇到低温降雨或使用化学药剂喷雾，会严重影响授粉受精和果实发育。

12. 谢花期

葡萄园超过 60% 的花序上出现超过 60% 花朵的花药从子房上脱落。该时期是进行果粒无核化处理的关键时期。

13. 坐果期

坐果期是从柱头脱落到用手晃动果穗有几个小果粒脱落的这段时间。该时期是使用保果剂进行保果的关键时期，应注意防控灰霉病和穗轴褐枯病。

14. 生理落果期

大量小果粒自动脱落。该时期是影响当年葡萄产量高低的关键时期。

15. 幼果膨大期

留在果穗上的果粒迅速膨大。该时期是使用膨大剂膨大果粒的关键时期。

16. 封穗期

果穗的形状开始形成，果粒开始相互接触。该时期是防控炭疽病的关键时期之一，也是控制果粒大小的关键时期。

17. 硬核期

果实中的种子形成木质化的种壳。该时期是防治炭疽病和白腐病的关键时期之一。

18. 始熟期（图 5-6）

果肉开始变软，红色品种的果皮开始上色，白色品种的果皮开始变白。该时期是果实病害开始严重发生的时期，是果实病害预防的关键时期。

19. 成熟期

果实含糖量迅速增加，含酸量迅速下降，种子逐渐变成褐色，红色品种的果皮变红。该时期是果实炭疽病、白腐病、酸腐病等病害的高发时期，是鸟害、蜂害危害严重的时期，也是控制果实品质的关键时期。

20. 采收期

果实含糖量增加速度变缓，含酸量下降变缓，糖酸比达到酿造品质的需要，种子呈深褐色，红色品种的果皮颜色符合品种特性。该时期是一年中的收获时间，是丰产丰收的最后一步。

21. 过熟期（图 5-7）

葡萄果粒开始萎缩失水。进入该时期后，葡萄果实品质开始下降。

22. 落叶期

葡萄叶片开始变色，叶柄离层开始出现，刮风或用手触碰，叶片即从枝条上脱落。

23. 休眠期

叶片全部脱落，芽被褐色鳞片包裹，处于休眠状态。该时期是进行枝条修剪和越冬防寒的时期。

第二节　酿酒葡萄的土肥水管理

土壤是葡萄赖以生存的基础，是水分和矿质元素的主要来源。对土壤实行科学管理，改善土壤结构，提高土壤肥力，为葡萄根系创造适宜的水、肥、气、热环境，是土壤管理的根本目标。

一、土壤管理

土壤管理的内容主要有疏松土壤、控制杂草两项。

1. 疏松土壤

疏松土壤就是使用机械改善土壤的紧实度，增加土壤的孔隙度，提高土壤的蓄水量和透气性，提高养分的有效性，便于根系的延伸生长和水分、养分的吸收。土壤疏松深度不超过 10cm 时使用旋耕机（图 5-8），超过 10cm 时使用土壤深耕机[配套动力需要 100 马力（1 马力≈735.5W）以上的拖拉机]。

2. 控制杂草

任由葡萄行间和行上长草，当草的高度达到 30cm 后，使用避障式割草机进行刈割（行间的草也可以使用秸秆还田机刈割），连续刈割 2~3 次，需进行 1 次旋耕还田。对于生长季雨水比较多的地区，进入雨季后则不再进行旋耕深翻，以便于打药机的通行。对于石头比较多的园区，可以使用土壤耕作机进行除草，对于葡萄行上的杂草还可以使用草铵膦等除草剂进行控制。

图 5-8　使用拖拉机驱动的旋耕机进行葡萄行间松土除草

二、养分管理

许多关于欧美葡萄栽培的资料上经常说要把酿酒葡萄种植在贫瘠的土地上，才能酿制出优质的葡萄酒。这里有几点进行澄清：第一，欧美关于土地贫瘠的认知和我们认知的贫瘠不是一个概念（图 5-9）；第二，欧美葡萄种植者在建园时会对土壤进行一次彻底改良，先进行多年生草，然后重施有机肥和矿质元素；第三，欧美葡萄栽培选择瘠薄地建园是建立在牺牲产量的基础上的。

图 5-9　土壤富含有机质的欧洲葡萄园

1. 基肥

基肥也称底肥，是葡萄园全年施肥中最重要的一次施肥。

（1）施肥的时期　北方地区在每年的 9~10 月进行，南方地区在 10 月进行，此时正值葡萄根系第二次生长的高峰期，深耕施肥虽然会损伤根系，但受伤的根系能够很快萌发新根，将施用的养分吸收并贮藏在葡萄树体内。

（2）施肥的方法　直接将肥料条施在距离葡萄行一侧 60cm 左右的位置，然后用旋耕机将肥料与土壤混匀，接着使用开沟机（图 5-10）直接在肥料带上开沟，再用旋耕机进行回填，最后浇

图 5-10　葡萄园用来在秋季施基肥的开沟机

水沉实。石头多的园区可以使用小型挖掘机进行操作。秋施基肥的位置应逐年向外扩展，直至完成全园的土壤改良，使土壤有机质含量达到3%以上。

（3）肥料的种类和用量 对于土壤有机质含量低于2%的葡萄园，通常每亩施5000kg有机肥（包括行间生草）、100kg钙镁磷肥和50kg三元素平衡复合肥。如果葡萄园严重缺乏某一种矿质元素，则在施基肥时加入该种元素。补充土壤有机质最好的方法是生长季行间自然生草，冬季种植冬小麦或毛叶苕子（葡萄树不需要埋土防寒的地区），坚持3年以上就会看到明显的效果，但这要与葡萄园的浇水条件相结合。

2. 追肥

追肥是保证当年树体正常生长、果实丰产优质的重要措施。追肥的次数、时间、追施量和肥料种类，必须根据土壤的肥力条件、葡萄树的生长阶段和栽培管理目标进行操作。为了提高施肥的目的性和有效性，应将土壤测肥和叶柄测肥相结合，土壤测肥可以知道土壤中矿质元素的含量，叶柄测肥可以知道这些矿质元素在植株中的含量。然后与标准数据对比，就知道如何针对性地施肥和改良土壤。

（1）萌芽肥 这次追肥以促进新梢健壮生长、花序正常发育为目标。肥料的种类以速效氮肥为主，配合少量的磷钾和中微量元素肥，总用量应在10kg以上，施后浇透水。滴灌施用促进生根的功能性肥料，促进葡萄根系发育。

（2）幼果肥 此时正是幼果和花芽发育的关键时期，追肥既可以保证当年产量，又可以保证花芽分化，为第二年结果打好基础。坐果后使用速效肥料，氮磷钾平衡，配合钙镁中微量元素肥，每亩用量在15kg以上，施后浇透水。叶面喷大量元素和中微量元素叶面肥2次，每次每亩用水量在80kg以上。

（3）转色肥 这次追肥主要解决葡萄果实发育对磷钾元素的需求，提高果实含糖量和促进果皮着色。以速效磷钾肥为主，配合氮肥和钙镁中微量元素肥，每亩施用量在20kg以上，施后浇透水。

葡萄追肥不能盲目照搬，必须根据葡萄树的生长状态及时调整，生长瘦弱及时追肥，生长旺盛适当控肥。近年来，随着水肥一体化技术的推广普及，可以将原来一次性大量土壤施肥，改为通过滴灌系统进行少量多施，在提高肥料利用率的基础上，实现对葡萄树的精细管理。还可以采用叶面喷肥的方式，施用水溶性矿质元素肥料和功能性肥料，促进葡萄树健康生长。

三、水分管理

水既是土壤养分的溶剂、树体养分运载的媒介，更是合成光合产物的原料。水在我国西北干旱产区已成为葡萄产业发展的限制性因素,而在我国南方大量的降雨和高地下水位,又成为制约高品质葡萄生产的关键因素。

1. 葡萄园灌溉

(1) **土壤干旱的判定** 判断土壤是否干旱时,通常将10~15cm土层的田间相对含水量低于60%,作为轻度干旱的阈值。采用观察法,首先是观测10~15cm处土层,土色发黄,手捏成团,但易碎,此时有效含水量较少,需要灌溉;其次是看新梢,当新梢幼叶出现临时性萎蔫(12:00~14:00,葡萄新梢顶部的幼叶萎蔫,到了傍晚幼叶重新恢复正常)为灌溉的最后期限,此后土壤水分得不到补充,很快下部的成龄叶也会出现临时性萎蔫,这时会对葡萄树造成严重伤害。葡萄幼叶出现临时性萎蔫前4d,使用土壤水分测定仪测出的20~25cm土层的土壤含水量,就是用于指导田间灌溉的指标。

(2) **灌溉方式** 适宜机械化管理的葡萄园主要有两种灌溉方式,一是滴灌或微喷,特别适宜在地势高低不平的园区使用,和施肥设备联合使用,可以实现水肥一体化,节约管理成本,但需要在葡萄架上铺设管道,在管道上安装微喷头或滴灌头,一次性投资偏大。二是沟灌,成本低,浇水量大,但适宜地势平坦、水源充沛的园区使用。

对于采用滴灌的葡萄园,建议采用双滴灌管、高密度滴头,同时还要保留漫灌口,原因是我国春末夏初会出现温度高于35℃以上的高温干旱天气,单滴灌的出水量满足不了树体需要,进入冬季后又会出现连续2个月以上的无有效降水天气,导致土壤极度干旱,需要进行大水漫灌补充行间土壤的水分。

关于滴灌施肥器,有条件的葡萄园使用专业的施肥机,实现精细化管理。对于资金紧张的葡萄园使用简易的施肥器(图5-11)或加压泵也是不错的选择。

(3) **灌溉时期及浇水量** 根据我国气候特点和葡萄品种各发育阶段的需水特性,葡萄园灌溉时期主要分为:出土水(开春水)、新梢生长水、浆果膨大水、浆果转色水、采果水、封冻水。当上述6个时期的土壤出现干旱,每亩浇水量应达到10t以上,才能缓解旱情,保证一段时间内葡萄树的正常生长。滴灌追肥每次的浇水量应在4t以上,才能保证肥料随水充分下渗到根系分布层。

酿酒葡萄与鲜食葡萄不同,酿酒葡萄不需

图5-11 小型葡萄园使用的简易施肥器

要太大的果粒，反而希望有较高的含糖量和更多的芳香物质，尤其是种植红葡萄品种的葡萄园，更希望有较厚的果皮和较高的皮肉比（果皮与果肉的比例）及更多的多酚物质积累，因此对浇水的需求远低于鲜食葡萄，甚至坐果后保持适当的干旱反而更有利于上述目标的实现。

2. 排水防渍

葡萄相对于其他果树较为耐涝，但也不能出现雨后积水的现象。酿酒葡萄不同于鲜食葡萄，过量的水分会严重影响葡萄果实的含糖量、花色苷和单宁的积累，这也就是酿酒葡萄园优先选择山坡地或多砾石、透水性好的砂壤土建园的原因。

第三节　酿酒葡萄的树体管理

葡萄树体管理的目的，首先是为了充分利用葡萄架面空间，保持树体通风透光，在获取尽量多有效光照的同时避免遮阴，为葡萄树的生长、结果创造良好的环境条件；其次是保持葡萄枝条合理排布，便于人工和机械的农事操作；最后是获得高品质的葡萄果实。葡萄树修剪常用的工具见图 5-12 和图 5-13。

图 5-12　葡萄夏季修剪常用的工具

图 5-13　葡萄冬季修剪常用的工具

一、葡萄树的整形修剪

1. 夏季管理

夏季管理的内容主要有抹芽定枝、新梢引绑、去卷须、主梢摘心、副梢处理和摘老叶等内容。

（1）抹芽定枝　当结果母枝上萌发的新梢生长高度超过10cm（此时基本可以看到花序），每个结果母枝上保留基部的1~2个带花新梢，其他新梢全部抹除。

（2）新梢引绑和去卷须　当新梢生长高度达到60cm后，开始进行该项工作。单壁篱架，按照新梢间距15cm的标准直接向上引绑到拉丝（引绑线）上；双十字形架，按照单侧新梢间距15cm的标准，将新梢交替引绑到两侧的拉丝上；棚架，按照新梢间距15cm的标准，将新梢交替引绑到主蔓两侧的拉丝上。直到新梢布满架面，该项工作才结束。在进行新梢引绑时，随手用剪刀将卷须去掉。

需要注意的是，要在新梢的长度超过引绑线20cm后再进行引绑，刚刚达到或超过一点就引绑，很容易造成梢尖摩伤和后期新梢弯曲。

（3）主梢摘心和副梢处理　对于面积不大、可以实现精细管理的葡萄园，为了将养分集中供应花序，促进花序的伸长和花器官的发育，提高坐果率，开花前3~5d，在花序上4-6片叶的位置将新梢的梢尖去掉，同时将花序下部的副梢去除，花序上部的副梢进行"单叶绝后"处理，称为主梢摘心和副梢处理，此次摘心可以和新梢引绑结合起来。另外，此次摘心后再萌发出的副梢，只保留最前端的1个，不再对其进行摘心和副梢处理，只进行引绑，当超过架面后任其自然下垂，快要进入转色期时，按照每个果穗上保留12~15片叶的标准，对新梢进行剪截，剪截后萌发的副梢使用绿篱机或葡萄修剪机（适用于单壁篱架）进行修剪。图5-14为烟台果农使用绿篱机对葡萄副梢进行修剪。

对于面积偏大、无法实现精细管理的葡萄园，可以不进行主梢摘心和副梢处理等工作，新梢只按照要求进行引绑，当超过架面后任其自然下垂，快要进入转色期时，按照每个果穗上保留12~15片叶的标准，对新梢进行剪截，剪截后萌发的副梢使用绿篱机或葡萄修剪机（适用于单壁篱架）进行修剪。这样的管理虽然省工，但葡萄果穗会明显变小，因此人工能够跟上还是进行一次主梢摘心和副梢处理为好，以促进果穗发育。

图5-14　果农使用绿篱机修剪赤霞珠的副梢

（4）摘老叶　进入转色期后，将位于果穗附近的3~4片叶，用剪刀剪掉叶片（图5-15），

图5-15　摘老叶

但保留叶柄，以改善果穗的光照条件，促进红色品种果实的着色和糖分积累。对于白色品种或容易发生日灼的葡萄园，不进行该项操作。

2. 冬季管理

葡萄树冬季修剪应根据葡萄树形和花芽分布的节位进行修剪。

（1）**冬季修剪的时间**　非埋土防寒区，通常在葡萄树落叶后1个月进行，此时树体养分充分回流到主蔓和根系，减少了营养物质的丢失，剪截的伤口也有充分的时间干燥和愈合，减轻第二年的伤流。

埋土防寒区，修剪分两次进行，第一次在土壤上冻前15~20d，此次为粗剪，方便葡萄埋土；第二次在葡萄树出土后，此次为细剪，确定每棵葡萄树的结果母枝数量和每个结果母枝的留芽数。

（2）**修剪的方法**

1）单干水平树形。花芽分化节位高的品种或地区，冬季修剪可以采用结果臂更新法，每年从结果臂的基部各选留1~2个健壮的一年生枝，按照结果臂长度进行剪截，然后将结果臂从选留的枝条前部剪断，再将保留的结果枝引绑到定干线上（埋土防寒区第二年春季出土后再引绑到定干线上），至此葡萄树修剪结束（图5-16）。

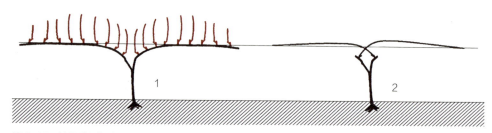

图5-16　结果臂更新法

花芽分化节位低的品种或地区，采用结果母枝更新法，每个结果枝组上只保留靠近基部的1个健壮一年生枝，如果想增加产量就留2个饱满芽，将保留的一年生枝剪截，如果想控制产量就留1个饱满芽，将保留的一年生枝剪截。

2）独龙干树形。采用结果母枝更新法进行修剪，每个结果枝组上只保留基部的1个健壮一年生枝，这个一年生枝留1~2个饱满芽剪截。

二、葡萄树的花果管理

1. 花序选留

花序伸长期结合新梢引绑进行花序选留的工作，大果穗葡萄品种如龙眼、蛇龙珠等品种 1 个新梢上留 1 个花序；对于中小果穗的葡萄品种如赤霞珠、霞多丽、雷司令、黑比诺等，长势弱的新梢保留 1 个花序，长势强的新梢保留 2 个花序。

2. 拉长花序

对于坐果率高、果穗紧密的品种，可以在花序伸长期，尝试用赤霉素拉长花序，参考剂量是 5mg/L，或在开花前 1 周施速效氮肥并浇透水促进花序生长拉长。

3. 果实增糖增色

酿酒葡萄的果实管理，主要是增糖增色，在转色期喷施具有促进增糖增色作用的氨基酸类和海藻酸类肥料如瓦拉格罗公司的施味特，提高果实色度和糖度。

第四节　酿酒葡萄的病虫害管理

一、酿酒葡萄病虫害防控常用的机械

葡萄园区常用的喷药设备和机械见图 5-17 和图 5-18。

图 5-17　拖拉机驱动的风送式弥雾机

图 5-18　拖拉机驱动的大容量风送式弥雾机

二、酿酒葡萄的主要病害及防控措施

1. 葡萄卷叶病

[**危害症状**]　葡萄卷叶病是分布最广泛的葡萄病毒病。葡萄卷叶病具有半潜隐性，在生长季前期不表现症状，到生长中后期才表现症状。基部叶片出现叶缘向下反卷，叶面凸凹不平，部分红色品种叶片出现红化症状（图 5-19），部分白色品种叶片出现黄化症状（图 5-20）。病害严重的植株叶片严重翻卷、变硬，甚至变褐枯死。

图 5-19　葡萄卷叶病对红色品种叶片造成的危害

图 5-20　葡萄卷叶病对白色品种叶片造成的危害

病株果穗的数量减少，并且果穗小型化，成熟期推迟，含糖量降低，风味变淡，严重降低植株的抗逆能力，红色品种还会出现果实不易着色等问题。使用带病毒的接穗或砧木进行嫁接时，有时会表现出强烈的发病症状，植株严重矮化，节间变短，叶片严重翻卷，失去栽培价值。

[**防治措施**]　生产上主要采用脱毒苗木加以预防。对于发病的葡萄园，除了加强肥水、维持健壮的树势外，目前尚无好的治疗方法。

2. 葡萄灰霉病

葡萄灰霉病在我国南方和华中地区发病较为普遍，近年来北方葡萄产区的葡萄灰霉病也有逐年加重的趋势。

[**危害症状**]　葡萄灰霉病主要危害花序、幼果和已成熟的果实，有时也危害新梢、叶片和果梗。花序或幼果发病初期被害部呈浅褐色水渍状病斑，很快病斑变为暗褐色，整个花序软腐，潮湿时病部长出一层鼠灰色霉层，即病菌分生孢子梗和分

生孢子，叶片、新梢发病产生浅褐色、不规则的病斑。果粒感染后出现褐色凹陷病斑，很快整个果粒软腐并长出灰色霉层，果实成熟期发病的主要原因是果粒发生了破裂。

[防治措施] 加强田间管理，使葡萄植株保持通风透光，花序外露，能够见到阳光。在开花前、谢花后和幼果期各喷 1 次化学药剂进行防控。常用的药剂有 50% 嘧环·咯菌腈悬浮剂 1000 倍液、50% 异菌脲悬浮剂 1000 倍液或 80% 嘧霉胺悬浮剂 1500~2000 倍液。

3. 葡萄炭疽病

葡萄炭疽病是我国葡萄产业的主要病害之一，尤其在酿酒葡萄上的危害呈逐年加重的趋势。

[危害症状] 葡萄炭疽病主要侵染果实，也危害穗轴、叶片、卷须和枝蔓等。果实被害初期，果面出现针头大小的水渍状浅褐色斑点，后发展成不规则形的黑褐色病斑，扩大后逐渐呈圆形、深褐色稍凹陷状病斑，上面密生轮纹状排列突起的褐红色或黑色小点，即病菌分生孢子盘，在潮湿条件下涌出大量橘红色的分生孢子（图 5-21），最后发病果粒皱缩到果穗上（图 5-22）。

图 5-21 涌出大量橘红色分生孢子的病果　　图 5-22 皱缩到果穗上的病果

[防治措施] 结合冬季修剪，彻底清园，将剪下的枝蔓、穗柄、卷须、落叶、铁丝上的捆绑物等，全部清除出园，集中焚烧或深埋，并在绒球期细致喷洒 3~5 波美度的石硫合剂，降低菌源基数。该病害表现为前期侵染后期发病的特征，所以要及早防控，重点在幼果期、封穗期和转色期这三个时期，常用药剂有：450g/L 咪鲜胺水乳剂 1000~1500 倍液、25% 溴菌清水剂 2000 倍液、48% 肟菌·戊唑醇 3500 倍

液。需要强调的是,所有果实性病害的防控,首先要让果穗变得松散,让药液能够进入到果穗内部,因此对于果穗紧凑的葡萄品种,一定要在开花前后采取措施,让花序和果穗伸长,使整个果穗保持松散状态。

4. 葡萄白腐病

葡萄白腐病是葡萄生产上最为重要的一种病害,它在危害葡萄果实的同时,也危害新梢和叶片,是造成葡萄丰产不丰收的主要病害之一。

[危害症状] 葡萄白腐病主要危害果穗,此外也能危害新梢和叶片。一般靠近地面的穗轴、小果梗最先发病,受害初期被害部位呈浅褐色、边缘不规则的水渍状病斑,并逐渐向上、向下或果粒蔓延,使整个果粒变成浅黄褐色软腐状(图5-23),果皮破裂时溢出浅黄色黏液,最后果梗呈缢缩干枯状,并长出灰白色小粒点,即病菌的分生孢子器。被害果粒遇风雨冲击或田间作业触动,极易脱落,严重时地面撒落一层,这是白腐病发生的最大特点。

图5-23 葡萄白腐病对果穗的危害

[防治措施] 首先升高结果部位,使果穗远离地面100cm以上,减少来自土壤的病原菌侵染果穗的机会。其次搞好田间清洁卫生,秋冬季节结合修剪,彻底清除果园中的枯枝落叶、病果穗等;进入转色期,病害没有发生前,轮流使用48%肟菌·戊唑醇3500倍液、325g/L苯甲·嘧菌酯悬浮剂2000倍液、45%噻呋·嘧菌酯悬浮剂2500倍液、40%氟硅唑乳油8000倍液进行预防。另外,多雨地区搭建避雨棚是最有效的防控措施。

5. 葡萄霜霉病

葡萄霜霉病是葡萄生产中的第一大病害。该病害发生后极易导致葡萄早期落叶、新梢生长停滞、枝条不能成熟老化,不仅影响当年葡萄果实的产量和品质,而且会严重影响葡萄树的越冬,甚至第二年的萌芽生长。过去该病害主要在秋季发生,现在春季也会发生。

[危害症状] 葡萄霜霉病主要危害叶片,也能危害新梢、卷须、叶柄、花序、果柄和幼果。叶片受害后,先在叶面产生边缘不清晰的水渍状浅黄色小斑,随后渐变成黄褐色多角形病斑,病斑常互相连成不规则大病斑,并在叶片背面产生白色

霉状物（图 5-24）。发病严重时，整个叶片变黄反卷，甚至焦枯脱落。葡萄叶片上凡是霜霉病产生病斑的位置，即使用药剂防治住以后也会呈焦枯状，如果叶片被危害的面积超过 1/3，该叶片极易从叶片与叶柄的交接处脱落。

春季遇到低温阴雨天气，葡萄霜霉病也会危害果穗和幼果。幼果受害，病部呈褐色，变硬下陷，病斑上生成白色霉层，果实易脱落。

[防治措施] 该病害防控的关键措施是搭建避雨棚和波尔多液的使用。前期使用比例为 1∶1∶200（硫酸铜∶生石灰∶水）的波尔多液，后期使用比例为 1∶1.5∶200 的波尔多液，喷过波尔多液的叶片应达到如图 5-25 所示的标准。如果能在病害发生前使用 3 次波尔多液，叶片霜霉病的发生程度基本就在可控之内，进入成熟期以后要适当控制波尔多液的使用，减少葡萄果实上的铜离子含量。

图 5-24　霜霉病在叶片上的危害症状　　　图 5-25　波尔多液喷施的标准

对于易发生葡萄霜霉病的葡萄园，可以使用 70% 烯酰吗啉·霜脲氰 2500 倍液，或 20% 氰霜唑悬浮剂 3000 倍液，或 52.5% 噁唑菌酮·霜脲氰水分散粒剂 2000 倍液进行治疗。通常喷药 1d 后发现叶片背面的白色霉层变褐消失，表明产生了药效，然后 3d 内再次喷药防治。该病害极易产生抗药性，应注意不同药剂的交替使用。另外，需要说明的是防治霜霉病，药液必须喷雾均匀，所有部位都要喷到，尤其是叶片背面。

6. 葡萄白粉病

葡萄白粉病是西北干旱产区的主要叶部病害之一，近年来随着避雨设施栽培范围的扩大，该病害发生的范围和程度也逐年加重，已成为西南干热河谷产区的主要病害。

[危害症状] 该病害可侵染葡萄植株所有的绿色组织，嫩叶、幼果、新梢、穗轴等部位均可发病。叶片被害时，正面呈现褪绿斑，上覆一层白粉（图 5-26），严

重时叶片焦枯脱落。幼果染病时，先在果面上出现褪绿斑块，接着在褪绿斑上出现黑褐色网状花纹，上覆大量白粉，病果很难增大，果肉变硬，味变酸；大果染病，果面出现网状线纹，病果受害部位易开裂。新梢、果梗及果穗发病时，在发病部位出现黑褐色网状线纹，上面也覆盖有白色粉状物。近年来在西北地区出现了葡萄霜霉病和葡萄白粉病混合发生的情况，叶片正面是葡萄白粉病，叶片背面是葡萄霜霉病。

图 5-26 葡萄白粉病在叶片上的危害

[防治措施] 彻底清除冬季修剪时剪下的病枝、残叶；绒球期用 3~5 波美度石硫合剂进行清园；进入幼果期后交替使用 12.5% 腈菌唑水乳剂 2500 倍液、25% 乙嘧酚水剂 1200 倍液、48% 肟菌·戊唑醇 3000 倍、30% 己唑醇悬浮剂 3000 倍液、50% 醚菌酯水分散粒剂 3000 倍液进行防治。

7. 葡萄根癌病

葡萄根癌病是由根癌农杆菌引起的一种世界性细菌病害，在埋土防寒区或发生过冻害的葡萄园发病严重。

[危害症状] 葡萄根癌病是系统侵染性病害，不但在靠近土壤的根部、靠近地面的枝蔓出现症状，还能在枝蔓和主根的任何位置发现病症。常见的是在葡萄的根茎部、枝蔓上，形成大小不一的肿瘤，初期幼嫩，后期木质化，严重时整个根茎部变成一个大肿瘤（图 5-27），或在枝蔓上形成大小不一、到处都能见到的瘤（图 5-28）。病株树势弱，生长迟缓，产量降低，寿命缩短，甚至死亡，严重影响果实产量和品质。

图 5-27 根癌病在葡萄根茎处的危害　　图 5-28 根癌病在葡萄茎蔓上的危害

[防治措施] 该病害的防治主要以预防为主。首先,不要选择林地,尤其患有根癌病的林地作为葡萄园。其次,加强苗木检疫,不要从有根癌病的地区或苗圃(疫区)引进苗木。最后,葡萄根癌病是以伤口作为侵染途径,所以栽培上要尽量减少伤口,同时做好生长后期病害的防治,保障枝条充分成熟,并严防冻害发生,可以减轻该病害的发生程度。该病害发生后,应加强肥水管理,增强树势,尽量延长结果年限。

三、酿酒葡萄的主要虫害及防控措施

1. 绿盲蝽

绿盲蝽作为一种杂食性害虫,已成为葡萄园的第一大害虫。

[危害症状] 被害幼叶最初出现细小的黑褐色坏死斑点,与黑痘病症状相似(图5-29),幼叶长大后形成无数孔洞,同时叶片扭曲皱缩变形;花序受害后,花蕾枯死脱落,危害严重时,花序变黄,停止发育,花蕾几乎全部脱落,严重影响葡萄产量;幼果受害后,有的出现黑色坏死斑点,有的出现隆起的小疱,其果肉组织坏死,大部分受害幼果脱落,严重影响产量,未脱落的果粒可以继续生长,但被害部位则发育成黑褐色或苍白色,并且被害部位极易发生裂果。

[形态特征] 绿盲蝽成虫体长约5mm,绿色,前胸背板为深绿色,上有小的刻点,前翅革质的大部分为绿色,膜质部分为浅褐色(图5-30)。卵长约1mm,长口袋形,黄绿色,无附着物。若虫体色为绿色,上有黑色细毛,触角为浅黄色,足为浅绿色。该虫爬行速度极快,怕光,隐匿性强,清晨和傍晚是其危害高峰。

图5-29 绿盲蝽对幼叶和新梢的危害　图5-30 绿盲蝽成虫

[防治方法] 对于发生绿盲蝽的葡萄园,早春及时清除园内杂草,减少绿盲蝽的寄主,并在绒球期喷洒1次药剂进行防治,露心期和生长出2~3片新叶时再各喷

施 1 次药剂，如果还有危害则继续防控，总之一定要防控住。有效药剂：10% 高效氯氟氰菊酯 4000 倍液、7.5% 氯氟·吡虫啉悬浮剂 800 倍液、12% 溴氰·噻虫嗪悬浮剂 2000 倍液。由于绿盲蝽白天一般在树下杂草及行间作物上潜伏，夜晚上树危害，因此喷药时间最好在下午，树上树下均匀喷药。该虫害使用常规的手动背负式喷雾器很难防治住。

2. 斑衣蜡蝉

[危害症状] 该虫以成虫、若虫刺吸嫩叶、新梢汁液后，被害部位出现针尖大小的黄褐色斑点，随后呈黑褐色多角形坏死斑点。该害虫喜群居，常在取食处排出大量油黏的排泄物污染叶面和枝干，引发霉污病或其他霉菌病的发生。

[形态特征] 雌成虫体长 15~20mm，翅展 40~56mm，雄成虫较小；复眼为黑色，向两侧突起；体被白色蜡粉，头颈向上翘起，触角 3 节，基部膨大；前翅革质，红灰色，上有大量黑色斑点，末端有大量黑点组合的条纹（图 5-31）。若虫初孵时为白色，不久即变黑色，上有多个小白斑，足长头尖（图 5-32），4 龄后体色变红，表面有多个黑点。

图 5-31 斑衣蜡蝉成虫

图 5-32 斑衣蜡蝉若虫

[防治方法] 建园时，应远离臭椿、苦楝等树种。在发现若虫或成虫危害时可用 10% 高效氯氟氰菊酯 4000 倍液、70% 吡虫啉水分散粒剂 4000 倍液、7.5% 氯氟·吡虫啉悬浮剂 800 倍液、12% 溴氰·噻虫嗪悬浮剂 2000 倍液进行防治。

3. 浮尘子

浮尘子是叶蝉的俗称，在葡萄上二黄斑叶蝉和葡萄斑叶蝉较为常见。

[危害症状] 浮尘子以成虫或若虫聚集在葡萄叶片背面刺吸汁液，被害叶正面出现褪绿的小白斑，随后多个小斑连成大的白斑（图 5-33），严重时叶片苍白、焦

枯。同时，浮尘子在叶片、果实等上面排泄出密密麻麻的褐色虫粪，引起霉菌病害的发生，严重影响果实的外观质量。晃动枝条时成群惊飞，不久又陆续返回。

［形态特征］ 浮尘子外形类似缩小版的蝉（图5-34）。

图5-33 浮尘子危害的叶片

图5-34 浮尘子成虫

［防治方法］ 冬季修剪后及时清除落叶、杂草，减少越冬虫源。生长期加强田间管理，及时引绑新梢，去除副梢，促使枝叶分布均匀、通风透光。药剂防治要抓好若虫期进行防治。药剂可选用50%吡蚜酮水分散粒剂2000~3000倍液、70%吡虫啉水分散粒剂4000倍液、10%高效氯氟氰菊酯4000倍液、7.5%氯氟·吡虫啉悬浮剂800倍液、12%溴氰·噻虫嗪悬浮剂2000倍液进行防治。该虫怕光，群居在叶片背面危害，具有受惊蹦飞的习性，常用的手动背负式喷雾器，往往不能将药液直接喷到虫体上，防治效果较差，应采用大功率的电动或汽油机喷雾器。

4. 介壳虫

介壳虫以若虫和成虫刺吸枝条、叶片和果实的汁液，同时分泌蜡质和排泄出无色黏液，招致蝇类吸食和霉菌寄生，严重影响果实品质。葡萄生产上常见的有远东盔蚧（图5-35）和康氏粉蚧（图5-36）等。

图5-35 远东盔蚧对果实的危害

图5-36 康氏粉蚧对根系的危害

[形态特征]

1)远东盔蚧。雌成虫为黄褐色或红褐色,扁椭圆形,体长3.6~6.0mm,宽3.0~5.5mm,体背中央有4列断续的凹陷,体背边缘有横列的皱褶,排列规则。

2)康氏粉蚧。雌成虫为椭圆形,较扁平,体长3~5mm,粉红色,体被白色蜡粉,体缘具有17对白色蜡刺,腹部末端的1对较长。

[防治方法]　加强苗木检疫,不购买带虫苗木和接穗。冬季修剪后彻底清扫园地内的枯枝落叶,刮除多年生枝蔓上的老皮,集中焚烧。葡萄萌芽前,在葡萄树主干上缠绕防虫胶带进行预防。葡萄生长期间,应抓住2个防治关键期:幼虫迁移期和蜡质形成期,使用22.4%螺虫乙酯悬浮剂3000倍液+50%噻嗪酮悬浮剂2000倍液进行防治,其他效果较好的药剂有28%阿维·螺虫乙酯悬浮剂5000倍液和30%噻虫嗪悬浮剂3000倍液。

5. 缺节瘿螨

[危害症状]　主要危害叶片,以成螨、若螨在叶片背面刺吸表皮细胞的汁液,使叶片正面形成泡状隆起(图5-37),叶片背面长出一层很厚的茸毛,初为灰白色(图5-38),故称之为"毛毡病",随后变为茶褐色,直至暗褐色,受害严重时,病叶皱缩变厚变硬,叶片表面凸凹不平,甚至干枯破裂。有时该虫也危害新梢、幼果、卷须和花梗等。

图5-37　缺节瘿螨危害葡萄叶片的正面

图5-38　缺节瘿螨危害葡萄叶片的背面

[形态特征]　外形类似缩小版的蜘蛛。

[防治措施]　发生该虫害的葡萄园,应在冬季修剪后彻底清园,刮除老皮,集中焚烧,清除越冬螨。萌芽后到花序分离期可以使用28%阿维·螺虫乙酯悬浮剂5000倍液、30%阿维·螺螨酯悬浮剂5000倍液、30%四螨·联苯肼悬浮剂2000倍液

进行防治。对于购买来的苗木、插条、接穗可用30~40℃的温水浸5~7min,然后再移入50℃的温水中浸5~7min,可以杀死潜伏螨。

6. 葡萄根瘤蚜

葡萄根瘤蚜是一种世界性的检疫对象,曾对欧美国家的葡萄产业造成过毁灭性的打击。我国部分地区已经发现葡萄根瘤蚜危害,甚至造成毁园,因此必须提高警惕。

[危害症状] 葡萄根瘤蚜是严格的单食性害虫,在我国主要危害葡萄根系,吸收根受害在先端形成鸟头状或小米粒大小的菱形瘤状结(图5-39),在主根上形成较大的瘤状突起,根瘤在雨季常发生溃烂,并使皮层开裂、剥落,严重影响水分和养分的吸收和运输。受害后树势明显衰弱,提前黄叶、落叶,产量明显下降,严重时植株死亡。

[形态特征] 根瘤蚜分为根瘤型和叶瘿型,我国发现的均为根瘤型。根瘤型无翅成蚜体长1.2~1.5mm,体形为长卵形,黄色或黄褐色,体背有许多黑色瘤状突起,上生1~2根刚毛;卵长0.3mm左右,长椭圆形,黄色略有光泽;若蚜为浅黄色,长椭圆形。图5-40可以看到根瘤蚜不同发育阶段的形态特征。

图5-39 葡萄根瘤蚜对根系的危害

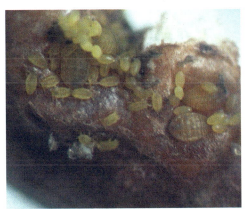
图5-40 葡萄根瘤蚜不同发育阶段的形态特征

[防治措施] 首先不要在已知发生葡萄根瘤蚜的地区购买葡萄苗木。其次在购买苗木时要特别注意根系及所带泥土有无蚜卵、若虫和成虫,一旦发现,立即就地销毁。最后在发病区建葡萄园,采用抗根瘤蚜的砧木如SO4、5BB、抗砧3号等进行嫁接栽培是唯一有效的防治措施。

7. 葡萄根结线虫

[**危害症状**] 被害植株地上部表现为生长不良，叶片发黄，产量降低，果实着色不良，抗逆性差。地下部表现为幼嫩的吸收根或次生根上形成许多大小不等的瘤状体，将瘤状体剖开后，可见内部有黄色或褐色的物质。根结线虫危害后期这些瘤体常发生溃烂。

[**防治措施**] 第一，不要在含有葡萄根结线虫的地块建园，老果园和常年种植蔬菜的地块容易含有根结线虫。第二，不要到发生根结线虫的苗圃和公司购买葡萄苗木。第三，购买苗木时，要严格检查，坚决不购买带虫苗木。第四，是对发生危害的葡萄园应加强肥水管理，增强树势，尽量延长结果年限。选用 SO4、5BB、抗砧 3 号等抗性砧木进行嫁接栽培是唯一有效的防治措施。

酿酒葡萄可能发生的虫害还有茶黄螨、金龟子（图 5-41）、棉铃虫、甜菜夜蛾（图 5-42）等。

图 5-41　危害葡萄叶片的四纹丽金龟子

图 5-42　取食葡萄叶片的甜菜夜蛾幼虫

第五节　酿酒葡萄的成熟与采收

一、酿酒葡萄果实成熟标准的判定

葡萄酒的品质与葡萄果实的质量紧密相关，"三分酿造，七分种植""好葡萄酒是种出来的"都说明了葡萄果实质量与葡萄酒的关系。葡萄进入成熟期以后，果实中的糖度、色度和芳香物质增加，酸度下降，红色品种的单宁开始积累，当这 5 个指标达到 1 个最佳组合，就是葡萄果实的理想成熟标准，但现实生产中，5 个指标俱佳的情况很难出现，所以生产干红葡萄酒的地块盯住糖度和色度这两个指标，生产干白葡萄酒的地块盯住糖度和芳香物质这两个指标即可（表 5-2）。酸度和单宁可以用酿造技术进行调整。

表 5-2　酿制优质干红和干白葡萄酒的果实质量标准

项目	酿制干红葡萄酒的果实	酿制干白葡萄酒的果实
糖度 /（g/L）	220~250	200~230
酸度 /（g/L）	7.0~8.0	6.5~8.0
色度（果皮颜色）	呈现品种典型特征	呈现品种典型特征
芳香物质	浓、纯正	浓、纯正
果实健康	无明显烂果和病害	无明显烂果和病害

二、酿酒葡萄采收日的确定

当葡萄进入始熟期后，要格外关注天气的变化，每天都要收听天气预报，晴朗有温差的天气是大自然的赠予，这预示当年会有一个好年景，要格外珍惜。种植师或酿酒师每天都要到葡萄园进行检查（尤其要选择葡萄园中抗病性最差的葡萄品种和葡萄树生长最差的地块进行调查），做好葡萄炭疽病、葡萄白腐病及葡萄霜霉病的防控工作，确保葡萄果实的健康生长。当葡萄果实充分着色进入成熟期后，除了每天的例行检查，还要每隔 3~5d 进行 1 次田间取样，进行感官评价，当感官评价都达标后，挑选那些感官评价相对较差的和相对较好的果实送化验室进行理化指标的测定，尽量让葡萄果实的各项理化指标达都到最佳状态时再进行采收。

葡萄果实感官评价的方法：摘取葡萄果粒，先用手挤压果粒，感觉果皮破裂的难易程度；然后观察和感觉果肉与果皮分离的难易程度，以及果肉与果皮的粘连程度；用两个手指搓果皮，观测果皮破碎的难易程度，以及果皮破碎后颜色的深浅。再摘取果粒放入口中，咬破果粒，将果皮和果肉分置口腔的两侧，先咀嚼果肉，感测果汁的多少，果汁的甜度、酸度和香味；然后再咀嚼果皮，感测果皮的韧度、涩度和香味；轻轻咬破种皮，感测种子的硬度和涩度，吐出种子观测种皮的颜色。然后根据表 5-3 进行判定。

表 5-3 酿酒葡萄果实的感官评级标准

项目		等级		
		1级	2级	3级
红色品种	技术成熟度	果肉较甜，酸味高，少量粘连	果肉味甜，酸味低，很少粘连	果肉味很甜，微酸，不粘连
	果肉成熟度	果香味淡	有果香到果香中等	果香味浓到很浓
	果皮成熟度	果皮较硬，果柄周围呈桃红色，有生青味，味较酸，涩味弱、细腻	果皮较软，着色均匀，深红色到黑色，有果香，带生青味；用手指比较容易挤压破果粒，但果皮不易搓烂，果皮酸味淡，涩味弱、细腻，果汁开始带色	果皮着色均匀，黑蓝色，咀嚼化渣，果酱味浓到很浓，用手指容易将果皮搓烂，果汁色重，无酸味，单宁细腻
	种子成熟度	种子呈绿褐色，种皮涩	种子呈深褐色，种皮涩味弱到中等	种子呈深褐色，无明显涩味，种子与果肉易分离
白色品种	技术成熟度	果肉较甜，酸味高，少量粘连	果肉味甜，酸味低，很少粘连	果肉味很甜，微酸，不粘连
	果肉成熟度	果香味淡	有果香到果香中等	果香味浓到很浓
	果皮成熟度	果皮较硬，果柄周围带绿色，有生青味，味较酸，涩味弱、细腻	果皮较软，着色均匀，浅黄色到琥珀色，有果香，带生青味；用手指比较容易挤压破果粒，但果皮不易搓烂，果皮酸味淡，涩味弱、细腻	果皮着色均匀，琥珀色，咀嚼化渣，果酱味浓到很浓，用手指容易将果皮搓烂，无酸味，单宁细腻
	种子成熟度	种子呈绿褐色，种皮涩	种子呈深褐色，种皮涩味弱到中等	种子呈深褐色，无明显涩味，种子与果肉易分离
适宜酿制的葡萄酒		葡萄未成熟，用于生产质量一般的葡萄酒	糖酸成熟，但芳香物质和单宁未充分成熟，可用于生产质量中等的葡萄酒	完全成熟，不发生病害，可酿造出优质的葡萄酒

进入始熟期后，如果遇到连续阴雨天气，植保就是第一位的工作，只要没有下大雨，打药车辆可以通行，就必须进行植保防护（这时就体现避雨栽培的优势了），严控病害的发生。

进入成熟期后，如果天气预报将会有长时期的阴雨天气，这将是对酿酒师和种植师智慧的考验，这时应重点关注糖度、果皮颜色及果实健康程度，如果果实的糖度和色度基本达标，果实病害尚未出现，比较稳妥的办法是先抢收一批，保证当年有所收获；如果病害开始发生并有蔓延的趋势，立即组织人力进行抢收。如果成熟度完全达标，天气预报有降雨，那就不要考虑人工和花费，集中力量日夜进行抢收。大雨会明显降低葡萄果实的含糖量，并会引发一系列病害，通常需要1周以上的晴朗天气才能将糖度恢复。

在确定采收日后，马上安排发酵车间检修设备，做好收贮葡萄的准备工作，同时立即组织人力在采收日进行采收，为了降低葡萄果实的热量，最好在夜晚采收。如果降雨天即将来临，则应日夜采收，加工能力不足时，可以将果实临时存储到冷库。

三、酿酒葡萄果实的采收

酿酒葡萄果实的采收工作大致分为4个阶段：准备阶段、田间采收阶段、运输阶段和酒厂接收阶段。

1. 准备阶段

首先，酿造厂区对处理设备和发酵设备进行检修，能够将采收下来的葡萄果实进行及时处理。其次，工人的组织，根据每天除梗粒选设备或除梗破碎机的工作能力，组织足够数量的工人，将其分为葡萄采摘运输工人和葡萄加工处理工人两部分。最后，运输车辆、采摘设备和工具的准备，运输车辆包含两类，一类是在葡萄行间通行的车辆，负责分发和回收采摘筐，要求车身狭窄，车厢底盘低，方便工人取筐和装车；另一类是将运出田间装满葡萄的采摘筐运到原料加工处理区的车辆，具体车辆的数量根据工人的采摘量确定。

采摘工具主要是剪刀、小弯刀和采摘筐。剪刀和小弯刀一定要锋利，并有一定的备用数量，以便出现损坏后及时更换，避免工人劳动效率的降低。采摘筐的数量应根据工人的采摘量和原料处理能力确定，并要有一定的富余，避免出现因为没有采摘筐而让工人停工的情况。

2. 田间采收阶段

根据大多数工人的工作量，将工人按照单人或两人一组进行划片采摘葡萄，这样做的好处是可以监督工作质量，实现按件计酬，从而降低田间工作的管理难度；同时工人为了提高收益，就会自己创新一些工具和设备。

3. 运输阶段

葡萄行间的放筐和收筐应安排专人驾驶车辆进行操作，及时将采摘下的葡萄装车，运往原料加工处理区。如果运载量比较大，最好采用托盘装载，便于到原料处理区时使用叉车卸货，避免车辆被占用。

4. 酒厂接收阶段

到达原料加工处理区，首先进行称量，然后再卸货，如果前期运送的果实还没有处理完，则可以暂时存放到原料处理区的冷库里面。

第六章

葡萄酒的酿造生产

第一节　葡萄酒酿造生产的原理
第二节　葡萄酒酿造生产的原料及辅料
第三节　葡萄酒的酿造
第四节　葡萄酒的灌装、运输和贮藏
第五节　葡萄酒酿造生产过程中的质量控制

葡萄酒的酿造生产是整个酒庄由农业进入工业的关键节点，也是酒庄最核心的生产环节，通过酿酒师及其团队的聪明才智和辛勤劳动，将一串串晶莹的葡萄，变成一瓶瓶的美酒，梦想成为现实。

第一节　葡萄酒酿造生产的原理

一、酵母和酒精发酵

1. 酵母

酵母广泛存在于自然界，尤其在即将成熟的葡萄果实上会聚集大量的野生酵母，葡萄果实延迟采收后闻到淡淡的酒味，就是它们的功劳。酵母属于单细胞生物，由于个体微小，直到1857年才被法国科学家巴斯德发现，从而揭开了葡萄汁变成葡萄酒的秘密。

葡萄酒酿造中常见的酵母主要属于真菌界子囊菌亚门酵母属，是一种典型的异养兼厌氧单细胞微生物，在有氧和无氧条件下都能够存活。一般具有以下特征，个体多以单细胞状态存在，多数以出芽方式繁殖，少数进行裂殖或产子囊孢子，能发酵多种糖，细胞壁常含有甘露聚糖，喜在含糖较高的酸性环境中生活。

目前，从葡萄、葡萄酒中分离出的酵母约有150种，其中最为重要的是酿酒酵母。但随着研究深入，非酿酒酵母的潜在应用价值受到越来越多的关注，尤其是软假丝酵母（*Candida colliculosa*）的无性型，越来越受到重视，并在生产上得到应用。

葡萄酒酿造过程中常见的酵母有以下三类。

（1）**酿酒酵母**（*Saccharomyces cerevisiae*）　酿酒酵母细胞为圆形、卵形、椭圆形或圆柱形到长形，偶有丝状细胞，以卵圆形和长形为主。产酒精能力强，可达17%，转化1%vol酒精需要17~18g/L糖，抗二氧化硫能力强（250mg/L），酿酒酵母在葡萄酒酿造过程中占有重要地位，是将葡萄汁中的糖转化为酒精的主要力量。

（2）贝酵母（*Saccharomyces bayanus*）　贝酵母和酿酒酵母的形状、大小相似，但它的产酒精能力更强，在酒精发酵后期，主要是贝酵母把葡萄汁中的糖转化为酒精；抗二氧化硫的能力强（250mg/L），如果发酵灭菌不彻底会引起瓶内发酵。

（3）戴尔有孢圆酵母（*Torulaspora delbrueckii*）　戴尔有孢圆酵母的细胞小，近圆形，产酒精能力为8%~14%，强抗二氧化硫，能够缓慢地发酵大量的糖，近年来，采用戴尔有孢圆酵母和酿酒酵母混合发酵策略成为提升葡萄酒质量、突出葡萄酒典型性风格的重要手段。

对于葡萄酒庄而言，根据自己的酿造工艺和技术要求，直接购买商业活性干酵母即可，如果自己有兴趣也可以进行酵母筛选，找到专属于自己的酵母。优秀的葡萄酒酵母应具备以下几个基本条件：具有很强的发酵能力和适宜的发酵速度，酒精耐性好，产酒精力强；抗二氧化硫能力强；发酵度高，残留少，能满足葡萄酒生产的经济要求；能协助葡萄酒产生良好的果香和酒香，并有悦人的口感；生长繁殖速度快，活性强，不易变异，凝聚性好；不产生或极少产生有害葡萄酒质量的副产物；发酵温度范围广，低温发酵能力好，与乳酸菌兼容性好。

酵母菌在新建的葡萄园或发酵车间内数量相对较少，但随着年限的增长，酵母菌逐渐适应果园的气候与葡萄特性后，数量则会迅速增多。

2. 酒精发酵的机理

葡萄破碎压榨过程中，生活在果皮和果梗上的酵母随之进入葡萄汁中。酵母吸收葡萄汁中的各种营养物质，不断增殖。酵母菌能利用的只有己糖（葡萄糖和果糖），蔗糖则先经过酵母菌分泌的转化酶或葡萄果实中的转化酶分解成己糖后，才能被酵母菌利用。当葡萄汁中含有的营养物质不能满足酵母菌所需时，部分酵母开始死亡并自溶，自溶形成的高级醇和氨基酸，成为乳酸菌的营养物质。

酵母的增殖是有氧阶段，酵母将糖代谢成酒精则是厌氧阶段，所以葡萄酒的发酵在厌氧的条件下进行。如果氧气充足，酵母则将糖完全氧化，分解成水和二氧化碳，同时获得能量供自己生长。厌氧条件下，酵母不能将糖完全氧化分解，则生成酒精和二氧化碳及一系列其他次生代谢物质和热量，这就是在葡萄酒发酵过程中，葡萄汁的温度会显著升高的原因。

通俗地说，1000g葡萄糖或果糖大约产生480g酒精，或者说1L含20.0%还原糖的葡萄汁（波美度12.2、比重1.092）通过酒精发酵，大约产生96.3g或12.2%vol的酒精。但实际酿造中，由于有氧代谢对糖的消耗，部分酒精随二氧化碳的逸失，以及少量残糖的无法利用，最终获得的酒精含量会低于理论值。

3. 酵母在葡萄酒发酵过程中的生命周期

酵母接种到葡萄醪或葡萄汁中后，其生长发育周期可分为四个阶段。

（1）**适应阶段** 根据酿造工艺和葡萄醪的质量（糖度、酸度和氮素含量）选择适宜的酵母菌种，活化接种后，最初酵母细胞数几乎不增加，这段时间也被称为迟滞期。处于迟滞期的酵母，开始调整体内的酶系统，体积增长较快，代谢活力强，细胞中核糖核酸的含量较高，对不良环境较为敏感。

适应阶段被认为是酵母进入新环境后出现的代谢调整期。适应阶段的长短与菌种遗传性、菌龄及接种至新培养基前后所处环境等因素有关。适应阶段的长短，直接影响发酵的生产周期。为了缩短适应阶段，常采用将酵母加入到适量的将要发酵的灭菌葡萄汁中进行适应培养，或采用加大接种量等措施。

（2）**繁殖阶段** 在人为创造的有利条件下，酵母适应环境后，在有氧条件下，吸收葡萄汁中的养分，将糖代谢成二氧化碳和水，快速进行无性繁殖，使葡萄汁中的群体数量达到 $10^7 \sim 10^8$ cfu/mL，这一阶段可持续 2~5d。此阶段的酵母繁殖速度最旺盛，并且出芽率最高，是最适合酵母扩大培养的转接阶段，此阶段可检测到葡萄汁的比重开始下降。

为了使酵母快速繁殖，并保持强有力的活力，在酵母添加前，首先在要发酵的葡萄醪中添加适量的二氧化硫，杀灭与酵母竞争营养的野生杂菌，其次要保证葡萄醪含有合适的氮元素并适当见氧，在氮元素的使用上，尽量以有机氮为主，避免过量使用无机氮，造成酵母旺长。

（3）**发酵阶段** 该阶段是葡萄酒发酵的关键时期，使用一切办法保证酵母的高活力，避免不良代谢产物的产生。此阶段又可以细分为三个时期：发酵前期、发酵中期、发酵后期。

1）发酵前期。此时酵母数量逐渐达到顶峰，在厌氧条件下酵母开始将糖转化成酒精、二氧化碳和其他副产物，并释放出热量。发酵罐内的温度增高，酒精度增加。葡萄汁的比重逐渐下降到 1.050 左右。

2）发酵中期。酵母数量达到顶峰，代谢旺盛，葡萄汁中的糖被大量消耗，葡萄汁的酒精度迅速增加，发酵罐内的温度达到峰值，并维持在一定范围内。葡萄汁比重迅速从 1.050 下降到 1.020，之后酵母的数量和活力开始下降，应加强酵母的营养条件，改善环境，提高酵母的活力。

3）发酵后期。葡萄汁中的养分被大量消耗，酵母之间的竞争变得激烈，导致酵母死亡的数量大于增殖的数量，酒精度继续增加，发酵罐内的温度开始下降，葡萄汁比重从 1.020 下降到 0.994~0.990。

（4）衰亡阶段　葡萄汁中营养物质消耗殆尽，酒精发酵趋于停止，酵母大量死亡，衰老死亡的酵母开始自溶，发酵罐内的温度逐渐趋于稳定。

4. 酵母所需的营养物质

（1）碳水化合物（糖）　酵母必须同化环境中的碳水化合物（糖）获得能量才能生存，因此碳水化合物（糖）是酵母生存的基础物质。酵母可以直接利用的是己糖（葡萄糖和果糖），以蔗糖为代表的双糖或多糖必须转化成葡萄糖和果糖，才能被酵母利用。酒精就是酵母在厌氧条件下糖代谢的产物。

（2）水　水是酵母生存的基本条件之一，同时也是酵母厌氧条件下的代谢产物。鲜活的酵母细胞含水 68%~80%，葡萄醪中的含水比例与之类似，因此适于酵母的发育和繁殖。但当葡萄醪含糖量过高（大于 360g/L），反而会抑制酵母的活性，必须使用特殊酵母才能正常发酵。

（3）氮源　含氮化合物是仅次于糖的酵母营养物质，酵母可以利用的氮源主要是游离氨基酸（脯氨酸除外）、小分子多肽、胺和铵态氮。在大部分情况下，葡萄汁中含有足够的氮源，可以满足酵母的需要。生产上把酵母可以利用的游离氨基酸（脯氨酸除外）、小分子多肽和铵态氮称为酵母可同化氮（Yeast Assimilable Nitrogen，YAN），为了确保发酵完成，通常需要可同化氮的含量在 150mg/L 以上，当葡萄汁中酵母可同化氮的含量低于 150mg/L 时，会有发酵迟缓和中止的危险，为了保证发酵顺利进行则需要添加氮源，但添加后的酵母可同化氮（YAN）最好不要超过 500mg/L，尤其不能过量添加无机氮，过多的无机氮会促进酵母过量繁殖，导致需求更多的氮，酵母本身也会变弱，同时产生大量的热量和氨基甲酸乙酯，影响葡萄酒口感。对于无法检测酵母可同化氮的葡萄汁可以直接按照 0.3g/L 的标准添加氨基酸氮，如果灰霉病发生严重则应加量添加，并要补充维生素 B_1。红葡萄果汁由于带皮发酵，添加的量可以适当减少。

酵母可以利用无机氮和糖合成它们需要的氨基酸和核苷酸，如果环境中有现成的氨基酸和核苷酸，酵母也会直接同化利用，省去合成的能量消耗。这就是在补充氮源时尽量少使用磷酸氢二铵等无机态氮，多使用氨基酸氮的原因。

（4）矿质元素　除了氮元素外，磷、钾和硫等元素也是酵母生长发育的必需元素，镁的存在则有利于酵母的活动。通常，正常生长发育的葡萄果实中含有酵母必需的各种矿质元素，不需要外源补充。

（5）维生素　维生素即维持生命的物质，这类物质在体内既不是构成身体组织的原料，也不是能量的来源，而是一类调节物质，在物质代谢中起重要作用。酵母生长发育需要的主要是维生素B族如维生素B_1（硫铵素）、维生素B_2（核黄素）、维生素B_5（烟酸）、维生素B_6（吡哆醇等）、维生素B_{12}（钴胺素）和泛酸钙等。

在葡萄醪中的维生素含量通常可以满足酵母生长发育的需要。但维生素B_1，有时含量会偏低，成为抑制酵母生长的物质，导致发酵停滞或大量硫化氢的产生，需要人为添加补充。

5. 酒精发酵的主要代谢副产物

（1）甘油　甘油是一种三元醇，为无色、无臭、味微甜的黏稠液体。它在葡萄酒中的含量为4~10g/L，对葡萄酒的酒体和风味形成具有重要作用，适量的甘油使葡萄酒口感圆润，可以增加酒的醇厚感和复杂性。

（2）有机酸　葡萄酒在发酵过程中还会产生许多有机酸，重要的有乳酸、醋酸、柠檬酸等。

1）乳酸。乳酸主要是酒精发酵的中间产物，其产生量很少，一般为100~200mg/L，即使加上后期的苹乳发酵，其在葡萄酒中的含量一般也会低于1g/L。有时为了调整葡萄酒的酸度，会添加一些外源酸，乳酸则是葡萄酒外源酸中添加效果最好的单一酸，采用等量的乳酸和柠檬酸则是外源酸中添加效果比较好的混合酸。

2）醋酸。醋酸又名乙酸，是葡萄酒中含量较高的一种挥发性有机酸，含量为0.2~0.3g/L。醋酸的含量不能偏高，否则会给葡萄酒带来不良的口感，葡萄酒中如果产生大量醋酸，通常与醋酸菌的污染有关。

3）柠檬酸。葡萄酒中的柠檬酸一部分来自葡萄果实本身，一部分来自酵母代谢的中间产物。葡萄酒中柠檬酸的含量大约为0.5g/L。柠檬酸也是调整葡萄酒酸度的外源酸之一，其添加量一般不超过0.5g/L，但计划进行苹乳发酵的葡萄酒则不宜添加柠檬酸。

（3）醇

1）甲醇。甲醇是一元醇，主要在酶分解果胶类物质时产生。红葡萄酒在生产过程中，果皮与葡萄汁长时间接触，会产生较多的果胶，因此，红葡萄酒中甲醇的含量会比白葡萄酒高。通常情况下葡萄酒中的甲醇含量极微，不仅不会对人体的健康造成影响，反而对葡萄酒的风味有所帮助。

2）高级醇。高级醇又称杂醇油，主要包括异戊醇、戊醇、异丁醇和正丙醇等。它们是葡萄酒中重要的风味物质。作为糖代谢的中间产物，一般葡萄汁的质量越好，含糖量越高，高级醇的浓度也越高，也就是所谓的"好葡萄出好酒"。在这些醇中，异戊醇又是重要的挥发性醇，具有苹果白兰地的香气和辛辣味，其含量为90~300mg/L，在高级醇中含量可达50%以上，是重要的呈香物质。另外一个醇是2-苯乙醇，在很低的浓度下就具有很浓的玫瑰香味，是葡萄酒重要的呈香物质之一。通常白葡萄酒中高级醇的含量为160~270mg/L，红葡萄酒中高级醇的含量为140~420mg/L。

（4）**醛和酮** 许多羰基化合物对葡萄酒的气味和口味有显著影响。醛类中最重要的是乙醛，乙醛是发酵生成酒精的中间产物，也会由乙醇氧化生成，随着发酵和贮藏时间的延长，浓度逐渐降低，但当乙醛浓度超过阈值时，会使葡萄酒出现氧化味。葡萄酒中乙醛含量一般为20~60mg/L，如果大量产生，则说明葡萄酒的氧化风险增大。乙醛可与二氧化硫结合形成稳定的化合物，这种物质不会影响葡萄酒的质量，因此当乙醛含量过高时可以使用二氧化硫处理，使乙醛的氧化味消失。葡萄酒中还可以检测出异丁醛、正丙醛、正丁醛、异戊醛、己醛和丙酮等。

（5）**酯** 酯主要是在发酵或陈酿过程中由有机酸与乙醇形成，常见的是由乙酸和乙醇形成的乙酸乙酯。葡萄酒中的各类酯，各有特性，对葡萄酒的风味质量也会有不同的效果。新葡萄酒一般酯含量为176~264mg/L，陈年葡萄酒的酯含量可达792~880mg/L，在葡萄酒贮藏的前两年酯的形成速度最快，随后速度逐渐变慢。酯虽然在葡萄酒中的含量不高，但对葡萄酒的口味和质量具有明显影响，是构成葡萄酒陈酿香气的主要物质之一。通常葡萄酒中酯的含量越高，葡萄酒的口感越好，酒的质量也越高，这也就是人们说的老酒好于新酒的原因之一。

6. 影响酵母生长和酒精发酵的条件因素

葡萄酒的酿造完全依赖酵母的发酵作用，一切影响酵母生长代谢的因素都会影响到酒精的发酵。充分了解各种因素对葡萄酒发酵的影响，是生产出优质葡萄酒的基础。

（1）**温度** 葡萄酒酵母繁殖和发酵的适宜温度为16~28℃。当温度低于10℃，酵母尽管可以存活，但不能正常生长繁殖，当温度低于12℃时发酵迟缓，低于16℃时繁殖缓慢；当温度达到20℃后，酵母的繁殖速度加快，在30℃时繁殖达到最大值，通常在20~30℃，葡萄酒的发酵速度随温度的升高而加快，大约温度每升高1℃，发酵速度可提高10%，这时的酵母活力高，发酵彻底，发酵周期缩短，最终生成的酒精浓度高。但发酵温度达到32~35℃后，酵母的繁殖速度会迅速下降，代谢变弱，酒精发酵有停止的危险，这一温度范围被称为危险温区，当温度超过

35℃时，酵母的繁殖停止，当温度高于40℃发酵停止，当温度超过45℃，只要持续1~1.5h酵母就会被杀死。

虽然高温发酵，发酵周期短，酒精产出率高，但高温发酵酿成的葡萄酒风味差，口感不佳，香气易丢失，酒体稳定性不好，因此在葡萄酒生产中，尤其是优质葡萄酒的生产过程中，不能采用过高的发酵温度。通常红葡萄酒的发酵温度为26~30℃，白葡萄酒和桃红葡萄酒的发酵温度为18~20℃。

对于白葡萄酒和桃红葡萄酒，较低温度发酵有利于水果香酯的形成与保留，如乙酸苯乙酯等；同时低温有利于色素的提取和溶解，能减少酒精的挥发，降低其他微生物的影响，如乳酸菌和野生酵母，它们大多喜欢高温，在低温下繁殖速度和代谢速度显著减缓。低温发酵适于酿造突出果香特征的葡萄酒，因此，在白葡萄酒酿造上应用最为普遍。

（2）pH和酸度　葡萄醪的pH和酸度对各种微生物的生长繁殖和代谢活动都会产生明显的影响。虽然高酸会抑制酵母的生长繁殖和代谢活动，促进挥发酸的生成，但酵母拥有比细菌更强的耐酸性和耐二氧化硫，因此为了使酵母在葡萄醪中具有绝对优势，保证葡萄酒发酵顺利进行，通常把葡萄醪的pH控制在3.0~3.5，酸度为6.0~8.0g/L。在这个范围内，除了酸度本身会抑制杂菌外，二氧化硫也会表现出更强的杀菌能力，确保酵母的优势地位。但pH低于3.0会对酵母的代谢活动产生显著抑制，发酵速度减慢，并会引起酯的降解；当低于2.6时，酵母停止繁殖和发酵；因此葡萄汁的酸度小于5.0g/L，pH大于3.5则需要调酸，当然调酸时必须考虑糖度，糖度越高，酸度阈值也越高。

（3）氧气和二氧化碳

1）氧气（O_2）。酵母的繁殖需要氧气，在完全无氧的条件下，酵母繁殖几代就会停止，所以在葡萄醪接种酵母后，酵母的适应和繁殖阶段应保持适量的氧气，促进酵母迅速繁殖，当进入发酵阶段，也应每天进行50%汁量的封闭循环，满足酵母繁殖对氧气的需要。

2）二氧化碳（CO_2）。二氧化碳是酒精发酵的正常产物，1g葡萄糖约产生260mL二氧化碳，发酵期间产生的二氧化碳大部分逸散到空气中，因此二氧化碳的逸失约带走20%的热量，同时也会造成挥发性物质的损失，乙醇的损失量为产量的1%~2%，芳香物质的损失量则可达25%。高温会加快发酵速度，产生更多的二氧化碳，加重乙醇和芳香物质的损失，这也是要求低温发酵的原因之一。

当葡萄酒中的二氧化碳压力达到720kPa（二氧化碳含量达到15g/L）时，酵母的繁殖就会停止；当二氧化碳压力达到1400kPa时，酒精发酵停止；当二氧化碳压力达到3000kPa时，酵母就会死亡。利用二氧化碳对酵母发酵的抑制作用，控制酒精发酵，在国外的半干葡萄酒或甜葡萄酒生产上有所应用。

（4）糖、二氧化硫、单宁和乙醇　糖、二氧化硫、单宁和乙醇这4种物质，葡萄酒中的酵母对其都具有极强的耐受性，在正常的葡萄酒生产中不会对酵母的生长繁殖和酒精发酵产生影响。

理论上当糖含量超过25%会对酵母的繁殖和代谢产生影响，超过30%会产生明显影响，但在含糖量达到50%的情况下，尽管非常缓慢，酵母依然可以进行发酵。

二氧化硫在葡萄酒中的含量达到100mg/L，即可抑制绝大多数杂菌的活性，但对酵母却没有明显作用。即使在国家规定的二氧化硫最大用量范围内（250mg/L），酵母依然具有活性。

酵母对单宁具有很强的耐受力，当单宁的含量超过4g/L时，发酵才开始受阻，达到10g/L时，才会严重抑制酵母的发酵作用，并使酵母迅速死亡。

乙醇含量达到13%以上，对酵母的发酵开始产生抑制作用，达到15%以上产生明显的抑制，达到17%以上酵母才会发酵停止并开始死亡。

（5）脂肪酸　脂肪酸作为酒精发酵的中间产物，会对酵母的活性产生抑制作用。为了避免发酵中止现象的出现，发酵前加入0.2~1g/L的酵母皮，可以吸附并去除脂肪酸，提高酵母活性，使发酵更为彻底。

二、乳酸菌和苹乳发酵

在葡萄酒传统产区，人们有时会观察到在红葡萄酒的酒精发酵结束后，澄清的葡萄酒在某些阶段会发生混浊并产生小气泡。这种现象通常不会对葡萄酒产生破坏，在很多情况下还会改善葡萄酒的品质。这种现象通常在葡萄树产生伤流的季节出现，最初人们认为这是由早春温暖的天气造成的，直到1889年德国人P.柯利施才首次确定了其生物学本质，但他认为这是由酵母所引发的反应，同时代的米勒·吐尔高于1891年证明这是细菌所为，1900年阿尔弗雷德·柯施首次证明苹果酸乳酸菌导致了苹果乳酸发酵。1901年，摩斯林格首次明确了苹果酸乳酸菌发酵的化学反应平衡式（苹果酸生成乳酸及二氧化碳），1914年，瑞士科学家Muller-Thurgau和Osterwaider将其定名为苹乳发酵（苹果酸-乳酸发酵，Malolactic fermentation，简称MLF）。相对于酵母引发的酒精发酵而言，由葡萄酒乳酸菌引发的苹乳发酵，是葡萄酒的次级发酵，又被称作二次发酵。

苹乳发酵是佐餐葡萄酒所特有的一种现象，尤其在干红葡萄酒上，原因是干红葡萄酒的低二氧化硫和低酸度。甜葡萄酒则由于二氧化硫的含量较高，不利于细菌生长，因此这种现象很难发生。

1. 苹乳发酵应用的前提

需要特别说明的是，苹乳发酵并不是葡萄酒酿造中的必须环节，尤其在我国大部分葡萄产区，葡萄果实含酸量普遍偏低的情况下，苹乳发酵会进一步降低葡萄酒的酸度。如果pH大于或等于3.2，总酸含量小于7.0g/L，则没有必要进行苹乳发酵。如果担心苹果酸不稳定会带来麻烦，则可以选择具有消耗苹果酸功能的酵母，在酒精发酵阶段解决。

如果酒精发酵后的葡萄酒总酸含量大于7.0g/L，pH小于3.2则可以考虑进行苹乳发酵进行降酸。如果酸度过大，可以先进行适当的化学降酸，然后再进行苹乳发酵。因为化学降酸去除的主要是酒石酸，所以化学降酸只要能够做到让乳酸菌启动即可（pH大于2.9），大规模的化学降酸会严重影响葡萄酒的口感和质量，因此重点应放在苹果酸的去除上。化学降酸的具体措施是每升葡萄酒中加入500~1000mg的碳酸钙或1000~1500mg的碳酸氢钾，进行脱酸。

另外，需要说明的是乳酸菌作为细菌，对二氧化硫极其敏感，进行苹乳发酵的前提是必须控制二氧化硫的使用量。绝大多数商业乳酸菌对葡萄酒中总二氧化硫含量的要求是小于40mg/L，个别高耐二氧化硫的菌种也要求总二氧化硫含量小于80mg/L，因此这就要求进行苹乳发酵的葡萄酒不能使用过多的二氧化硫，也进一步要求用于酿造葡萄酒的果实必须健康，不能有明显腐烂和霉菌侵染。我国大部分地区属大陆性季风气候，雨热同季，成熟期热量偏高，当葡萄的含糖量达到采收标准后，葡萄的含酸量大多偏低，无须进行苹乳发酵。当然对于果实早采的葡萄酒庄，由于果实总体酸度较高，含有大量的苹果酸，进行苹乳发酵还是具有一定的意义的。

2. 乳酸菌

乳酸菌在自然界广泛存在，所有葡萄醪和葡萄酒中均有发现，从葡萄酒中分离到的乳酸菌主要归类于乳杆菌科（Lactobacillaceae）和链球菌科（Streptococcaceae）的4个属。其中属于乳杆菌科的乳酸菌仅有乳杆菌属（*Lactobacillus*），该属细菌细胞呈杆状，属于革兰阳性菌。属于链球菌科的3个属分别是酒球菌属（*Oenococcusoeni*）、片球菌属（*Pediococcus*）和明串球菌属（*Leuconostoc*）。这3个属的乳酸菌属于革兰阳性菌，它们都能把葡萄酒中的天然 L- 苹果酸转化成 L- 乳酸。按照乳酸菌对糖代谢途径和产物的不同，将它们分为同型乳酸发酵细菌和异型乳酸发酵细菌，同型乳酸发酵是指葡萄糖经发酵只产生乳酸和二氧化碳；异型乳酸发酵则是指葡萄糖经过发酵后产生乳酸、乙醇（乙酸）和二氧化碳等多种产物的发酵。

严格地说，乳酸菌和醋酸菌一样算是有害菌，当 pH 大于 3.4，二氧化硫使用量不够（二氧化硫总量小于 100mg/L），贮藏条件不佳（主要是葡萄酒封闭不严导致进气）就可能引起乳酸菌的自然发酵，对于自然引发的乳酸菌发酵，会给葡萄酒带来巨大的风险，尤其是新建的葡萄酒庄不知道乳酸菌是否会造成葡萄酒病害，如酒石酸发酵病（泛浑病）、甘油发酵病（苦败病）、乳酸性酸败病、油脂病等多种病害。因此在实际生产中，要么杜绝乳酸菌发酵的可能，要么在酒精发酵后期或结束后，直接添加人工筛选出的商品乳酸菌来触发苹乳发酵。商品型乳酸菌多属于明串球菌属（*Leuconostoc*）中的酒明串珠菌，属于异型乳酸发酵细菌，该属菌种可以耐较低的 pH。使用人工筛选出的乳酸菌，不仅可以在短时间内结束苹乳发酵，使葡萄酒口感柔和，还能增加香气的复杂性。

需要说明的是，人工筛选的乳酸菌必须是高苹果酸诱导苹乳发酵的乳酸菌，耐低 pH，耐高二氧化硫，耐高酒精度，与酵母兼容性好，有害产物少。

3. 苹乳发酵机理

简单地说，就是乳酸菌利用葡萄酒中的残糖作为能量，在代谢糖的同时被葡萄酒中的高苹果酸诱导出苹果酸 - 乳酸酶，将葡萄酒中的苹果酸转化成乳酸。在这一系列过程中，不仅会产生乳酸和二氧化碳，还会产生乙醇、乙酸和一系列的具有果香味的萜烯类化合物。通常 1g 苹果酸可以转化成 0.67g 乳酸。

葡萄酒本身的高酒精度、高酸度及添加的二氧化硫都是不利于乳酸菌生存的环境因素，并且在将苹果酸转化成乳酸和二氧化碳的过程中基本不能给乳酸菌提供能量，乳酸菌还必须依赖糖代谢提供能量，或许乳酸菌进行苹乳发酵只是为改善自身的生存环境而进行的生存本能。

4. 影响苹乳发酵的因素

（1）酒精　低浓度酒精（2%~4%）对苹乳发酵有轻微的促进作用，高浓度酒精则有抑制作用，尤其当酒精浓度超过 12% 时，对一般乳酸菌的前期增长有强烈的抑制作用。但对于商业乳酸菌来说，酒精浓度不是限制因素，通常人工筛选出来的商业乳酸菌对酒精浓度的耐受度一般都在 14%vol 以上，高的可达 18%vol。

（2）二氧化硫　二氧化硫对苹乳发酵有强烈的抑制作用，通常总二氧化硫含量小于 40mg/L 对乳酸菌没有明显的抑制作用，当大于 50mg/L 则明显推迟或不能进行苹乳发酵，当二氧化硫含量大于 100mg/L 后，苹乳发酵彻底不能进行。因此准备进行苹乳发酵的葡萄酒，添硫处理应格外谨慎。

（3）pH　pH 对乳酸菌的苹乳发酵具有强烈的抑制作用，在低 pH 条件下乳酸菌分解葡萄酒中的糖、有机酸等成分，生成高浓度的乳酸、乙酸和甘露醇；pH 在 3~5，随着 pH 升高，苹乳发酵速度加快。一般乳酸菌最适 pH 为 4.8，当 pH 小于 3.5，只有明串球菌属（*Leuconostoc*）中的酒明串珠菌可以进行苹乳发酵；当 pH 小于 3.0，绝大多数自然乳酸菌不能进行苹乳发酵，只有少量人工筛选的乳酸菌可以适应。

另外，低 pH 与二氧化硫具有协同作用，当二氧化硫含量大于 100mg/L 或结合二氧化硫含量大于 50mg/L 或游离二氧化硫含量大于 10mg/L，就可以抑制乳酸菌的繁殖。所以当苹乳发酵结束后要立即添加 20~40mg/L 的二氧化硫抑制乳酸菌的活性。

（4）温度　苹乳发酵温度在 15~30℃，随着温度的升高，发酵速度也加快，但对于葡萄酒生产来说，苹乳发酵的最适温度为 18~20℃，超过后有害的副产物会增多，如挥发酸的量会显著增加，当温度小于 15℃ 发酵速度缓慢，当温度小于 10℃ 基本停止。所以人工控制的苹乳发酵一般在酒精发酵后期或发酵刚结束后进行，就是为了充分利用酒精发酵后的葡萄酒余温，所以酒渣分离时应避免葡萄酒温度的突然下降。

（5）二氧化碳　乳酸菌作为兼性厌氧菌，需要低浓度的氧气满足其繁殖生长的需要，但太多的氧气也会产生抑制作用，并导致不良副产物的增多，以及引起醋酸菌导致的醋酸发酵，因此，低浓度的二氧化碳有利于苹乳发酵的进行。酒精发酵结束后，延迟分离酒渣可以保留较多的二氧化碳，有利于苹乳发酵，但如果出现浸提过度或葡萄原料带病还是及早分离。

另外，需要特别说明的是，柠檬酸会强烈降低乳酸菌对果糖的分解，促进对葡萄糖的代谢并生成乙酸和酒精等产物，乙酸的大量生成会严重影响葡萄酒的口感，这也是计划进行苹乳发酵的葡萄酒，在进行调酸时不使用柠檬酸的原因。

5. 苹乳发酵的优缺点

（1）优点　对于含酸量偏高的葡萄酒，通过苹乳发酵可以显著降低葡萄酒中苹果酸的含量，从而降低葡萄酒的总酸度，苹果酸含量每降低 1~3g/L，pH 上升

0.1~0.3。其次，苹乳发酵可以降低总酚含量，加大单宁聚合程度和增加单宁胶体，降低葡萄酒的生涩味，使葡萄酒口感变柔和。另外，苹乳发酵可以使植物性草本味减少，产生的果香味萜烯化合物如双乙酰等，会产生奶油、坚果等香味，增加葡萄酒的香气复杂性。关于苹果酸的减少会导致细菌稳定性的增加，目前还没有定论。

（2）缺点　乳酸菌不像酵母，如果控制不好，会产生许多问题。比如，温度过高导致代谢产生大量的乙酸，会影响葡萄酒的口感，以及乳酸菌对其他代谢底物的利用，导致如酒石酸发酵病（泛浑病）、甘油发酵病（苦败病）、乳酸性酸败病、油脂病等多种病害，直接降低葡萄酒的质量，这就要求严格控制好发酵条件，选用优良菌种，确保乳酸菌以苹果酸为底物，当苹果酸含量下降到 0.2g/L 时，要及时添加二氧化硫，使二氧化硫总量超过 60mg/L，从而停止发酵。

还有就是 pH 的升高，以及乳酸菌对 α-酮戊二酸、丙酮酸等与二氧化硫结合物质的代谢，会释放出游离的二氧化硫，这些二氧化硫与花色素苷结合，可以导致葡萄酒色度最高下降 30%，使葡萄酒的颜色发生改变，变得老熟。

第二节　葡萄酒酿造生产的原料及辅料

一、葡萄酒酿造生产对葡萄果实质量的要求

葡萄酒的品质完全取决于葡萄果实的质量，"七分原料，三分工艺""好葡萄酒首先是种出来，然后才是酿出来""好葡萄不一定酿出好葡萄酒，烂葡萄一定酿不出好葡萄酒"，这些葡萄酒酿造行业流行语一再强调葡萄果实质量对于葡萄酒酿造生产的重要性。关于葡萄果实质量的要求主要有以下几个方面。

1. 健康状况

用于酿制葡萄酒的果实，应果梗鲜绿、颗粒饱满、果粉完整、有光泽、无明显病虫危害和烂果。

对葡萄果实质量会造成严重影响的病害主要有白腐病、炭疽病、灰霉病和酸腐病等，当葡萄果实发生上述病害后，首先，会严重降低果实的含糖量、影响色素和芳香物质的积累；其次，造成的果皮破损和内含物外泄，会导致大量有害的真菌和细菌（醋酸菌、乳酸菌、霉菌）寄生其上，果实内的营养物质被消耗、已积累的色

素和芳香物质被破坏；最后，有害菌的寄生会产生大量有害的代谢物质如漆酶、多酚氧化酶，严重影响果实品质，增加葡萄酒酿造的难度，降低葡萄酒的质量和品质，甚至导致酿造失败。

常见的虫害有介壳虫、椿象等，除了吸食葡萄营养物质，造成伤口，引起病菌侵染外，害虫本身还会分泌出有害物质和难闻的气味，严重影响葡萄酒的品质。

2. 糖度

糖是酿制葡萄酒的基础，不仅乙醇来源于糖的发酵，葡萄果实的色素、芳香物质的积累也建立在糖累积的基础上，因此果实糖度是判定葡萄果实质量的一个基础指标。葡萄果实中的糖主要是葡萄糖、果糖和少量蔗糖。一般葡萄果实转色后，含糖量会快速增加，一个月以后趋于稳定，但在环境条件适宜的情况下，随着果实挂树时间的延长，含糖量还会缓慢增加。

葡萄发酵时，通常每17.0~18.0g/L糖可以发酵产生1%vol酒精，干红葡萄酒的酒精含量一般为10%vol~15%vol，干白葡萄酒的酒精含量7%vol~14%vol，但公认的好葡萄酒（干红或干白）的酒精含量一般在12.5%vol以上。因此酿造入门级葡萄酒的葡萄果实含糖量应达到170g/L以上，酿造高品质葡萄酒的葡萄果实含糖量应达到220 g/L以上，如果酿制的是干红或干白葡萄酒，葡萄果实的含糖量最好也不要超过250g/L；如果酿制餐后甜酒，葡萄果实的含糖量应达到260g/L以上；如果是酿制冰酒，葡萄果实的含糖量应达到340g/L以上。

3. 酸度

葡萄酒中的酸可以增加葡萄酒的口感，有利于葡萄酒的陈酿贮藏，所以，近年来随着陈酿型葡萄酒的流行，对葡萄果实含酸量的要求不断提高。葡萄果实中的酸主要是酒石酸，其次是苹果酸和少量柠檬酸。葡萄果实的含酸量通常为3~9g/L，酿制常规葡萄酒对葡萄果实含酸量的要求一般在4~9g/L，酿制优质葡萄酒对葡萄果实含酸量的要求在6.0~8.0 g/L，其中酿制干红葡萄酒对果实含酸量的要求在7.0~8.0g/L，酿制干白葡萄酒对果实含酸量的要求在6.5~8.0g/L。

同样作为衡量酸碱度的pH，葡萄果实的pH一般在3.0~4.2，酿制优质葡萄酒要求果实的pH在3.1~3.4，其中酿制白葡萄酒要求果实的pH不超过3.3，酿制红葡萄酒要求果实的pH不超过3.5。

对于酸度不够的果实，可以在酿造环节进行添酸处理。原因是低pH可以显著限制乳酸菌、醋酸菌等杂菌的活性，当pH大于或等于3.2时，乳酸菌开始变得活跃；当 pH 大于或等于 3.4 时，醋酸菌开始变得活跃。另外，葡萄汁的低 pH 不仅抑制杂菌的繁殖生长，还会减少二氧化硫的使用量。

4. 糖酸比

糖酸比是判断葡萄质量的另一个基本指标。酿制入门级葡萄酒的糖酸比应达到 25∶1 以上，酿制优质葡萄酒的糖酸比应达到 32∶1 以上。但不同类型的葡萄品种会有适当的差异，比如"中糖高酸"类型的葡萄品种如赤霞珠，糖酸比会偏低一些，"高糖低酸"的黑比诺则要求达到 35∶1 以上。实际操作中还可以用固酸比（可溶性固形物：可滴定酸）来判定果实质量，在确保含糖量达标的基础上，当固酸比在 3∶1 左右时较佳。

现实中理想的糖酸比（固酸比），需要良好的栽培技术和适宜的天气相配合才能做到，在大多数情况下天气和土壤的因素占的比例更大，因此好葡萄酒是种植出来的，更是在园址选择时选出来的。

5. 单宁含量

单宁是影响葡萄酒口感的重要物质，尤其是干红葡萄酒，直接影响葡萄酒的成熟和陈酿潜力。葡萄果实中的单宁主要存在于葡萄果皮、果梗和种子中，果肉中的含量很少。随着葡萄果实的成熟，种子中的单宁逐渐减少，果皮中的单宁含量逐渐增加，当果皮中的单宁含量达到最大，种子中的单宁含量较低，这就是葡萄果实最佳的单宁成熟度。

6. 花色苷含量（色素）

葡萄酒中的红色主要来源于果实中的花色苷。花色苷主要有 5 种，花青素、飞燕草素、3'-甲花翠素、甲基花青素、二甲花翠素。酸性条件下，花青素和甲基花青素呈红色，飞燕草素呈蓝色，3'-甲花翠素呈紫色，二甲花翠素呈紫红色。葡萄果实的色素主要存在于果皮和少量近果皮的果肉中。随着果实成熟，含糖量增加，果实中色素的含量也逐渐增加，色素的积累以含糖量为基础，只有其达到一定阈值，色素的积累才会开始。色素的积累与光照和昼夜温差也有极大的关系，如果转色期遇到连续阴雨导致上色障碍，即使后期条件改善也很难达到正常年份的水平。

二、葡萄酒酿造生产需要的辅料

葡萄酒酿造中辅料对葡萄酒的发酵进程、葡萄酒风味及葡萄酒感官质量等方面起着非常重要的作用,选择与葡萄品种特性、果实质量相适应的辅料对提高或保证葡萄酒质量非常关键。目前国内市场上常见的葡萄酒辅料大多来自法国 Laffort 公司、法国拉曼集团(Lallemand Inc)、法国诺盟公司、意大利 AEB 酿酒集团和意大利英纳蒂斯公司,以及安琪酵母股份有限公司等。在葡萄酒酿造中用到的酿酒辅料主要有酵母、乳酸菌、二氧化硫、果胶酶、营养助剂、澄清剂和稳定剂,以及用于调整葡萄汁或葡萄酒酸度、浊度和品质的辅料等。

1. 酵母

葡萄酒酵母经过上百年的发展,已成为一个庞大的家族,已有针对不同的葡萄品种,甚至同一品种不同果实质量的专用酵母。因此必须在明确葡萄果实质量的前提下,根据酿造的预期目标,综合考虑葡萄汁的糖度、色度、单宁、酸度、氮素等因素,选择酵母的种类,确定酵母的用量。酵母的用量也不是越多越好,而是酵母的活力越高越好。考虑到果实自身酵母和添加酵母之间的竞争,推荐酵母的用量不得低于 200g/t(干酵母,图 6-1)。以下为一些酵母菌剂的介绍,可根据生产需要进行选择使用,仅供参考。

图 6-1　商品剂型的干酵母

(1)酿造白葡萄酒的酵母

1)品种适用范围广的酵母。Lalvin DV10™,法国拉曼集团产品。顶级香槟或起泡酒一次和二次发酵专业酵母,应用广泛,对氮源和氧气要求较低。因其具有在较低 pH、较高二氧化硫、高酒精度(17%vol)和在低温等恶劣条件下完成发酵的优异能力而闻名于世。该菌种也常用于静止白葡萄酒或红葡萄酒的发酵、各种困难酒况的发酵、重启停滞发酵,以及其他水果酒和起泡酒的发酵酿造。

Fermol Arome Plus,意大利 AEB 酿酒集团产品。该酵母产生葡萄糖苷酶,释放香气,适合芳香葡萄品种酿造。该酵母生长滞后期很短,有较高的营养需求,不建议用于酿造高酒精度葡萄酒,适用于果实质量不是非常完美的葡萄原料,对苹果酸消耗明显。

2)用于果实质量偏差,有腐烂现象的酵母。Lalvin EC 1118™,法国拉曼集团产品。在低温条件下,该酵母也能非常彻底地完成发酵,絮凝性能好且酒泥密实。营养缺乏时,会产生大量二氧化硫,进而抑制苹乳发酵的进行。它既可酿造高品质白葡萄酒,又是香槟或起泡酒二次发酵的优秀菌种之一。此外,该菌种也常用于酿造其他各种高品质的白色水果酒和起泡酒，以及发酵白兰地基酒，困难酒况下发酵和重启停滞发酵。

3）用于突出品种特性和香气的酵母。Fermol Chardonnay，意大利AEB酿酒集团产品。适于低温发酵，发酵完成后，迅速自溶，释放多糖到酒中，苹果酸消耗明显，低泡沫，低乙醛。

Fermol Sauvignon，意大利AEB酿酒集团产品，适合成熟度好，富含香气的葡萄品种，耐低温，氮源要求低，所酿葡萄酒香气复杂、浓郁，低泡沫，低乙醛。

4）用于霞多丽橡木桶中发酵的酵母。Zymaflore VL2，法国Laffort公司产品，所酿葡萄酒会产生复杂多变的芳香气味和圆润的口感，产生的乙烯苯酚量非常少，挥发酸含量低。

Enoferm ICV D47™，法国拉曼集团产品，是一款会强化果香、花香和酒香，并显著提高口感饱满度的酵母产品。在大多数白葡萄酒酿制中，该酵母会表现出成熟稳定的果香或果酱香及核果风味，因此发酵的酒也常作为增加酒品复杂性的勾兑酒源。该酵母启酵迟滞期短，发酵迅速平稳，温度耐受范围广（10～35℃），酒泥沉淀良好，有利于进行苹乳发酵，也非常适合高品质桃红葡萄酒的酿造。

5）用于果实质量高，酿制顶级耐久存干白葡萄酒的酵母。Zymaflore VL3，法国Laffort公司产品。该菌种可以优化各种白葡萄酒的芳香潜力，酿制的葡萄酒香味浓郁。

Lalvin CY3079®，法国拉曼集团产品。该酵母为中性菌株，泡沫少，酒泥沉淀良好。启酵停滞期短且发酵平稳均衡，即便在低温条件（13℃）下也表现极佳。该酵母自溶较早，发酵结束较缓，从而显著增进了酒体圆润度。在营养充分的条件下，该酵母酒精耐受度可达15%vol，挥发酸和硫化氢少。发酵结束时常释放缩氨酸，常被推荐用于橡木桶发酵霞多丽，并带好的酒泥陈酿，同时适用于贵人香、雷司令等品种。

6）用于酿制清爽易饮型葡萄酒的酵母。Zymaflore X16，法国Laffort公司产品，适于各种白葡萄酒酿制，芳香产生能力强，可以耐高酒精度、低温和低浊度，产生乙烯苯酚的量极少，所酿的葡萄酒芳香丰富细致。

Lalvin 71B®，法国拉曼集团产品。该菌种可生成相对稳定的酯类和高级醇，可代谢部分苹果酸，具有对高酸葡萄醪降酸和口感柔化等特殊功能，与苹乳发酵乳酸菌的兼容性极佳。

7）用于酿造甜型白葡萄酒的酵母。Zymaflore ST，法国Laffort公司产品，耐高糖，对二氧化硫敏感，容易停止发酵。

8）用于发酵重启的酵母。Actiflore BO213，法国 Laffort 公司产品，适用于各种白葡萄酒酿制，适用于低温发酵，具有耐高酒精度的良好特性，可用于困难酒况发酵或停止发酵的再次启动操作。

Uvaferm 43，法国拉曼集团产品，重启停滞发酵的专业酵母，适用于高糖葡萄汁发酵。该酵母属于贝酵母。上述的 Lalvin DV10^{TM} 酵母也可用于发酵重启。

（2）酿造红葡萄酒的酵母

1）品种适用范围广的酵母。Actiflore F33，法国 Laffort 公司产品。该菌种具有强大的发酵能力，发酵过程中产生大量的水解多糖，挥发性酸少，发酵的葡萄酒色泽深厚，酒体丰满和谐，品种典型性强。

Zymaflore F15，法国 Laffort 公司产品，适应性强，发酵速度均匀、快速，发酵温度范围广，耐高酒精度。该菌种所发酵的葡萄酒口感丰满完整、平衡，能保持葡萄本身特点。

Zymaflore FX10，法国 Laffort 公司产品，耐低固醇、耐高酒精度和高发酵温度，与乳酸菌的兼容性好。该菌种所酿的葡萄酒结构充实，口感饱满，色泽艳丽。

2）用于酿造酒体结构强劲的陈酿型葡萄酒的酵母。Fermol Mediteranee，意大利 AEB 酿酒集团产品。该酵母苹果酸消耗少，苹乳发酵易进行。

Fermol Premier Cru，意大利 AEB 酿酒集团产品。该酵母适用酿制结构感强、需陈酿的葡萄酒，多糖产量高，能够积极萃取颜色及单宁。该酵母可充分体现葡萄品种特色，但不适合低温发酵，需要充足的氮源。苹乳发酵易启动。

3）用于果实质量一般、酿造鲜饮型干红葡萄酒的酵母。Fermol Rouge，意大利 AEB 酿酒集团产品。该酵母营养需求低，在葡萄汁中可迅速地占有生长优势，耐高酒精度、耐高温。赋予葡萄酒干净、浓郁、易辨识的品种香气。

Actiflore Cervicia（AC 酵母），法国 Laffort 公司产品，适用品种范围广，能快速启动发酵，能保持葡萄品种原有的芳香特征，口感清爽和谐。该酵母可用于葡萄健康存在问题的葡萄酒酿制。

Actiflore F5，法国 Laffort 公司产品，适用品种范围广，具有快速启动和完成酒精发酵的能力，可增强葡萄酒体的结构感。该酵母酿制的葡萄酒具有胡椒的芳香，酒体和谐。

4）用于酿造新鲜果香型或"博若莱"型新酒，具有降酸功能的酵母。Lalvin 71B$^®$，法国拉曼集团产品。该酵母非常适用于酿造平和润美、新鲜果香或"水果沙拉"型红、桃红和半甜型红葡萄酒，或"博若莱"型新酒，可赋予葡萄酒热带水果的特征。该酵母可代谢部分苹果酸，具有对高酸葡萄醪降酸和口感柔化等特殊功能。该菌种还适宜高糖度葡萄汁和发酵停滞的重新启动。

5）用于果实质量一般或发酵重启的酵母。Fermol Rouge Bayanus，意大利 AEB 酿酒集团产品，能够在恶劣的环境条件下完成发酵，对酒精、二氧化碳和脂肪酸等环境变量不敏感，对氮源需求不高，能赋予葡萄酒芳香气味。

Actiflore BO213，法国 Laffort 公司产品，除了适用于重新启动发酵工艺外，也适用于甜酒和冰酒的发酵工艺。该酵母耐低温（10~12℃），耐高酒精度（18%vol），与乳酸菌兼容性好。

6）用于高糖度葡萄汁，酿制陈酿型葡萄酒的酵母。Lalvin BRL97™，法国拉曼集团产品。该酵母能快速启动发酵，酒精耐受度高，与乳酸菌的兼容性良好。也可用于酿制白葡萄酒和桃红葡萄酒。

（3）酿造其他酒种的酵母

1）酿造冰酒、甜葡萄酒的酵母。Fermol Blanc，意大利 AEB 酿酒集团产品，耐低温，对氮源要求低，不同环境下其发酵连续平稳。该酵母酿制的葡萄酒酒质细腻优雅。

2）酿造桃红葡萄酒的酵母。Zymaflore X5，法国 Laffort 公司产品，具有良好的发酵特性，表现品种香气。

Cross Evolution®，法国拉曼集团产品，是一款发酵能力非常强的酵母菌株，是酿造果香型白葡萄酒和桃红葡萄酒的理想酵母菌株，发酵温度低，需氮水平低，潜在酒精度高。

Actiflore Rose，法国 Laffort 公司产品；酿制桃红葡萄酒的专业酵母。该酵母易于接种，发酵能力强。

3）酿造起泡酒的酵母。Zymaflore Spark，法国 Laffort 公司产品，酿制专业起泡酒和发酵恶劣环境下的葡萄酒酵母。

（4）非酿酒型酵母 Zymaflore Alpha，法国 Laffort 公司产品，适用于红葡萄酒发酵前的浸皮阶段，也可用于白葡萄酒和桃红葡萄酒。该酵母用于提高葡萄酒的芳香复杂度，抑制野生酵母生长，还用于冷浸渍预发酵工艺，控制微生物环境。

2. 乳酸菌

乳酸菌用于红葡萄酒和某些高酸白葡萄酒的苹乳发酵，将葡萄酒中不稳定、口感尖锐的苹果酸转化成柔顺稳定的乳酸，在一定程度上改善葡萄酒的口感，增加葡萄酒的复杂性。乳酸菌菌种的选择应当与葡萄酒的风格相匹配，以下介绍一些常见的乳酸菌，可根据生产需要进行选择使用。

1）用于快速活化，进行苹乳发酵的乳酸菌。Lactoenos® 450 Preac，法国 Laffort 公司产品，使用简单，和人工筛选的酵母菌株兼容性非常强。最佳发酵温度大于15℃，耐受最高酒精度为15%vol、最低 pH 为 3.2，总二氧化硫适用范围小于40mg/L。

2）用于环境恶劣，发酵中止的乳酸菌。Microenos® B16 standard，法国 Laffort 公司产品。高活性乳酸菌，非常适用于在困难条件下启动或再次启动发酵。该菌剂最佳发酵温度大于15℃，耐受最高酒精度为 18%vol、最低 pH 为 2.9，总二氧化硫适用范围小于 40mg/L。

3）用于白葡萄酒的乳酸菌。Lactoenos® 350 Preac，法国 Laffort 公司产品，具有抵抗困难发酵环境的能力。该菌剂最佳发酵温度大于15℃，耐受最高酒精度为16%vol、最低 pH 为 2.9，总二氧化硫适用范围小于 80mg/L。

4）用于直接接种或混合接种的乳酸菌。OMEGA，法国拉曼集团产品，耐受最高酒精度为 16%vol、最低 pH 为 3.1，总二氧化硫适用范围小于 60mg/L。该菌剂营养要求低，同时接种适宜性好，启动发酵迟滞期短，在大多数情况下，能够有效保证苹乳发酵的健康、完整和彻底性。

Lalvin 31（MBR），法国拉曼集团产品。该菌剂最佳发酵温度大于13℃，耐受最高酒精度为 14%vol、最低 pH 为 3.1，总二氧化硫适用范围小于 45mg/L。其低温适应性可协助酿酒师获得色度更高和更为稳定的红葡萄酒，同时具有优雅的单宁结构感；此外，生物胺产生量低，增进果香表达和红葡萄酒的多酚稳定。

Microenos B16，法国 Laffort 公司产品非常适用于在困难条件下启动或再次启动苹乳发酵。pH 适应范围大于 2.9，酒精耐受度低于 18%vol，总二氧化硫适用范围小于 40 mg/L，苹乳发酵温度大于15℃。

Lactoenos® SB3 Direct，法国 Laffort 公司产品。该菌剂直接添加进行苹乳发酵，可用于混合接种工艺。最低 pH 为 3.3，总二氧化硫适用范围小于 40mg/L。

3. 二氧化硫

二氧化硫是葡萄酒生产中最为重要的辅料之一，二氧化硫的使用是葡萄酒酿造中一项不可或缺的基本技术，在抑制杂菌、抗氧化、护色、澄清及葡萄酒感官质量等方面起着重要作用。生产上常用的二氧化硫制剂见表 6-1。

表 6-1　二氧化硫的常见形式及使用方法

名称	二氧化硫含量	应用工序	使用方法
偏重亚硫酸钾	含量为 57%，使用按 50% 计	前处理、容器杀菌、二氧化硫调整	用 10 倍的软化水溶解，立即加入
液体二氧化硫	100%	二氧化硫调整	用二氧化硫添加器直接加入
调硫片	含量为 35%	前处理、二氧化硫调整、容器杀菌	直接加入，或用 20 倍水溶解后加入
硫黄片		容器杀菌	点燃熏蒸

（1）偏重亚硫酸钾（焦亚硫酸钾、偏亚硫酸氢钾）　偏重亚硫酸钾的二氧化硫理论释放值为 57%，但在实际操作中，加入葡萄汁或葡萄酒中所释放的二氧化硫的量只有 50%。向 1L 葡萄汁或葡萄酒中加入 100mg 偏重亚硫酸钾，可以获得含量为 50mg/L 的总二氧化硫；1000L 葡萄汁或葡萄酒加入 1L 的 10% 偏重亚硫酸钾水溶液，可以获得含量为 50mg/L 的总二氧化硫。

（2）液体二氧化硫　常温下二氧化硫是气体，所以液体二氧化硫贮藏在高压钢瓶内，添加时使用差压类流量计（孔板流量计、平衡流量计）来测量，1mL 液体二氧化硫重 1.43g，向 100L 葡萄醪中加入 1mL 液体二氧化硫得到相当于 14.3mg/L 的总二氧化硫含量。

欧盟规定，红葡萄酒的二氧化硫最高含量为 160mg/L，白葡萄酒的二氧化硫最高含量为 210mg/L。国家标准 GB/T 15307—2006《葡萄酒》对葡萄酒中的二氧化硫含量没有具体要求，但 GB 2758—2012《食品安全国家标准　发酵酒及其配制酒》和 GB 2760—2014《食品安全国家标准　食品添加剂使用标准》要求：总二氧化硫小于 250mg/L，游离二氧化硫没有规定。

（3）酿制干红和干白葡萄酒时二氧化硫的用量

1）干白葡萄酒。酿制干白葡萄酒时，葡萄果实前处理阶段二氧化硫用量为：质量状况好的葡萄，每升葡萄醪添加 60~80mg 的二氧化硫；病害轻微侵染的葡萄，每升葡萄醪添加 80~120mg 的二氧化硫。葡萄酒陈酿和后处理阶段为每升葡萄酒含有 30~45mg 的游离二氧化硫。

2）干红葡萄酒。酿制干红葡萄酒时，葡萄果实前处理阶段二氧化硫用量为：质量状况好的葡萄，每升葡萄醪添加 40~60mg 的二氧化硫；病害轻微侵染的葡萄，每升葡萄醪添加 60~70mg 的二氧化硫。葡萄酒陈酿和后处理阶段为每升葡萄酒含有 20~45mg 的游离二氧化硫。

4. 果胶酶

果胶酶主要起到葡萄汁或葡萄酒的澄清、有益物质的浸提作用。在葡萄果实中，果胶存在于细胞之间和细胞壁中，与纤维素、半纤维素及木质素一起作为植物细胞的结构成分，成熟葡萄中果胶的总量在 0.02%~0.5%。葡萄果实压榨后，葡萄汁看起来比较混浊，并有不少果肉颗粒悬浮其中，这就是果胶作用的结果。葡萄果实中含有天然的果胶裂解酶，但数量偏少，作用有限。加入商品果胶酶（含有少量的纤维素酶）对葡萄汁中的果胶、植物纤维、葡聚糖及高聚合脂类进行分解，降低葡萄汁的黏稠度，使葡萄汁中的固体不溶物的沉淀速度加快，有利于快速获取和澄清葡萄汁，增加出汁率。酒精发酵前或酒精发酵过程中添加浸提果胶酶能够促进果汁中的果胶和纤维素分解，使葡萄本身含有的色素、单宁及芳香物质容易被提取。在陈酿过程中，加入特殊的果胶酶制剂，加快葡萄酒自然澄清的同时对酵母细胞进行破坏，加快酵母在酒中的自溶，以及葡萄酒与酵母一起陈酿的速度。以下为一些果胶酶制剂的介绍，可根据生产需要进行选择使用，仅供参考。

（1）澄清果胶酶

1）常规葡萄汁澄清的果胶酶。Lafase 60，法国 Laffort 公司产品。适用于各种压榨葡萄汁的快速澄清，快速降低果汁黏稠度。但不管是自流汁还是压榨汁，都应尽早使用。

Lallzyme HC^{TM}，法国拉曼集团产品，适用于正常白葡萄汁或桃红葡萄汁或压榨酒的快速澄清和沉淀，提高出汁率和促进香气释放，也可用于热浸渍酿造工艺。

2）用于果实品质一般的葡萄汁澄清和红葡萄酒浸渍，酿制新鲜葡萄酒的果胶酶。Optizym，法国 Laffort 公司产品。该产品属于经济型产品，能够快速作用于果皮，在短时间内浸提果皮中的花色苷和单宁，适用于发酵时间短的新鲜红葡萄酒的酿造。

3）用于快速澄清葡萄汁，提高出汁率的果胶酶。Endozym Active，意大利 AEB 酿酒集团产品。该产品可以快速分裂果胶，迅速澄清，可获得更多的自流汁，酒脚致密。但低温会降低其酶活性，应在果汁冷稳定前尽早加入。

4）用于酿制白葡萄酒和桃红葡萄酒的果汁澄清，改善酵母生存环境的果胶酶。Lafazym CL，法国 Laffort 公司产品。澄清阶段能够较好地分解葡萄中的果胶，使酒泥聚集更容易，在澄清罐中或压榨汁出汁时添加，也可用于澄清白葡萄酒，使香气纯净。

Lafazym$^®$ 600XLICE，法国 Laffort 公司产品。用于酿制优质白葡萄酒或桃红葡萄酒的葡萄汁澄清。在 pH 为 2.9~4.0 和较低温（5℃）的状态下也能快速分解果胶物质，是澄清葡萄果汁的专业高效液态果胶酶产品。

5）用于酿制白葡萄酒的葡萄汁澄清，增加芳香物质的果胶酶。Lallzyme BETA™，法国拉曼集团产品，适用于富含高键合萜类化合物香型的白葡萄汁的处理，如琼瑶浆、玫瑰香、长相思等。该果胶酶可剪裂和释放香气前体物质并强化香型葡萄酒的品种特征。

6）用于葡萄酒后期的澄清和口感改善的果胶酶。Endozym Glucapec，意大利AEB酿酒集团产品，可处理富含大分子聚合物、葡聚糖和果胶的葡萄酒，改良酒泥，提升酒体圆润度。该果胶酶用于处理患有灰霉病的葡萄汁或葡萄酒或过熟葡萄酿成的葡萄酒，提高过滤效率，减少过滤次数。

（2）浸提果胶酶

1）用于酿制红葡萄酒的葡萄汁短时间浸渍，增强果香的果胶酶。Lafase Fruit，法国Laffort公司产品，适用于酿造果香浓郁、颜色丰富和口感圆润的红葡萄酒，拥有高效的二次水解酶，能够萃取优质的多酚物质和芳香物质，提高自流汁量，改善澄清度，可用于无冷浸渍预发酵工艺。

2）用于酿制白葡萄酒、桃红葡萄酒的葡萄汁带皮浸渍，提取果皮香气物质的果胶酶。Lafazym Extract，法国Laffort公司产品，增加葡萄皮中潜在香气物质的提取，增加酒中的芳香物质含量，减少葡萄带皮浸渍时间，加速葡萄汁的澄清。

3）用于冷浸渍的红葡萄汁，萃取色素及果香的果胶酶。Endozym Rouge，意大利AEB酿酒集团产品，用于冷浸渍的红葡萄汁，获得优质单宁和更深的颜色，减少循环次数，提高自流汁出汁率。建议在发酵开始，温度高于18℃时加入，循环匀质。

4）用于酿制红葡萄酒的葡萄汁浸渍，提高酚类和色素浸提效果的果胶酶。Endozym Contact，意大利AEB酿酒集团产品，能够充分提取葡萄皮中的单宁和花色苷，有助于颜色的稳定，减少浸渍时间，降低循环次数，降低浸渍过度导致苦味单宁增多的风险。

5）用于高质量红葡萄酒浸渍，使酒体丰满、单宁优雅、香气纯净的果胶酶。Lafase HE Grand Cru，法国Laffort公司产品，具有很强的葡萄皮分解作用，能有效浸提葡萄皮中的色素和单宁，使葡萄酒增加陈酿潜力，适用于陈酿型红葡萄酒的酿造。

Lallzyme EX-V，法国拉曼集团产品。该果胶酶高效促进红葡萄皮中多酚物质的释出和及时稳固，对香气的释放具有显著作用，可较好地体现葡萄品种的特性，提高葡萄酒的整体感官品质和陈酿潜质。

（3）陈酿果胶酶

1）用于与酒泥一起陈酿的葡萄酒果胶酶。Extralyse，法国 Laffort 公司产品，该果胶酶适用于与酒泥一起陈酿的各种葡萄酒。分解可溶性果胶和葡聚糖，加速酵母自溶，改善下胶澄清和过滤效果。

2）用于灰霉病侵染的葡萄酿制而成的葡萄酒，在装瓶前澄清的果胶酶。Filtrozym，法国 Laffort 公司产品，其可以分解一些来自酵母或真菌中的大分子，从而增大葡萄酒的澄清度和改善葡萄酒的过滤效果。意大利 AEB 酿酒集团的 Endozym Glucape 也具有类似作用。

使用果胶酶时应避免和二氧化硫同时加入，以免影响效果。

5. 营养助剂

营养助剂就是为酵母和乳酸菌生长提供营养物质的产品，确保发酵过程稳定可控。

（1）**酵母营养助剂** 酵母的生长不仅需要糖，还需要有氮、维生素 B 族等营养物质，有时由于病害侵染或成熟度等原因会导致酵母生长所需营养物质的缺乏，从而导致酒精发酵出现障碍，为了预防问题出现，可以添加酵母营养助剂来补充酵母所需的营养物质。

1）无机态氮为主的营养助剂。具有酵母吸收利用快，发酵速度快的优点，但也具有发酵周期长，发酵结束慢的缺点，以及使用不当导致的酵母间恶性竞争等问题。常用的是以磷酸氢二铵（DAP）为代表的磷酸铵盐，一般在 1/3 发酵阶段加入。

Thiazote 为法国 Laffort 公司产品，该助剂是磷酸铵盐和维生素 B_1 的混合产品，给酵母提供营养，使发酵更好地完成。

2）有机氮为主的营养助剂。有机态氮多与维生素一起做成复合剂型。有机氮具有酵母吸收利用慢，发酵启动慢的缺点，但发酵结束比较迅速，市场上常见的产品有以下几种。

Fermoplus Energy Glu HT-T^O（活化粉），意大利 AEB 酿酒集团产品，是富含谷胱甘肽的酵母活化营养剂，直接与酵母同时加入水中溶解活化，可以加快酵母的繁殖速度，促进接种酵母菌种占有生长主导地位。

Go ferm Protect^{TM}（活化粉），法国拉曼集团产品，其酵母可同化氮（YAN）含量为 8~10mg/L，不含无机氮，含少量氨基酸，富含甾醇、中等含量的矿物质和维生素，酵母复水活化时加入，促进酵母活化和繁殖。

Fermaid O，法国拉曼集团产品，其酵母可同化氮（YAN）含量为 12 mg/L，完全有机发酵，不含无机氮，富含氨基酸、少量的甾醇、矿物质和维生素，在酒精发酵开始时和 1/3 发酵阶段加入，对葡萄酒的感官品质有重要影响。

3）复合氮源为主的营养助剂。Fermaid E^{TM}，法国拉曼集团产品，其酵母可同化氮（YAN）含量为 63mg/L，其中无机氮含量显著高于有机氮，富含维生素、少量的氨基酸和甾醇、中等含量的矿物质，在酒精发酵开始时和 1/3 发酵阶段加入，对葡萄酒的感官品质有重要影响。

Enovit，意大利 AEB 酿酒集团产品，其酵母可同化氮（YAN）含量为 21% 左右，含有铵盐（DAP）和硫铵，溶解到葡萄汁或葡萄酒中可刺激芳香挥发物质的产生，减少产生还原味的风险。

Nutristart，法国 Laffort 公司产品，含有铵盐（DAP）和硫铵，在酒精发酵前和 1/3 发酵阶段加入，可以促进酵母繁殖，使酒精发酵规范和完整，预防产生硫化氢和挥发性酸等有害物质。

（2）**乳酸菌营养助剂** Opti'Malo Plus，法国拉曼集团产品。该助剂可用于保障困难酒况下苹乳发酵的顺利进行，在接种乳酸菌前，先将该营养助剂加入葡萄酒中。

Malostart，法国 Laffort 公司产品。该助剂为乳酸菌的顺利发酵提供营养，保证苹乳发酵顺利进行。

6. 澄清剂和稳定剂

主要用于葡萄汁或葡萄酒的澄清与稳定，可以根据工艺需要选择添加。

（1）**膨润土** 膨润土又称皂土，为白色、乳白色或浅黄色粉末或颗粒。它能够吸附蛋白质和少量色素，因此，可用于葡萄酒的稳定和澄清处理。膨润土具有高吸附性，会明显降低风味物质的含量。另外，膨润土含有铁元素，过量使用可能会引起葡萄汁或葡萄酒的铁混浊。

Bentogran（精皂土），意大利 AEB 酿酒集团产品，用于澄清葡萄酒，分散性好，有很强的吸附性和去蛋白质性，用量少，形成的沉淀紧实细密，体积小，对色素的吸附能力低，香气损失小。

Majorbenton B（原皂土），意大利 AEB 酿酒集团产品，含有硅胶，能够去除葡萄汁中的霉味，吸附多酚氧化酶，有很强的吸附性和去蛋白质性能，可以吸附二价铜离子防止葡萄酒混浊，固定不溶性的胶体物质，防止色素沉淀。

（2）**明胶** 明胶是动物的皮、结缔组织和骨头中的胶原通过部分水解获得的产品。明胶为微浅黄色至黄色、半透明、微带光泽的粉粒或薄片；无臭、无味，浸在水中时会膨胀变软，能吸收其自身重量 5~10 倍的水。明胶可以吸附葡萄酒中的单宁、色素，因此，主要用于减少红葡萄酒中涩味单宁的含量，降低葡萄酒的粗糙感，也可用于葡萄酒脱色。具体使用前，应先做下胶试验，确定明胶的质量和用量，明胶属于蛋白质，如果在葡萄酒中加入过量会导致蛋白质混浊，操作时可以和其他下胶剂如膨润土、硅藻土一起使用。

Gecoll，法国 Laffort 公司产品，冷溶性明胶粉末，适用于大多数类型的葡萄酒和葡萄汁。

Gecoll supra，法国 Laffort 公司产品，液体明胶，用于去除苦涩单宁，酿制高品质红葡萄酒、桃红葡萄酒、干白葡萄酒和甜酒原料葡萄汁的柔化。

（3）酪蛋白　酪蛋白基本不溶于水，但溶于碱，不会由于加热而沉淀，但在酸性溶液中会发生沉淀，因此广泛用于白葡萄酒的澄清处理，达到去除苦味、异味，软化口感，增亮酒色的目的。酪蛋白是唯一一种能够高剂量使用，不会导致下胶过度产生蛋白质混浊的蛋白质。葡萄酒生产上常用的是酸酪蛋白和酪蛋白酸钠。

酸酪蛋白（酸凝干酪素、酸法干酪素），为以脱脂乳为原料，加酸后使酪蛋白凝固，排出乳清后脱水干燥制成的白色或微黄色粉末。它不溶于水、酒精、乙醚，易溶于碱性溶液和碳酸盐水溶液。使用量为 50~300g/kL。

酪蛋白酸钠，也称酪朊酸钠、酪蛋白钠、酪酸钠或干酪素钠，是牛乳中主要蛋白质酪蛋白的钠盐，是一种安全无害的增稠剂和乳化剂，酪蛋白酸钠为白色至浅黄色颗粒状、粉状或片状固体，无臭、无味或略有特异香气和味道，易溶于碱性溶液，溶液加酸产生酪蛋白沉淀。

（4）硅溶胶　硅溶胶也称硅胶，用于防止蛋白质下胶剂造成的下胶过度，加速下胶剂的沉淀，常作为明胶的一种辅助剂。在白葡萄酒澄清中，硅溶胶可以替代单宁，得到澄清度高，沉淀紧实、稳定的葡萄酒，尤其是常规方法难以澄清带有大量灰霉病孢子的葡萄酒，使用硅溶胶作为明胶辅助剂可以避免明胶下胶过量的问题。

Toxical，法国 Laffort 公司产品，粉末状硅胶和活性炭的混合产品，适用于去除葡萄酒中的腐败和发霉等气味。

（5）阿拉伯胶　阿拉伯胶来源于豆科金合欢属植物的树干渗出物，广泛应用于食品工业之中，是安全无害的增稠剂。它能够防止葡萄酒中铜盐和轻微三价铁的破坏，以及葡萄酒中胶体和色素物质的沉淀，有助于稳定葡萄酒的风味，提高透明度，稳定红酒的色泽，缓和葡萄酒里面单宁的干涩口感。

Stabivin，法国 Laffort 公司产品，一种阿拉伯胶溶液，可用于保护红葡萄酒中不稳定色素物质，预防混浊沉淀。

Arabinol Multinstant，法国拉曼集团产品，阿拉伯胶粉末，可溶解于葡萄酒和水溶液，适用于结构感强的高档葡萄酒，可去除粗糙单宁。

Arabinol HC，法国拉曼集团产品，高浓度阿拉伯胶，可以提高葡萄酒圆润度，防止不稳定物质凝结。

（6）**偏酒石酸** 偏酒石酸是一种微黄色、轻质、多孔性的固体，无味，有吸湿性，难溶于水，水溶液呈酸性。其具有络合作用，可与酒石酸盐的钾或钙离子结合成可溶性络合物，使酒石酸盐处于溶解状态。受热过度易分解成酒石酸。偏酒石酸主要用于抑制酒石酸沉淀的形成。

Cremor Stop Extra 40，法国拉曼集团产品。在高温和酸性条件下，水解缓慢，与阿拉伯胶配合使用可延长更多保护时间。建议在加入其他澄清稳定剂后，封闭式循环加入，混匀，12~24h 后过滤。

（7）**活性炭** 活性炭具有极强的吸附作用，一般不用于葡萄酒的澄清和稳定，但当葡萄果实出现严重的灰霉病和炭疽病危害，为了去除霉味可以在澄清阶段添加活性炭。葡萄汁使用活性炭后在发酵阶段选用中性酵母或产生次果香的酵母。其也可以用于去除白葡萄酒过重的苦味，颜色变褐或变粉白葡萄酒的脱色。

（8）**安香粉** Antibrett，法国拉曼集团产品。该产品用于去除烟熏污染、霉味污染、酒香酵母污染。建议使用量不超过 400g/kL，使用 10 倍的软化水或葡萄酒溶解，开放式循环加入，混匀。加入时，游离二氧化硫含量不能低于 15mg/L，加入后注意检查蛋白质稳定性，至少等待 2 周再品尝评估。

（9）**植物蛋白** 完全从植物提取的蛋白质，用于红葡萄酒的下胶澄清，使用前需要做下胶试验来确定合适的用量。

Vegecoll，法国 Laffort 公司产品，来自土豆的植物蛋白，主要用于白葡萄汁或桃红葡萄汁，实现葡萄汁和葡萄酒的澄清。

7. 调整葡萄汁和葡萄酒酸度的辅料

酸度调节的目的是增加或降低葡萄汁或葡萄酒的可滴定酸度和 pH。适当的酸度，可以增加二氧化硫抗微生物和抗氧化的作用，促进发酵微生物的生长，抑制微生物破败；促进葡萄汁和葡萄酒的澄清，使葡萄酒保持新鲜的果香，协调平衡的口感。

酿制优质葡萄酒对葡萄汁或葡萄醪的酸度一般要求可滴定酸含量为 6.5~8.0g/L，pH 为 3.0~3.4，其中酿制红葡萄酒的葡萄醪的 pH 为 3.2~3.4，酿制白葡萄酒的葡萄醪或葡萄汁的 pH 为 3.1~3.3。但由于我国葡萄的天然酸度总体偏低，有时需要添加增酸剂才能达标,当然,少数产区或特殊年份导致成熟度不够也会出现高酸的问题,则需要通过添加降酸剂进行降酸。

优质葡萄酒的含酸量一般为 5.5~6.5 g/L,当含酸量低于 4g/L(硫酸计)和 pH 大于 3.6 时,需要增酸。含酸量大于 7.0 g/L 和 pH 小于 3.0,则可以适当地降酸。

以下为部分产品的介绍,可以根据工艺需要选择使用。

(1)**增酸剂**

1)酒石酸。国际葡萄与葡萄酒组织规定,葡萄汁只能用酒石酸进行增酸,其添加量最多不能超过 1.5g/L,我国的酒石酸添加量应符合 GB 2760—2014《食品安全国家标准 食品添加剂使用标准》最大量为 4.0g/L 的规定。酒石酸是葡萄中天然存在的成分,但通常加入的酒石酸是 L(+)酒石酸,加入酒石酸后会使 pH 降低,有时会出现酒石酸钾沉淀,这是正常现象。酒石酸最好在葡萄破碎阶段加入,但由于操作难度较大,一般在葡萄破碎后、酒精发酵前加入,且越早越好。通常每升葡萄酒添加 1~3g,葡萄酒的 pH 越高,添加酒石酸的效果越明显,但随着添加量增加,效果也逐渐降低,添加 1g 酒石酸,pH 下降 0.1~0.17,具体操作时必须先做试验。

2)柠檬酸。柠檬酸主要用于稳定葡萄酒,但容易被乳酸菌分解,产生挥发酸,因此计划进行苹乳发酵的葡萄酒或已经进行过苹乳发酵的葡萄酒应避免使用。柠檬酸的添加量最好不要超过 0.5g/L。

此外乳酸也经常用于调整原酒酸度。

(2)**降酸剂**

1)碳酸钙。碳酸钙是最有效、最便宜的降酸剂,主要通过与酒石酸形成不溶性的酒石酸氢盐,或与酒石酸氢盐形成中性钙盐,从而降低酸度,提高 pH。通常在葡萄破碎后加入,大约 1g/L 的碳酸钙可以沉淀 1.7g/L 的酒石酸。碳酸钙的添加量不要超过 1.5g/L。

2)碳酸氢钾。碳酸氢钾是作用相对温和的降酸剂,钾离子和酒石酸阴离子结合形成酒石酸钾沉淀,碳酸氢根以二氧化碳形式散失,可以在发酵前或发酵后加入,通常 1g/L 的碳酸氢钾可以使可滴定酸度降低 0.75g/L。由于碳酸氢钾作用温和,不会使 pH 升高超过 3.6,加上沉淀产生速度快,使用较为普遍,添加量不要超过 2.0g/L。

此外还有酒石酸钾等降酸剂。

8. 调整葡萄汁浊度的辅料

酿制白葡萄酒的葡萄汁,为了发酵顺利,浊度通常在 150~200NTU,如果澄清过度,则会有发酵停滞的风险,为了避免出现澄清葡萄汁的不完全发酵,通常会添加膨润土、纤维粉、硅藻土进行预防。

Granucel，法国 Laffort 公司生产的纤维素粉，为澄清过度的葡萄汁增加浊度，使酒精发酵顺利进行。

9. 调整葡萄酒品质的辅料

葡萄酒酿造过程中需要额外添加一些助剂来改善葡萄酒的色、香、味，通过适当的调整，使葡萄酒的品质得到提升。以下为一些产品的介绍，在生产过程中可根据工艺需要进行添加使用，仅供参考。

（1）单宁　单宁是干红葡萄酒的骨架，是决定干红葡萄酒口感和品质的重要成分。在葡萄汁和葡萄酒中添加单宁，可以保护颜色，稳定色泽，增加酒体结构及陈酿潜力，去除少量蛋白质，抑制漆酶活性，增强葡萄酒抗氧化能力和保护香气等。常见的类型有发酵前期、发酵后期和陈酿期使用的单宁，其作用各不相同。

1）护色单宁。在发酵前期使用。用于稳定红葡萄酒的颜色，建立花色苷与单宁之间的平衡，抑制过多苦涩单宁的萃取。此外还具有抑制霉菌、抗氧化、突出品种香气的作用。常见的产品有法国 Laffort 公司的 Tanin VR Supra 和意大利 AEB 酿酒集团的 Q-Tannin 等。通常在葡萄醪入罐或发酵过程中加入。

2）保酿单宁。常在发酵中后期使用。有利于单宁含量少的葡萄原料重建单宁平衡，预防氧化，稳定颜色，增加陈酿潜力。常见的产品有法国 Laffort 公司的 Biotan 和意大利 AEB 酿酒集团的 Ellagitan Rouge 等产品。通常在酒精发酵时和发酵后转罐时加入。

3）陈酿单宁。常在苹乳发酵结束或陈酿期添加。作用是加深红葡萄酒的紫色调，防止氧化，保护酒的香气和颜色，提高口感的复杂性。

4）结构单宁。提供高档优质的葡萄单宁，增加葡萄酒的结构感，稳定葡萄酒颜色。常见的有意大利 AEB 酿酒集团的 Protan pepin，发酵前加入。

5）后期陈酿单宁。用于后期葡萄酒结构的补充，常在灌装前调整使用。常见的有意大利 AEB 酿酒集团的 Protan bois，灌装前总酚指数小于 50 时加入，加入 15d 后品评，加入后至少 1 周才能过滤灌装。

6）五倍子单宁。在发酵时期使用。主要在白葡萄酒和桃红葡萄酒上使用，用于澄清葡萄酒，抗氧化，改善口感。常见的产品有法国 Laffort 公司的 Tanin Galalcool 和意大利 AEB 酿酒集团的 Gallovitc 等产品。五倍子单宁用于灰霉病感染和过度浸渍的葡萄酒，可在葡萄酒转罐时添加。

7）香气单宁。能够稳定葡萄酒颜色，增加葡萄酒的香气类型和口感的复杂性，如意大利 AEB 集团的 EB Fruit Reserve，EB Goud-Ron 和 EB XO 等，通常在陈酿阶段和灌装前添加。

（2）**葡萄皮色素**　从葡萄皮中提取的天然食用色素，用于增加红葡萄酒的颜色，主要成分为花色苷，易溶于水和酒精溶液，在溶液为酸性时呈红色或紫红色，碱性时呈蓝色或暗蓝色，直接添加到酒中，用于补充葡萄酒的色度。

（3）**橡木制品**　近年来，酿酒师开始重视采用橡木制品获得葡萄酒所需要的橡木特点，以解决技术和成本的矛盾。常见的橡木制品（图6-2）有橡木板、橡木块、橡木片，甚至橡木粉和橡木提取液。

1）橡木片。选用树的不同部分，自然风干18个月左右，烘烤程度分为生橡木片和轻度、中度及中度以上，常用橡木片规格为15mm×3mm×2mm。通常在发酵过程中使用生橡木片，接触1~3d，用量为2~10kg/t，用于稳定颜色，增加单宁。在陈酿过程中使用烘烤过的橡木片，使用量为2~10kg/t，前3周效果不明显，3周后要每天品酒，根据口感决定是否继续浸泡。

图6-2　橡木制品

Nobile Fresh，法国 Laffort 公司产品，轻度烘烤橡木片，有增强结构，促进果香的效果；Nobile Spice，法国 Laffort 公司产品，中度烘烤橡木片，可以突出果香和香料香，增强口感。

2）橡木块。选用树的不同部分，自然风干18个月左右，规格多为12mm×12mm×12mm，烘烤程度分为轻度、中度及中度偏上。轻度烘烤的橡木块可以提供橡木香或香草香，中度和中度偏上烘烤的橡木块可提供烘烤香和香草香。与橡木片相比，橡木块不会在桶底散开，没有木屑味道，技术要求相对较低，使用量一般为2~10kg/t，根据感官品评决定浸泡时间的长短。

3）橡木板。选用树的不同部位，自然风干18个月左右，常用规格为0.7cm×5cm×91cm，也可以根据需要确定。橡木板根据烘烤程度可以分为轻度、中度及中度偏上。通常在发酵后的陈酿阶段浸泡到酒中，成品酒越早使用越好，有利于分子融合，浸泡3周后，每周品鉴一次，根据口感决定是否继续浸泡。

（4）**酵母提取物和酵母多糖**

1）酵母提取物。酵母提取物（又称酵母味素，Yeast extract）。它是采用自溶、酶解、分离、浓缩等现代生物技术，将酵母细胞内的蛋白质、核酸等进行降解后精制而成的一种棕黄色可溶性膏状或浅黄色粉状制品。在食品行业中具有广泛的用途，是一种优良的天然调味料，也是理想的生物培养基原料，可以显著提高菌种的生产速率。在发酵阶段加入酵母提取物，可以改善酵母营养条件，从而提高葡萄酒品质。

Superatart，法国 Laffort 公司产品，来源于天然酵母，富含维生素、矿物质、脂肪酸和固醇，能增强酵母对酒精和低温的抵抗力，避免产生过多挥发性酸，改善葡萄酒芳香物质的萃取和产生。

Bioarom，法国 Laffort 公司产品，来自酵母产品，可用于保护白葡萄酒或桃红葡萄酒的芳香特征，降低受氧化的风险。

2）酵母多糖。在发酵和陈酿阶段添加酵母多糖，能够生产出酒体丰满，香气和谐的葡萄酒，可以提高酒的品质及稳定性。

Opti-Red®，法国拉曼集团产品，该产品在浸渍和发酵阶段使用，既可单独使用又可与专业浸渍酶联合使用，在红葡萄酒中应用，无论葡萄成熟如何，均可使所酿酒的颜色更为稳定、口感更为丰满柔顺、酒体更为协调，在发酵结束后使用也有一定的效果，可帮助酿酒师将粗涩酚类物（如单宁）转化的更加平滑柔和，并且提升圆润的口感和酒体平衡。此外，它还有助于持久稳定酒石。

Opti-White®，法国拉曼集团产品，是一款具有高抗氧化活性的专业天然产品，它在白葡萄酒中的应用已获专利，在葡萄汁阶段开始使用非常有益于保护和促进所酿白葡萄酒或桃红葡萄酒的香气、稳定色泽，使酒品口感更加爽顺和协调，该产品特别适合清新、爽脆和芳香型的白葡萄酒或桃红葡萄酒的酿造。在发酵后或陈酿中使用，也有一定功效。

Batonnage Plus，意大利 AEB 酿酒集团产品，适用于澄清后的葡萄酒陈酿，对于没有经过酒泥陈酿的葡萄酒，也可使其口味更和谐，可减少硫醇及异味的产生。

Batonnage Plus Structure，意大利 AEB 酿酒集团产品，增加葡萄酒的结构感，提高圆润度，快速稳定颜色，降低单宁的收敛度。

Batonnage Body，意大利 AEB 酿酒集团产品，富含甘露糖蛋白的酵母多糖，使得葡萄酒酒体丰满和谐。可以在装瓶的最后一次过滤加入，不影响过滤性能。

Batonnage Plus Rouge，意大利 AEB 酿酒集团产品，适合鲜饮型葡萄酒，稳定葡萄酒颜色，提高鲜饮型葡萄酒的潜力及果香。

Batonnage Plus 150 kD，意大利 AEB 酿酒集团产品，使葡萄酒酒体更加丰满，延长葡萄酒的后味，防止葡萄酒颜色褐化。

Batonnage Plus Arome，意大利 AEB 酿酒集团产品，提升葡萄酒的果香潜力，释放葡萄汁中的萜烯类物质，使得果香稳定，持久。

第三节 葡萄酒的酿造

一、白葡萄酒的酿造

白葡萄酒按照含糖量可以分为干型、半干型、半甜型和甜型，但酒庄生产的白葡萄酒多为干白葡萄酒。干白葡萄酒是指白色品种或红色品种的果实经过皮汁分离，取其果汁进行发酵酿制而成的葡萄酒，其含糖量小于或等于 4g/L 或者当总糖与总酸（以酒石酸计）的差值小于或等于 2g/L 时，含糖量最高为 9g/L 的葡萄酒。干白葡萄酒的色泽近似无色，或浅黄带绿色、浅黄色、禾秆黄色或金黄色等；优质干白葡萄酒具有新鲜悦人的果香和怡人的酒香，香气和谐、细致、令人愉悦；酒的口感完整和谐、爽口舒适、清快洁净，具有酿造品种所应呈现的典型特征和地域特点。

现在，酿造干白葡萄酒已经呈现出标准的工业化流程特征，只要果实品质达标，然后按照标准化的操作流程进行操作即可酿制出优质的干白葡萄酒。

1. 酿造干白葡萄酒的果实标准和所需的设备试剂

（1）酿制优质干白葡萄酒的葡萄果实质量要求　　葡萄的含糖量为 20%~23%，酸度为 6.5~8.0g/L。果实饱满，果皮完整，呈琥珀色、有光泽，果香典型醇正，无明显病虫危害，种子呈深褐色。

（2）酿制干白葡萄酒所需的设备和辅料　　需要的设备主要有：叉车、地磅或台秤、葡萄穗选平台、提升机、除梗破碎机、果汁分离机、气囊压榨机、螺杆泵、叶轮泵（活塞泵）、控温发酵罐、控温储酒罐、纸板过滤机、冷冻罐、高压气瓶、橡木桶、灌装设备等。如果计划粒选，则可以增加除梗机、粒选机和粒选平台。

需要的辅料主要有：酵母、二氧化硫、果胶酶、氮气、酵母营养助剂、膨润土和干冰等。

2. 酿造干白葡萄酒的工艺流程简介

葡萄原料→穗选→（除梗粒选）→除梗破碎→添加二氧化硫→气囊压榨→添加果胶酶→入澄清罐→补充二氧化硫→添加膨润土→低温澄清→清汁分离→回温处理－成分调整→添加酵母→酒精发酵→（酒泥浸渍）→转罐澄清→（苹乳发酵）→添加二氧化硫→陈酿→澄清→稳定处理→过滤→装瓶。

3. 酿造干白葡萄酒的基本操作

干白葡萄酒酿造操作的核心是防氧化，酿造技术的核心是低温。

（1）**场地清理、设备检查和消毒**　根据工作计划将原料加工区场地清理出来，并做好卫生清理工作。检查线路、管道和检修设备，确保正常使用和使用安全。提前一天将所要用到的设备和工具进行清洗消毒备用。

（2）**原料前处理**　预估每天的工作量（葡萄果实处理量），计算出需要的工人数，以及二氧化硫、果胶酶、氮气和干冰的使用量。

1）穗选。将葡萄果实倾倒到穗选平台上，人工挑选出腐烂的葡萄果穗或果粒，以及混杂在葡萄果穗中的葡萄叶片、枝条、石子等杂物。

2）除梗破碎和粒选。穗选后的果穗被提升机送入除梗破碎机（或除梗机），酒庄使用离心式除梗破碎机即可，除梗破碎后的葡萄醪通过螺杆泵泵入气囊压榨机内。二氧化硫添加口安装在螺杆泵（具有断料停机和来料起动装置）接料槽内，添加二氧化硫保护葡萄醪，如果葡萄果实健康无病害，按照每升葡萄醪添加60~80mg 二氧化硫的标准进行添加（通过装在管道上的阀门调节流速，控制具体的添加量），计划进行苹乳发酵则按照每升葡萄醪40mg 二氧化硫的标准进行添加。如果葡萄果实质量不好或带有病害，则每升葡萄醪添加80~120mg 甚至更多。

如果进行粒选，穗选后的原料通过提升机进入脱梗粒选机，脱梗粒选后进入粒选平台，进行人工粒选和机选，挑出带病果粒和杂物，经破碎机破碎后添加二氧化硫，然后泵进气囊压榨机压榨取汁。

3）压榨出汁。气囊压榨机设置为三级压榨，如果葡萄汁的出汁量超过500L，压榨出的头汁和尾汁应与中间汁分开入罐，因为头汁含有较多水、病菌孢子和农药残留，尾汁含有过多的生青味和粗糙单宁。

压榨机和果汁泵连接，将葡萄汁泵入澄清罐。同时在压榨机接汁槽内装上果胶酶溶液的加液口，通过阀门控制，将澄清果胶酶加入葡萄汁内。在气囊压榨机装料前，应往装料罐内通入二氧化碳或氮气隔绝葡萄醪与空气的接触。

（3）**果汁澄清**

1）入罐澄清。提前4h 在澄清罐内撒入干冰，并将罐体密封。当葡萄汁入罐量为罐体容积的80%后停止入料，打入氮气，将罐体密封4h 后添加膨润土，用量为0.05%~0.1%，膨润土要提前用水浸润，通过槽车迅速打入罐内，并进行封闭循环以混匀。循环结束后开始制冷，将温度降到6~8℃，稳定静置24h 后，可以达到需要的澄清度。如果温度不能降到6~8℃，也要想办法降到12℃以下，对于没有制冷设备的小型酒庄，最简单的办法是将控温罐与空调制冷压缩机连接，单罐单机。如果葡萄质量好，此时静置3~8d，进行果泥浸渍。

良好的澄清汁是酿造优质干白葡萄酒的前提，优质原料、低温与二氧化硫保护是澄清的保证。为了保证生产的葡萄汁及干白葡萄酒有良好的风味和色泽，在静置澄清的整个过程中，应充氮气或二氧化碳保护，尽量避免葡萄汁与空气接触。如果原料带病，葡萄汁尽量澄清重一些，养分不够可以进行添加。

2）清汁分离。为了防止沉淀物进入澄清汁内，可采用透明的软管输送葡萄汁，当发现葡萄汁明显变浑，则立即停止。剩余的用果汁分离机，过滤后单独装罐。澄清汁倒入发酵罐的入罐量应为发酵罐容积的80%~90%，同时应对澄清汁取样，测定各项理化指标，如糖度、酸度、pH、可同化氮含量、二氧化硫含量、浊度等。

（4）**酒精发酵**　将澄清好的果汁分离入发酵罐，入罐量为发酵罐容积的80%~90%，记录入罐时间、罐号、品种名、数量和各项理化指标。然后根据测定的各项理化指标进行成分调整。

1）葡萄汁成分调整。葡萄汁的糖度应在18%以上，酸度为6%~8%，pH为3.1~3.4，游离二氧化硫含量为20mg/L（总二氧化硫含量为60mg/L）以上，可同化氮（YAN）含量为160mg/L以上，浊度为160NTU以上。哪项指标不达标就进行相应调整。具体方法参照前面葡萄酒酿造生产需要的辅料等内容。另外，为了提高葡萄酒品质，还可以添加酵母多糖，添加量为120~300g/kL，具体方法参照产品说明和往年的工艺单。

2）葡萄汁回温。在加入酵母启动发酵前，需要对温度低的葡萄汁进行回温处理，一般回温到14~16℃即可，测量葡萄汁的比重。

3）酵母选择。首先根据自己的酿造目标和葡萄品种及果实质量来选择，如酿造新鲜果香型葡萄酒，则应选择果香型酵母。其次根据葡萄质量，如果葡萄质量差被霉菌感染则应选择耐二氧化硫的中性酵母或二次香型的酵母。具体方法参照前面葡萄酒酿造生产需要的辅料中有关酵母的内容。

4）酵母活化和添加。根据葡萄汁的量和所选酵母的使用说明及以前的工作经验，计算出酵母的使用量，通常酵母的推荐接种量为250mg/L，葡萄汁初始酵母总数应达到5×10^6CFU/mL。然后进行酵母活化，通常按照1份酵母、1/4份酵母活化剂、10份水的标准进行配制。首先将准备的过量纯净水加热到50℃，然后称取10倍酵母量的温水转移至不锈钢桶中，用木棍搅动温水呈旋转状态，然后加入所需的酵母活化剂，充分搅拌混匀后，使用酒精温度计测量水温，当水温降到35~40℃（具体根据酵母菌剂的使用说明）后，再次用木棍搅动使营养液呈旋转状态，同时缓缓加入活性干酵母，边搅动边加入，让酵母充分吸水溶解，避免结块。酵母加完后继续搅动3~5min，然后静置15~20min进行酵母活化。一般20min后酵母复活，会产生大量泡沫。当酵母活化液的温度降至与罐内葡萄汁的温差小于5℃时即可添加到发酵罐内。

对于小型发酵罐可以从上人孔直接加入，然后进行1/4汁量的开放循环，将酵母活化液与发酵罐内的葡萄汁充分混匀。对于大型发酵罐，可以将酵母液转移至不锈钢槽车中，加入等量的葡萄汁后，混匀搅拌5min，然后间隔15min再进行一次搅拌，然后采用1/4汁量的开放循环，将酵母活化液与发酵罐内的葡萄汁充分混匀。酵母活化接种完成后及时将活化酵母的不锈钢桶清洗干净，避免杂菌污染。

5）发酵条件的控制。接种酵母后，每6~8h检测并记录1次葡萄汁的比重及温度，监控发酵进程，前期比重每天下降0.100~0.200为宜。低温发酵是干白葡萄酒质量的保证，通常发酵温度控制在14~18℃，但不同品种间也有一些具体差异，如霞多丽的罐内发酵温度控制在15~16℃比较合适；没有果香的品种如赛美容、白玉霓的发酵温度则可以再低一点。有缺陷的葡萄汁（果实带有霉菌）最好也采用低温发酵。当比重降到1.002时，可以适当回温，提高酵母活性，促进发酵彻底。

营养和氧气补充，主要是补充氮素和维生素B族，可以用复合型酵母营养助剂，一般在发酵启动后葡萄汁比重下降20%~30%时添加。这次添加可以和50%汁量的开放循环结合，这是最后一次给葡萄汁补氧，以后彻底进行无氧发酵。

当相对密度（比重）降到0.992以下时检测残糖，残糖低于2g/L表明酒精发酵结束，如果葡萄酒酸度过高（总酸超过7g/L），葡萄质量比较好（没有腐烂霉菌感染）可以通过苹乳发酵进行降酸。在我国，常见的问题是酸度偏低。

6）酒泥浸渍和并罐。对于质量好的葡萄汁，可以在发酵结束后，将温度降到8℃，添满罐，每天进行一次封闭循环，维持3d，进一步提取防氧化物质，保护香气。然后静置7~14d，将上清液倒走。酒泥使用果汁分离机进行分离，分离出来的酒单独装罐。倒出来的葡萄酒，再次进入控温罐内，这时会遇到1个罐里出来的酒不能装成1个满罐的情况，这就需要进行并罐（将2个或3个罐里的酒并到1个罐内），并罐的原则是酒的口感和品质应基本一致，或者采用大罐倒小罐的办法加以解决。然后进行调硫（保持游离二氧化硫含量为30~45mg/L），密封进入陈酿阶段，控制贮藏温度为15~20℃。

二、红葡萄酒的酿造

红葡萄酒按照含糖量也分为干型、半干型、半甜型和甜型，通常酒庄生产中干红葡萄酒所占的比重会很大。干红葡萄酒是使用红色葡萄品种的果实为原料，除梗破碎后带皮发酵而成，酒精含量一般为 9%~15%，残糖含量小于或等于 4.0g/L，当总糖与总酸（以酒石酸汁）的差值小于或等于 2.0g/L 时含糖量最高为 9.0g/L 的一种色泽呈红色的葡萄酒。优质的干红葡萄酒，色泽呈紫红色、深红色、宝石红色等，澄清透明、有光泽，新酒有时还带有蓝紫色，无明显悬浮物。香气纯净、优雅、酒体丰满，结构良好而平衡，具有明显的品种和地域特征。

1. 酿造干红葡萄酒的果实标准和所需的设备试剂

（1）酿制优质干红葡萄酒的果实质量要求　葡萄的含糖量为 21%~25%，酸度为 7~8g/L，pH 为 3.1~3.4。果实饱满，果粉厚，果皮完整，呈蓝黑色、有光泽，果香典型醇正，无明显的病虫危害，种子呈深褐色。

（2）酿制干红葡萄酒所需的设备和辅料　需要的设备主要有：叉车、地磅或台秤、葡萄穗选平台、提升机、除梗破碎机、螺杆泵、叶轮泵（活塞泵）、控温发酵罐、果汁分离机、压榨机、控温储酒罐、纸板过滤机、冷冻罐、高压气瓶、橡木桶、灌装设备等。如果计划粒选，则增加除梗机、粒选机和粒选平台。

需要的辅料主要有：酵母、偏重亚硫酸钾、果胶酶、酵母营养助剂、膨润土、明胶、蛋清粉、液氮和干冰等。

2. 酿造干红葡萄酒的工艺流程简介

葡萄原料→穗选→（除梗粒选）→除梗破碎→添加二氧化硫→入罐→添加果胶酶→成分调整→添加酵母→酒精发酵→带皮浸渍→皮渣分离→成分调整→（苹乳发酵）→添加二氧化硫→陈酿→澄清→稳定处理→过滤→装瓶。

3. 酿造干红葡萄酒的基本操作

干红葡萄酒酿造操作的核心是控温，酿造技术的核心是浸提。

（1）前期准备　根据工作计划将原料加工区场地清理出来，并做好卫生清理工作。检查线路、管道和检修设备，确保正常使用和使用安全。提前 1d 将所要用到的设备和工具进行清洗消毒备用。预估每天的工作量（葡萄果实处理量），计算出需要的工人数，以及二氧化硫、果胶酶和干冰的使用量。

（2）穗选　将葡萄果实倒到穗选平台上，人工挑选出腐烂的葡萄果穗和果粒，以及混杂在葡萄果穗中的葡萄叶片、枝条、石子等杂物。

（3）除梗破碎　穗选后的果穗被提升机送入除梗破碎机，除梗破碎后的葡萄醪通过螺杆泵进入发酵罐，发酵罐应提前 4h 撒入干冰，并将罐体密封。在螺杆泵接料槽内添加二氧化硫，如果葡萄果实健康无病害，每升葡萄醪添加 40~60mg 的二氧化硫；如果果穗有轻微病害，每升葡萄醪添加 60~70mg 甚至更多的二氧化硫。有实力的酒庄可以增加一道粒选工序，进一步提高原料的质量。如果收获的葡萄果实中含有较多的小青粒，最好进行粒选，将这些小青粒筛选掉。

对于干红葡萄酒酿造，葡萄果实破碎度的控制也是一项非常重要的内容，如果葡萄果实的质量很好，计划酿制陈酿型葡萄酒，则葡萄果皮在酒精发酵后还需要经过较长时间的浸渍，以便提取较多的色素和单宁，因此原料的破碎度不可太大，避免影响后期浸渍过程中果皮的完整性。如果果实质量一般或有病菌危害，需要在短时间内浸出尽量多的果皮色素和单宁，则需要较高的破碎度。辊式破碎机通过调节轮辊间的距离调整破碎度，离心式破碎机则通过调节转速达到不同的破碎程度。

（4）**装罐和冷浸渍**　入罐量为罐体容积的 60% 左右时加入具有提取单宁和色素作用的果胶酶，也可以采用边入料边均匀加入的方式。入罐量达到 80% 时装罐工作结束。封闭罐体，然后将罐体温度降到 6~10℃，稳定 48~76h，每隔 24h 进行封闭循环 1 次，充分释放细胞内的物质。取样测定总糖、酸度和二氧化硫含量等。

（5）**成分调整**　冷浸渍结束后，根据取样测定的理化数据，按照工艺要求进行成分调整，主要是调整糖度、酸度和二氧化硫含量等。葡萄汁的糖度应大于 210g/L。葡萄汁的酸度应大于 6g/L，pH 小于 3.5。葡萄原料健康、酸度高的葡萄汁总二氧化硫含量应在 30mg/L 左右；葡萄原料健康程度差、酸度低的葡萄汁总二氧化硫含量应在 50mg/L 左右；如果葡萄原料带有病害，总二氧化硫含量应在 80mg/L 左右。

如果葡萄果实的单宁或花色苷含量低，还可以添加护色单宁和陈酿单宁。如果酿制陈酿型葡萄酒，还可以加入橡木片，新鲜的橡木片可以固涩、增甘、增单宁，烘烤的橡木片主要用于增香。

选定好添加的辅料和用量后，最好在一次封闭循环中添加结束，需要注意的是二氧化硫与单宁或果胶酶不能同时添加。

（6）**酵母的选择和添加**　用于葡萄酒生产的酵母应该发酵力强、发酵完全、发酵过程平稳，具有良好的乙醇耐受力，不产生或少产生不良气味如硫化氢等，二氧化硫耐受力高，发酵结束后酵母凝聚快，便于分离。酿制陈酿型干红葡萄酒的酵母还要求发酵产生的酒香协调、口感丰满、单宁结构感强。具体操作参照葡萄酒酿造生产需要的辅料中有关酵母的内容。

确定好酵母菌种和用量后，进行酵母活化，然后采用 50% 汁量的开放循环添加到发酵罐中。具体操作参照白葡萄酒酿造酵母活化和添加的内容。

（7）**酒精发酵**　接种酵母后，每 6h 检测记录 1 次葡萄汁的密度和温度，监控发酵进程。该阶段的温度控制，循环的时间、方式和次数，以及辅料的应用是体现酿酒师水平的关键点，具体工艺要求由酿酒师来确定。

1）适应期。适应期是酵母适应罐内环境并进行增殖的阶段，应保证足够的氧气和适宜的温度，确保酵母健康生长繁殖。

2）发酵前期。酒精发酵启动后，开始产生大量的二氧化碳，皮渣开始大量上浮，在罐顶逐渐形成厚厚的皮渣层，当皮渣层形成后，就要开始进行循环淋洗皮渣，破坏皮渣和葡萄汁之间形成的饱和层，有利于浸提色素和单宁。这段时期应避免发酵急速启动，通常每6~8h进行1次50%汁量的开放循环，增加葡萄汁中的氧气，促进酵母繁殖，当葡萄汁比重接近1.080时，为了保证酵母顺利繁殖，添加酵母营养助剂，无法测得酵母可同化氮的时候，可以按照用量为0.3g/L的标准添加纯有机氮源的营养助剂。

3）发酵中期。葡萄汁比重从1.080下降到1.050的这段时间，酵母在无氧条件下开始大量代谢糖生成酒精，通过上人孔可以看到葡萄皮在酒液中翻滚，此时温度控制在25℃以下，通常每6h进行1次50%汁量的封闭循环，当葡萄汁比重下降到1.050时，添加保酿单宁，稳定葡萄酒颜色。

4）发酵后期。葡萄汁比重从1.050下降到1.020的这段时间，将温度控制在28℃以下，此时葡萄汁大量转化成葡萄酒，其中的成分也开始变得复杂，通常每8h进行1次50%汁量的封闭循环，为了促进发酵彻底，可以补充1次氮源营养助剂，根据需要可以添加护色单宁，稳定颜色。

5）发酵末期。葡萄汁比重从1.020下降到0.992，通常每12h进行1次50%汁量的封闭循环，该阶段葡萄酒的温度开始平稳下降。对于采用混合发酵工艺的葡萄酒，当葡萄汁比重下降到1.010，可以半开放接种乳酸菌。如果接种了乳酸菌则应将温度控制在18~22℃，每3d进行1次纸层分析确定苹乳发酵进程，并每天品鉴葡萄酒，当发现酒体有发干或发苦迹象时，或者葡萄皮已经没有浸提价值后（果皮发暗白，用手可以搓烂）则应及时进行酒渣分离。

整个发酵期间，应严格控制发酵温度，避免出现超过30℃的高温，尽量延长发酵时间，促进单宁和色素的提取。同时，应关注罐内葡萄酒体积的变化，发现有冒罐风险时，应立即采取措施进行规避。

（8）皮渣分离和并罐　皮渣分离没有一个准确的时间，它与葡萄果实的质量及酿酒师的工艺要求有关，酿造鲜饮型葡萄酒发酵时间短，一般酒精发酵结束就开始皮渣分离，陈酿型葡萄酒发酵时间长，一般到果皮无法提出色素或葡萄酒有发干发苦迹象时，及时终止，一般发酵的时间不超过20d。

决定皮渣分离后，首先是自流汁的分离，通过管道将自流汁倒入一个新罐内，如果不能满罐，则选择品质口感相近的葡萄酒进行并罐或直接导入小罐。自流汁结束后，则打开人孔，这时还会有葡萄酒从人孔流出，所以应提前在下面放好螺杆泵和筛网，流出的葡萄酒泵入一个小罐，当不再往外流葡萄酒后，开始从人孔往外清理皮渣，如果工人进入罐内清理皮渣一定要提前使用风扇通风2~3h，皮渣压出的葡萄酒称为压榨汁，不能与自流汁混合，需要单独入罐贮藏。

没有进行苹乳发酵的自流汁满罐后，温度控制在20~24℃，总二氧化硫含量小于或等于40mg/L，准备进行苹乳发酵。进行过苹乳发酵的葡萄酒或不准备进行苹乳发酵的葡萄酒满罐后，温度控制在12℃，进行冷稳定澄清。

压榨汁满罐后，温度控制在10~15℃，然后下胶、过滤后单独成罐陈酿或添加到相近品质的葡萄酒中。如果果胶含量高，还可以在满罐后添加果胶酶（如陈酿果胶酶），然后再下胶、过滤。红葡萄酒下胶一般使用明胶。

（9）**苹乳发酵** 苹乳发酵近年来逐渐成为红葡萄酒酿造中的重要工序，但是否采用还需要根据自己酒庄葡萄酒的酸度和苹果酸的含量而定。

1）乳酸菌接种。乳酸菌接种通常是在酒精发酵结束后进行，但近年来，越来越多的酿酒师开始尝试混合接种乳酸菌的方式，即乳酸菌在酒精发酵结束前加入。根据接种时间的早晚，将乳酸菌接种工艺分为混合接种和顺序接种。

①混合接种。混合接种又分为早期混合接种和晚期混合接种。早期混合接种是在酒精发酵开始后24~48h接种乳酸菌，此时接种乳酸菌可以避免受乙醇毒害，且营养丰富，可以获得更好的生长机会，加速苹乳发酵进程，节省时间，缩短生产周期；还可以避免酒香酵母污染，防止微生物破败。

晚期混合接种，在酒精发酵进行到2/3时（葡萄酒比重在1.010左右）接入乳酸菌，其目的是防止微生物破败，让接种的乳酸菌接替酵母主导生态系统，预防有害微生物的生长，保护果香和稳定色泽，也可缩短发酵周期。

混合接种虽然具有限制二氧化硫结合物产出，减少二乙酰基含量，丰富葡萄酒芳香物质的优点，但也具有较大的风险，尤其是葡萄果实质量存在问题的前提下。因此，混合接种对葡萄果实质量、二氧化硫的使用、葡萄汁的pH、酵母菌种、发酵温度等均有一定的要求。

②顺序接种。酒精发酵结束，皮渣分离后接入乳酸菌，酒精发酵和苹乳发酵顺接进行，避免了酒精发酵对苹乳发酵的干扰和抑制。

若葡萄酒苹乳发酵意外中止，进行重启发酵或葡萄酒秋、冬季没有进行苹乳发酵，被迫在春季进行的苹乳发酵，则称为治疗性接种。

2）乳酸菌的活化和接种方法。

①直投式接种。根据计算好的乳酸菌使用量（一般为 4~10mg/L），用 10 倍的纯净水（温度为 25℃）将乳酸菌化开，并轻轻搅动使其溶解，制备成乳酸菌活化液，静置 15min 后加入罐中，添加结束后将上人孔关严，封闭循环。

②活化接种。根据计算好的乳酸菌使用量，用 10 倍的纯净水（温度为 18~25℃）将乳酸菌化开，并轻轻搅动使其溶解，制备成乳酸菌活化液，然后静置 20min。另外使用干净的发酵桶接满待接种乳酸菌的葡萄酒，葡萄酒的温度控制在 17~25℃，然后将制备好的乳酸菌活化液，加入葡萄酒中，搅拌混匀，静置 18~24h，然后将接种液加入需要进行苹乳发酵的葡萄酒中，进行封闭循环。

3）苹乳发酵的操作条件要求。苹乳发酵是一个降酸的过程，需要添加活性乳酸菌促发。因此苹乳发酵的温度应控制在 18~20℃，总二氧化硫含量小于 40mg/L，尽可能地满罐密闭贮藏，并且在罐顶安装呼吸阀，以便发酵产生的二氧化碳能够及时排出。每隔 1d 进行 1 次苹果酸检测，直至苹果酸含量不再显著下降，乳酸含量不再增加，苹乳发酵结束。苹乳发酵结束后及时转罐（48h 内）并添加二氧化硫来控制乳酸菌含量，一般每吨酒添加 120g 二氧化硫即可，使游离二氧化硫含量达到 30~40mg/L。苹乳发酵后的葡萄酒称为葡萄原酒，此后正式进入后期的贮藏陈酿阶段。

三、葡萄酒的陈酿及后期管理

葡萄酒作为一种"有生命的液体"，其一生大致会经历以下 3 个阶段。

第一，成熟阶段。正常陈酿的葡萄酒经过一系列的氧化反应、酯化反应和聚合反应，不良风味物质减少，芳香物质得到增加和突出，蛋白质、果胶、酒石酸和聚合单宁等沉淀析出，葡萄酒变得澄清透明、口味醇正、口感更为柔和协调，香气浓郁典型。

第二，老化阶段。成熟后的葡萄酒，即使在密封条件下也会继续发生一系列的化学和物理反应，芳香物质开始降解，单宁等多酚物质氧化沉淀。葡萄酒颜色开始变深、逐渐失去光泽，口感开始变得寡淡，酒体失去平衡，葡萄酒品质开始下降。这个阶段是我们不期望看到的，所以正常陈酿完成的葡萄酒要及时装瓶，进行销售。

第三，破败阶段。管理不善的葡萄酒或贮藏多年的葡萄酒，酒体会变得混浊，口感较差，甚至释放出明显的腐败气味，失去商品价值，此时已进入葡萄酒的破败阶段。

发酵刚结束后的葡萄酒被称为新酒，葡萄酒本身的生理生化反应还在继续，这时人为创造一个适宜的环境，让葡萄酒在储酒罐内继续进行相关的物理、化学和生物反应，以保持产品的果香味，让酒体得到稳定，将酒的质量进一步改善和提升，达到最佳的饮用质量，这一过程被称为葡萄酒的陈酿。对于有缺陷的葡萄酒，在陈酿期间也应通过一系列的工艺进行调整和改良，弥补缺点，改善品质。所以，在葡萄酒酿造过程中葡萄酒的陈酿及后期管理相当重要，必须足够重视。

干红葡萄酒与干白葡萄酒的陈酿操作基本相同，都是促进葡萄酒的成熟，改善葡萄酒的口感，增加葡萄酒的复杂度，协调酒体的平衡，在陈酿期间防止葡萄酒氧化和败坏是管理的核心所在。

1. 陈酿容器的选择

比较普遍的陈酿容器是控温不锈钢保温罐，有实力的酒庄也可以购置橡木桶（图6-3）进行橡木桶陈酿，但需要注意的是，进行橡木桶陈酿的干白葡萄酒必须是本身品质就很高的葡萄酒，只有酒本身品质好，才能压得住橡木桶带来的风味，不至于喧宾夺主。而干红葡萄酒要有足够的酸度和单宁结构，才适合在橡木桶中进行贮藏陈酿。另外，幼树酿制的葡萄酒最好不进行橡木桶陈酿，原因是酒体风格不稳定。总的来说，普通的酒在不锈钢容器或其他惰性容器中进行贮藏陈酿，高品质的酒才需要经过橡木桶进行贮藏陈酿，进一步提升品质。

图6-3 橡木桶

2. 陈酿期间的环境管理

陈酿车间和酒窖要保持卫生清洁，不能有积水，光照偏暗，阳光不能直射。具有合适的通风条件，不能出现不良空气聚集，通风最好在清晨太阳出来前进行，此时空气清新、温度低、湿度大，有利于陈酿。使用控温不锈钢保温罐进行陈酿，陈酿环境的相对湿度控制在70%以下，温度应当基本恒定，或者变化不剧烈，一般陈酿温度控制在10~20℃比较合适，最高不要超过25℃。

使用橡木桶陈酿则比较麻烦，温度控制在15~18℃，相对恒定，温度过低会导致葡萄酒中酒石酸结晶析出，附到桶壁上，影响橡木桶有益成分的浸提效果；温度过高，则可能导致葡萄酒有害微生物的增殖，发生酸败。相对湿度控制在60%左右，湿度过高会让橡木桶、地面和墙壁表面发霉，不利于陈酿；湿度过低则需要频繁添桶，增加了储酒损耗，提高了陈酿成本，尤其使用新桶还会导致桶体表面开裂，因此使用新桶前一定要进行充分的浸水，装酒后酒窖要经常洒水、喷雾保持湿度。

3. 陈酿期间的原酒管理

原酒管理的第一项就是定期进行取样品鉴，测定 pH、二氧化硫含量等理化指标，对葡萄酒进行监控，发现问题及时矫正。一般 1~2 周进行 1 次品鉴，每月进行 1 次理化指标测定，每次都要做好工作记录。

（1）转罐（换桶）　葡萄酒在陈酿罐中静置一段时间或人工稳定处理后，会有大量的沉淀物（酒泥）聚集在罐底，这时则需要将葡萄酒从原来的陈酿罐（酒桶）转移到另一个陈酿罐（酒桶）中，将澄清的葡萄酒与酒泥分离。由于酒泥分离必然会导致葡萄酒量的减少，此时需要使用其他罐的同品种、同品质的酒进行添罐或添桶，确保满罐或满桶状态。在转罐过程中，会释放一部分二氧化碳和挥发性物质，有利于酒的进一步澄清，溶解进入的少量氧也有利于酒的成熟。转罐是葡萄酒陈酿中最重要的工作之一，尤其是使用带菌果实酿制的葡萄酒更应及时转罐，将沉淀出的有害酒泥与葡萄酒分离。

白葡萄酒必须采用封闭式转罐，第一次转罐应在陈酿后 15~20d 或苹乳发酵结束后，进行苹乳发酵的陈酿罐应具有单向排气阀，以便及时将二氧化碳排出。经过 1~2 次的转罐后，间隔 2~3 个月再进行 1 次，葡萄酒基本上就比较澄清了，以后要减少转罐次数，基本原则是非必要不转罐。每次转罐最好与澄清下胶、冷稳定及品质辅料添加结合起来。

（2）添罐（添桶）　在葡萄酒贮藏陈酿过程中，由于各种原因，特别是气温的下降，葡萄酒的液面会下降，出现空隙，增加了葡萄酒与空气接触的机会，有可能导致葡萄酒被氧化败坏。因此必须间隔一定时间，用同样质量的葡萄酒把这些容器添满，这项工作看起来比较简单，但对于原酒贮藏陈酿非常重要，添满后的酒要用适量的高浓度食用酒精封闭液面，防止杂菌污染。无法满罐的酒要充氮气进行保护，并且保持游离二氧化硫含量在 40~45mg/L 才比较安全。添罐的时间和次数取决于温度、容器的材质、大小及密封性能。不锈钢罐一般每月添 1~2 次，橡木桶每 2 周添 1 次。

添罐需要注意的事项如下：首先，不能是新酒添老酒；其次，要对贮藏陈酿的酒进行取样品鉴、测定 pH、二氧化硫含量和检验微生物，对葡萄酒进行监控，发现问题及时矫正；最后，添加的酒必须健康，无任何质量问题或疑问。如果没有质量相同的原酒补罐，第一种方法是用氮气充满容器空间，保持储酒容器密闭；第二种方法是将 1 个大罐换成几个小罐进行贮藏陈酿，这样就有了用于添罐的酒。这就要求在购买酒罐的时候要大小搭配。

用橡木桶陈酿的葡萄酒，添桶会更为频发，主要是因为橡木桶自身对葡萄酒的吸收和蒸发，尤其是当葡萄酒灌入新桶后的前几周，要频繁地检查和添桶，在放置橡木桶时让橡木桶塞孔适当倾斜可以减少添桶的次数，当然橡皮塞一定要封严固定牢。图 6-4 为橡木桶手动添酒。

（3）**放酒**　与添罐相反的操作是放酒，主要出现在春季以后。此时温度回升，葡萄酒发生热胀，为了避免溢罐，应及时放酒，一般每月放一次，并注意及时用食用酒精封闭液面，这个操作虽然简单，但对于长期陈酿的葡萄酒保持健康状态非常有效。

图 6-4　橡木桶手动添酒

（4）**二氧化硫管理**　陈酿期间，二氧化硫的管理是最为重要的工作内容之一，白葡萄酒的游离二氧化硫含量应控制在 35mg/L 左右；红葡萄酒的游离二氧化硫含量保持在 35~40mg/L 比较合适，不能低于 25mg/L。如果葡萄酒中酒精的浓度高（大于 12%）、酸度高（大于 6.0g/L），二氧化硫的含量可以低一些，反之则应高一些。如果不是满罐贮藏，游离二氧化硫含量应保持在 45mg/L 左右，当含量下降则应进行添硫处理。二氧化硫的添加一般应与葡萄酒转罐结合进行。需要注意的是，加入葡萄酒的二氧化硫，一般只有 2/3 呈游离状态。

（5）**酸度调整**　根据工艺需要进行酸度调整时，可以将酸度低的酒与酸度高的酒混合，也可以添加酒石酸。酒石酸的使用量是每升葡萄酒添加不超过 2g，按照 1∶5 的比例用冷水将酒石酸溶解，添加到葡萄酒中混匀即可。具体标准和方法参照前面的内容。

4. 陈酿的时间

干白葡萄酒陈酿的时间一般为 1 年左右或更短，红葡萄酒通常在 1 年以上，但陈酿时间的长短要根据酒的整体风格，也就是说酒体将达到其最佳品质时即为陈酿的终点。对于新建的酒庄不必太纠结，应当以销售为导向，只要葡萄酒没有明显的缺陷即可灌装贴标进行销售，或者装瓶不贴标放入酒窖内继续陈酿（图 6-5）。

白葡萄酒在橡木桶中陈酿 3 个月以后，橡木桶的效果即开始显现，为了及时掌控，以后

图 6-5　酒窖中裸瓶陈酿的白葡萄酒

每周都应品鉴葡萄酒,当葡萄酒口感满足要求后应及时转罐。使用控温不锈钢保温罐进行陈酿的白葡萄酒,如果想获取橡木桶陈酿出的风格,可以在陈酿初期浸泡橡木板,并且越早越好,一般3周后效果显现,以后每天都要品酒,根据口感决定是否继续浸泡。

红葡萄酒的橡木桶陈酿一般大于6个月,最长可达24~26个月,陈酿时间的长短不仅取决于原酒的陈酿潜质,还取决于酿酒师对具体工艺的掌控和产品销售的需求。

四、葡萄酒的稳定处理

1. 热稳定处理——葡萄酒的下胶与澄清

葡萄酒澄清是葡萄酒生产中必需的一道工艺,目的是去除葡萄酒中容易变性沉淀的不稳定胶体物质和影响葡萄酒感官品质的杂质,使葡萄酒获得应有的澄清度,并使葡萄酒在物理化学性质上保持稳定的澄清状态,同时改善葡萄酒的品质。常用的方法有自然澄清、化学澄清、机械澄清。

(1)**自然澄清** 静置葡萄酒,利用重力作用将悬浮物自然下沉的方法。该方法操作简单,成本低,但有操作时间长、澄清不彻底等缺陷。陈酿阶段的低温静置配合转罐操作就是自然澄清。

(2)**化学澄清** 健康的葡萄酒通过低温静置就会达到澄清、闪亮的状态,只是这个过程需要很长一段时间,采用化学澄清(下胶)可以加速这一进程,使葡萄酒中悬浮的颗粒被下胶剂聚合成沉淀,同时也会将葡萄酒中的热不稳定蛋白质去除,使葡萄酒达到稳定。

下胶具有相当大的经验成分,如果操作不当也会带来严重的负面影响,比如,使用膨润土过量会明显降低葡萄酒中芳香物质的含量,影响风味和口感,其中含有的铁元素,增加了葡萄酒出现铁混浊的风险。单独使用明胶会大量减少葡萄酒中单宁和色素的含量,从而引起一系列问题,如酒体混浊。

为了安全和掌控下胶时间,在每次下胶前都应进行试验,白葡萄酒不宜使用含有蛋白质的下胶剂进行澄清处理,最好使用膨润土进行澄清处理,去除葡萄酒中的不稳定蛋白质,避免后期的蛋白质混浊。红葡萄酒也可以采用膨润土下胶澄清,但对于红葡萄酒来说合适的下胶物质是蛋清、明胶和植物蛋白。

1)膨润土澄清。

①膨润土下胶试验。梯度设置,膨润土的使用量一般为0.1~0.8g/L,常设置成

9个梯度，分别是0g/L、0.1g/L、0.2g/L、0.3g/L、0.4g/L、0.5g/L、0.6g/L、0.7g/L、0.8g/L。然后选用150mL的量筒9个，分别在量筒外面贴上 0 g/L、0.1g/L、0.2g/L、0.3g/L、0.4g/L、0.5g/L、0.6g/L、0.7g/L、0.8g/L 的标签。

制作膨润土悬浮液。首先称量出100g膨润土和2L纯净水。然后将2L纯净水加热到50℃，倒入3L的烧杯中，然后将100g膨润土慢慢撒入烧杯，边撒边用力搅拌以免结块，一直搅拌到充分混匀，用两根手指揉搓感到特别光滑后静置3h，就配置成了5%的膨润土悬浮液。

膨润土下胶。9个量筒每个里面添加100mL将要下胶的葡萄酒样，然后分别向标记0.1g/L、0.2g/L、0.3g/L、0.4g/L、0.5g/L、0.6g/L、0.7g/L、0.8g/L的8个量筒加入0.2mL、0.4mL、0.6mL、0.8mL、1.0mL、1.2mL、1.4mL、1.6mL的膨润土悬浮液，搅匀，密封量筒，放置暗光下静置。每天观察其澄清度，彻底澄清后，分别从每个量筒中取少量上清液，分别转入较小的密封无色玻璃管中，贴上相应的标签，80~85℃水浴30min，然后冷却，使用浊度仪检测冷却酒样的浊度，选择浊度值小于5的最小下胶量作为正式下胶的使用量，进一步计算出每升葡萄酒所需的下胶量，并做好试验记录。

②膨润土澄清操作。根据下胶试验确定的每升葡萄酒的使用量和需要下胶的葡萄酒量，计算出膨润土的使用量。提前1d进行膨润土活化，首先称取要求用量的膨润土，然后量取10倍膨润土用量的软化水加热到55~60℃后，转移至合适的不锈钢桶或槽车中，将膨润土缓缓加入，边加边搅拌，使膨润土呈均匀的悬浮状态并充分膨胀24h。对于用量少的小型储酒罐，可以人为地直接从上人孔加入，添加前应充分搅拌使膨润土液成乳状，然后流加到正在进行封闭循环的葡萄酒中，充分混匀，然后静置葡萄酒，澄清后转罐。

对于用量大的大型储酒罐，用离心泵将膨胀好的膨润土循环15min充分搅匀，然后将管道内的膨润土液转移至不锈钢桶中备用。对于需要下胶的酒罐，首先连接好封闭式循环的管道进行封闭循环，然后将乳化好的膨润土从上人孔流加到酒中，最后将槽车中残存的膨润土用适量的软化水冲洗干净转移至不锈钢桶中，也流加到罐中。膨润土全部添加完成后再进行1.5倍葡萄酒体积的循环，以保证膨润土与葡萄酒充分混匀。全部工作完成后将所用的设备工具清洗干净，处理酒面并将上人孔封严。大约7d后酒液逐渐澄清，等彻底澄清后，再次转罐去除沉淀。

2）硅溶胶－明胶澄清。该方法用于常规方法难以澄清的带有大量灰霉病孢子的葡萄酒，可以去除葡萄酒中的腐败和发霉气味。明胶的使用量一般为30~100mg/L，硅溶胶为60~200mg/L，明胶与硅溶胶的使用比例为1∶2。

首先要做明胶下胶试验，方法参照膨润土下胶试验，确定明胶的使用量，然后按照与明胶1∶2的比例计算出30%硅溶胶的量，再用尽量少的蒸馏水将两者分别溶解，制备成明胶溶液和硅溶胶溶液。添加时，首先将硅溶胶添加液加入葡萄酒，然后再将明胶添加液加入葡萄酒，混匀。等葡萄酒澄清后，转罐。

化学澄清使用的时间应尽量早，最好和第一次转罐结合进行。化学澄清在进行酒脚分离时最好与机械澄清相结合。

为了避免下胶过量，白葡萄酒应避免使用蛋白质类下胶剂，尤其是明胶。红葡萄酒为了检验明胶是否下胶过量，可在1L下胶澄清后的葡萄酒中加入0.5g单宁，如果24h后葡萄酒发生混浊，则说明下胶过量，混浊程度越大说明下胶过量越严重。

蛋清和植物蛋白下胶，参照相关产品的说明书。

（3）机械澄清　机械澄清常用的是硅藻土过滤和板框过滤。对葡萄酒的过滤，一般在三个时期进行。第一个时期在葡萄酒经过下胶澄清之后结合转罐进行的过滤，是下胶工作的延续，对葡萄酒进行粗滤，去除一些酵母、细菌、胶体和杂质，多使用硅藻土粗滤或板框粗滤；第二个时期是在葡萄酒冷稳定处理后，目的是进一步使葡萄酒稳定，使用板框过滤机进行澄清过滤；第三个时期是在葡萄酒装瓶前的过滤，目的是保证葡萄酒的稳定性和澄清度，避免出现瓶内混浊，可以使用除菌板过滤或膜过滤。

对于高品质葡萄酒最好使用板框粗滤，尽量减少过滤对葡萄酒的影响。

1）板框过滤。使用的设备主要是板框过滤机（图6-6），在众多过滤设备中，板框过滤机拥有巨大的优势。设备体积小，效率高，操作简单方便，最常用的过滤介质为纸板，通过装配不同型号的过滤纸板，可以进行不同级别的澄清过滤，甚至是除菌过滤。纸板主要有普通纸板和聚乙烯纤维纸板。纸板是比较娇贵的材料，存放时应避光、防潮和防污染，不能与有异味、具有挥发性的物品一起存放，搬动和使用时应轻拿轻放，避免结构损坏。根据过滤的目的和效果，纸板分为粗滤板、澄清板和除菌板。粗滤板主要用于第一次过滤，去除较粗的杂质，流量大；澄清板有不同的型号，根据具体目的选用；除菌板可除去微生物，常用于装瓶前的最后一次过滤。

2）硅藻土过滤。硅藻土过滤机（图6-7），是利用硅藻土的吸附性将葡萄酒中细小蛋白质和胶体悬浮物去除。硅藻土根据粒径分为细土（小于或等于$14.0\mu m$）、中土（$14.0\sim36.2\mu m$）和粗土（大于或等于$36.2\mu m$），根据过滤液的性质和杂质的含量选择不同粒径的硅藻土，硅藻土选择不当会产生严重的后果。过滤葡萄酒使用的硅藻土粒径多在中土范围，即$14.0\sim36.2\mu m$。

图 6-6　板框过滤机　　　　图 6-7　硅藻土过滤机

3）膜过滤。为了去除酵母、乳酸菌和醋酸菌，还可以采用膜过滤，过滤膜由纤维素酯和其他聚合物构成，过滤膜的厚度一般为 150μm，用于葡萄酒的孔径主要有两种，孔径为 1.20μm 的过滤膜，可去除酵母；孔径为 0.65μm 的过滤膜，可去除乳酸菌和醋酸菌。膜过滤必须在硅藻土或板框的澄清过滤后使用，它的目的是无菌过滤，提高生物稳定性，不是为澄清葡萄酒。

采用板框除菌过滤时，过滤前要用蒸汽对使用的板框过滤机、连接管路和成品罐进行灭菌处理，时间应在 45min 以上。过滤后的葡萄酒浊度应低于 1NTU。

2. 葡萄酒的调酒和并罐

对于中小酒庄，基本都是以酿造单品种年份酒为主，很少进行复杂的调酒。如果进行调酒，那么一定要明确我们的目的是提高葡萄酒的平衡性和协调性，校正口感上的不完美，绝不是什么神奇的魔法，将劣质葡萄酒变成美酒。

调酒有几个原则，第一，两种酒的品质相当，差别不能过大。第二，都存在口感上的不足，并且这些不足可以相互弥补，如一个单宁重，一个单宁轻；一个口感酸度强，一个口感酸度弱。第三，调酒后的葡萄酒品质得到明显的提升。

葡萄酒调酒前必须先进行小样试验，设置不同的体积比例进行勾兑，然后进行品鉴，记录整个试验操作过程和数据。调酒一般分为三步，第一步，使用不同风格的基酒进行大比例粗调，选出一个相对符合酿酒师目标的基酒组合比例；第二步，在粗调筛选基酒组合比例的基础上再进行不同基酒比例的细调，筛选出一个最接近酿酒师目标的基酒组合比例；第三步，在细调筛选出基酒配制比例的基础上再进行微调，筛选出两个符合酿酒师目标的基酒配制比例。调酒过程中每一步调好的样酒，先进行初评，品鉴后放到 0℃条件下，密闭贮藏 7d，再次品鉴，从而确定出每一步操作中最佳的勾兑组合。

小酒庄一般不进行调酒，但会遇到并罐的问题，就是经过一系列操作后，一个酒罐倒出来的酒不能装满罐，必须添加其他罐里的酒才能满罐。并罐的原则是口感和品质基本相当，酸度、pH 和香型接近。

3. 冷稳定试验和冷稳定处理

（1）**冰点确定** 确定葡萄酒的冰点，可以将葡萄酒装入比色管内，然后将比色管放入加有 –10℃冰块的冰桶内，用酒精温度计一边搅动葡萄酒，一边观察温度变化，当葡萄酒由液相变固相（葡萄酒呈冰激凌状时）时的温度，就是该葡萄酒的冰点。也可采用公式 $T=-[（酒精度-1）/2]$℃，进行推算。冰点一般与酒精度及含糖量有关。

（2）**冷稳定试验** 将除菌过滤后的葡萄酒装入 500mL 无色透明的玻璃瓶中，加塞密封，放入温度为冰点之上 0.5℃的冰箱中，保持 7d，每天观察透明度的变化情况。如果 7d 后酒样依然澄清，说明该酒在冷冻情况下是稳定的。若混浊沉淀，说明该酒在冷冻的情况下不稳定，则需要离心分离沉淀物，显微镜下镜检。沉淀为结晶体则为酒石结晶；若为絮状沉淀，则为蛋白质或胶体沉淀；若沉淀带有色泽，则为单宁或单宁蛋白质沉淀物。也可以将葡萄酒冷冻结冰保持 3h 进行快速鉴定。

（3）**冷稳定处理** 冷稳定处理，可以加速酒石酸盐、铁磷化合物、胶体物质和活细胞的沉淀，稳定葡萄酒体。冷稳定处理最好在冬春季自然温度相对较低时进行，节约成本。冷稳定处理已成为葡萄酒工艺中必须且重要的操作内容。葡萄酒冷稳定处理应在下胶过滤去除影响结晶形成的物质后进行。

具体操作：首先将葡萄酒倒入专用的冷冻罐（图 6-8），这种罐外面具有保温层，罐内有冷凝盘管，安装有搅拌机可以对酒体进行搅动，葡萄酒倒入冷冻罐前，根据冷冻罐的体积（1000L 需要 1kg 干冰的标准）放入干冰，进行空气排空。然后将倒入的葡萄酒在 5~6h 内急速降到葡萄酒冰点温度以上 0.5~1℃，稳定处理 10~14d，稳定处理前 3~5d，每天进行 30min 的搅拌，促进结晶增加。稳定结束后，快速检测，如果冷稳定处理合格，则低温倒酒、封闭过滤。倒酒用的罐，除了提前清洗干净、消毒处理

图 6-8 冷冻罐

外，还应在倒酒前撒入干冰进行空气排空，封闭酒罐。为了提高处理效果，可以在急速冷冻前加入少量（0.2g/L）的磨碎酒石。

北方的小酒庄不用这么麻烦，当年的新酒在冬季温度下降到处理温度时，转罐至普通的不锈钢罐，然后将车间的门窗打开，将冷空气放进来进行自然冷冻，持续 20d 后，进行转罐、过滤操作。需要注意的是，每次转罐都要进行二氧化碳排空。

冷冻处理后的葡萄酒，必须进行处理效果检验，将葡萄酒装入透明量筒内，加入定量的酒石酸氢钾，然后放在温度为 0~1℃的条件下 2~3h，如果沉淀析出的酒

石小于添加的酒石，就说明酒是稳定的，反之则不稳定。同时测定葡萄酒中酒石含量，若低于 0.7g/L，则该酒体不会再有酒石产生。

五、葡萄酒品质的调整

对于存在口感缺陷或酒体氧化、混浊沉淀风险的葡萄酒，可以在灌装前通过添加酵母多糖等一系列工艺进行提前矫正和预防。下面的方法仅供参考。

1. 酵母多糖的使用

酵母多糖是从酵母细胞壁中提取的包含葡聚糖、甘露聚糖（甘露糖蛋白）和少量几丁质的混合物质，对葡萄酒的色泽、香气、口感、整体结构和抗氧化都有很好的作用。葡萄酒中的酵母多糖，主要由酵母细胞在发酵过程中分泌或发酵后期死亡酵母自溶产生。葡萄酒发酵结束后，罐底会沉淀大量失活酵母（酵母泥），其分解产生的酵母多糖会释放到酒中，这就是发酵后期进行酒泥浸渍的原因。

使用方法：至少在葡萄酒灌装前 15d，将酵母多糖加入陈酿罐中，搅拌混匀，用量为 120~240mg/L。如果和阿拉伯胶、鞣化单宁联合使用效果更好。

2. 偏酒石酸和阿拉伯胶的联合使用

添加偏酒石酸和阿拉伯胶可以增加葡萄酒的酸度，提升葡萄酒的圆润度，稳定葡萄酒体，预防沉淀和混浊。

使用方法：葡萄酒稳定处理后，过滤装瓶前，按照偏酒石酸 1~3g/L、阿拉伯胶 0.1~1g/L 的标准，先按照 1∶5 的比例，用冷水将偏酒石酸溶解，然后再添加阿拉伯胶，搅拌，充分溶解后，将其添加到葡萄酒中混匀。

六、葡萄酒酿造中的常见问题及解决措施

1. 葡萄果实病害严重，质量不达标

我国的大陆性季风气候条件决定了除西北干旱地区和西南干热河谷地区以外，大部分葡萄产区的葡萄成熟季刚好处在雨季末期，如果植保措施跟不上，葡萄果实上的炭疽病、白腐病、酸腐病和灰霉病等病害都有可能严重发生。因此在葡萄果实采收时，对于葡萄果穗上超过 1/3 的果粒发生病害的果穗应当丢弃，如果某一地块超过 80% 的果穗都发生严重病害（果穗上超过 1/3 的果粒发生病害）最好放弃当年的酿造计划。对于果穗上只有几个果粒发病，可以在采果的时候用剪刀去除发病的果粒。发生病害的葡萄果实除了带有发病病菌外，还会带有大量的乳酸菌和醋酸

菌，以及各种酶，尤其以灰霉病的漆酶危害最大。

对于带有病菌的葡萄原料，酿造工艺必须进行调整，以预防氧化为核心。在凌晨低温时采摘葡萄，采摘下的葡萄迅速运到原料处理区，快速进行除梗破碎，大剂量添加二氧化硫。现以白葡萄酒酿制为例进行介绍，果实进入压榨机前，按照每升葡萄醪 40mg 二氧化硫的标准添加，同时添加果胶酶，压榨时进行二氧化碳保护，入罐前再按照每升葡萄醪 40mg 二氧化硫、50~100mg 维生素 C 的标准添加。并进行低温澄清，温度控制在 0~4℃，使用硅藻土和活性炭联合澄清，可以去除霉味和生青味。发酵前再次按照每升葡萄醪 20mg 二氧化硫和 20~30mg 维生素 C 的标准添加，并使用酒石酸调酸，酸度达到 7g/L 以上。发酵中不再考虑果香，选择高耐二氧化硫的中性酵母，在发酵前添加酵母可同化氮、维生素 B 族、酵母多糖和酵母营养助剂，发酵盛期补充酵母营养助剂。不再进行苹乳发酵。发酵结束后立即分离，并按照每升葡萄酒 20mg 二氧化硫和 20mg 维生素 C 的标准添加硫和维生素 C。及早进行下胶和过滤，采用膨润土和酪蛋白联合下胶、硅藻土过滤、冷稳定处理。使用酵母多糖调整口感，使用偏酒石酸和阿拉伯胶稳定酒体。

红葡萄酒酿制中遇到果实病害严重的问题时，处理方法可以参照上述的白葡萄酒处理方法。

2. 葡萄酒氧化

我国葡萄酒生产中，葡萄酒被氧化是一个很常见的问题，尤其在使用不合格的葡萄原料时更为严重。这是由于在温暖的条件下，葡萄酒接触空气后更容易导致颜色发生褐变，丧失葡萄酒特性和风味物质，苦味增加。葡萄酒氧化一旦发生，对葡萄酒的伤害是永久性的，因此葡萄酒防氧化是整个酿造工艺的核心之一。许多预防氧化的措施在前面的部分已经讲过了，但在这里再次强调。

第一，使用健康的葡萄原料，因为发生病害的果实上带有病菌产生的氧化酶（漆酶），在葡萄压榨之前就会对果实产生伤害，并且在高温下漆酶的活性会提高，危害加重，这也就是为什么要在凌晨低温时采摘葡萄、原料加工处理区建冷库、低温贮藏葡萄原料的原因，并且要在葡萄果实温度回升前快速破碎或压榨入罐。

第二，合理使用二氧化硫，在发酵前总二氧化硫的含量应在 80mg/L 以上，发酵成葡萄酒后游离二氧化硫的含量，根据 pH 的不同也相应变化，当 pH 小于 3.2 时，游离二氧化硫的含量应在 20mg/L 以上，pH 每增加 0.1，游离二氧化硫的含量增加 10mg/L，当 pH 大于 3.5，游离二氧化硫的含量应在 50mg/L 以上。

第三，全程进行惰性气体保护，尤其在除梗破碎和压榨环节使用干冰或液体二氧化碳进行惰性气体保护，减少与空气的接触。在每次转移葡萄汁或葡萄酒的时候，都应提前在空罐内进行二氧化碳保护，通常 1t 罐体容积用 1~2kg 干冰。管道和泵的连接要密闭，不能出现渗酒或漏酒的情况，坚决不能在出现渗漏酒时，放个容器去盛接而不去处理管道渗漏。如果使用的管道过长，也应提前使用惰性气体进行排空，最简单的办法就是在管道进酒端放入干冰，然后将端口封闭，静置一段时间。

第四，酸度调整。葡萄汁的酸度应在 7g/L 以上，pH 为 3.0~3.4，不达标则用偏酒石酸进行调整，但使用的量不能超过国家相关标准。调整后依然不达标，则只能增加二氧化硫的使用量。

第五，温度控制。酿造要全程低温，温度不能超过 20℃。

第六，使用维生素 C（抗坏血酸）。在葡萄汁或葡萄酒每次添加二氧化硫的时候，紧跟着添加抗坏血酸，使用量为 20mg/L，最终使葡萄酒的抗坏血酸含量在 50mg/L 以上。

上述措施都应用到位，基本不会发生葡萄酒氧化的问题。如果发生了氧化或发现有氧化迹象的葡萄酒，则要及时地校正。添加葡萄酵母多糖、五倍子单宁、陈酿单宁和二氧化硫，并使用酪蛋白下胶澄清，然后进行硅藻土和活性炭的联合过滤，最后再添加柠檬酸、鞣花单宁、偏酒石酸和阿拉伯胶进行风味调整和酒体稳定。

3. 葡萄酒混浊沉淀

现在消费者对葡萄酒的澄清度要求极高，购买的葡萄酒一旦发生混浊沉淀，会对葡萄酒庄的声誉会造成极其严重的影响。引发葡萄酒混浊沉淀的原因主要有蛋白质不稳定、酒石酸盐类低温结晶、微生物污染和金属性混浊等。葡萄酒的混浊沉淀机制十分复杂，往往不是由单一原因引起，当混浊发生后，及时鉴别出原因，采取对应措施进行处理。

从葡萄酒的感官特征和外观现象可初步判定其混浊的机制，即感官鉴定。微生物性混浊沉淀的葡萄酒，通常外观失去正常颜色、失去光泽、出现异味（细菌败坏带来的鼠臭味）、口味改变（酸度、酒精度下降）和挥发性酸味增加等。如果酒体表面形成灰白色至暗黄色菌膜，有二氧化碳溢出，可初步判断是酵母引起；出现灰白色至玫瑰色菌膜，有乙酸味，可初步判定是醋酸菌引起；出现丝状混浊且白葡萄酒出现浅蓝色，同时伴有酸菜味和二氧化碳溢出，可初步判定是乳酸菌引起。如果葡萄酒的沉淀物呈现明显的晶体外观，分布不均匀，可初步判定是酒石酸氢钾或酒石酸钙。铁破败会呈现黑色或蓝色混浊或沉淀，铜破败出现红棕色沉淀，蛋白质破败出现蓬松的絮状沉淀，含果胶和微小油滴的葡萄酒对光照有散射作用。

如果葡萄酒只有混浊没有沉淀，将混浊液分装 4 个离心管放入离心机，以 4000r/min 的速度离心 20min，然后取出 4 个离心管，去掉上清液，往离心管底部的沉淀，分别加入蒸馏水、50% 酒精溶液、盐酸溶液和 2mol/L 的氢氧化钠；摇匀，在强光下观察；添加酒精溶液的离心管内的沉淀溶解，说明是多酚类（色素和单宁）；添加盐酸溶液的离心管内的沉淀溶解，说明是金属盐；添加氢氧化钠溶液的离心管内的沉淀溶解，说明是蛋白质。

现在葡萄酒庄都知道铜、铁对葡萄酒的危害，所以当葡萄果实进入成熟阶段以后，都避免使用含有铜、铁元素的药剂，在酿造环节使用的设备和工具也都是不锈钢制品，加之标准化的酿造工艺流程，只要严格按照工艺要求操作，葡萄酒生产中出现葡萄酒氧化、混浊和沉淀等问题也是一件不寻常的事情。

如果真的发生了以上问题，根据造成葡萄酒混浊和沉淀的原因采用不同的处理办法，如果是铜离子、微生物或蛋白质引起的混浊沉淀，可以使用热处理后下胶、过滤进行解决。热处理的操作也比较简单，现在有专用的热交换器，按照说明操作即可，但热交换器接触葡萄酒的部分必须是不锈钢材质。酒石酸盐引起的混浊沉淀，进行冷稳定处理和下胶、过滤进行解决。

第四节　葡萄酒的灌装、运输和贮藏

一、葡萄酒的灌装

葡萄酒灌装，是将酿造好的葡萄酒装入酒瓶或其他容器内，并进行密封的过程。现在葡萄酒庄使用的灌装设备基本实现了自动化和一体化，上瓶、洗瓶、装瓶、打塞、装帽、贴标实现了一体化的流水作业。葡萄酒的灌装是整个葡萄酒生产工序中最后一道工序，也是最为重要的环节之一，如果该环节出了问题，将会付出极高的代价，甚至将前面所有的工作化为乌有。灌装工序中较常见的问题有：过滤操作不当，造成颜色或酒香丢失严重，或过滤不彻底从而使葡萄酒带菌或有杂质；或瓶子清洗不干净；或软木塞、酒帽、酒标与酒瓶和设备不配套等。

1. 灌装前的准备

（1）**葡萄酒检测和评价**　装瓶前，必须根据 GB/T 15037—2006《葡萄酒》、GB 2760—2014《食品安全国家标准　食品添加剂使用标准》、GB 2758—2012《食品安全国家标准　发酵酒及其配制酒》、GB 2761—2017《食品安全国家标准　食品中真菌毒素限量》、GB 2762—2017《食品安全国家标准　食品中污染物限量》、GB 2763—2019《食品安全国家标准　食品中农药最大残留限量》等相关要求，对葡萄酒的质量进行检测,部分检测项目见表6-2,并按照表6-3和表6-4进行葡萄酒感官评价和等级划分,如果葡萄酒出现不符合标准的项目,要及时采取措施进行调整达标。

表6-2 葡萄酒部分检测内容及标准

项目	类型	标准
总糖(以葡萄糖计)/(g/L)	干白和干红	≤ 4.0
酒精度(20℃体积比)/(%vol)	干白和干红	≥ 7.0
滴定酸(以酒石酸计)/(g/L)	干白和干红	5.0~7.5
挥发酸(以乙酸计)/(g/L)	干白和干红	≤ 1.2
柠檬酸/(g/L)	干白和干红	≤ 1.0
总二氧化硫/(mg/L)	干白和干红	≤ 250
干浸出物/(g/L)	白葡萄酒	≥ 16
	红葡萄酒	≥ 18
铁/(mg/L)		≤ 8
铜/(mg/L)		≤ 1.0
铅/(mg/L)		≤ 0.2
甲醇/(mg/L)	白葡萄酒	≤ 250
	红葡萄酒	≤ 400
苯甲酸或苯甲酸铵(以苯甲酸计)/(mg/L)		≤ 50
山梨酸或山梨酸钾(以山梨酸计)/(mg/L)		≤ 200
沙门菌、金黄色葡萄球菌		0/25mL

表6-3 葡萄酒感官要求

项目	类别	要求
色泽	白葡萄酒	近似无色,微黄带绿、浅黄、禾秆黄、金黄色
	红葡萄酒	紫红、深红、宝石红、红微带棕色,棕红色
澄清度		澄清,有光泽,无明显悬浮物(使用软木塞封口的酒允许有少量软木渣,装瓶超过1年的葡萄酒允许有少量沉淀)
香气		具有纯正、优雅、怡悦、和谐的果香与酒香,陈酿型的葡萄酒还应具有陈酿香或橡木香
滋味		具有纯正、优雅、爽怡的口味和悦人的果香味,酒体完整
典型性		具有标示的葡萄品种及产品类型应有的特征和风格

表 6-4　葡萄酒感官分级评价描述

等级	描述
优级品	具有该产品应有的色泽，自然、悦目、澄清（透明）、有光泽；具有纯正、浓郁、优雅和谐的果香（酒香），诸香协调，口感细腻、舒顺、酒体丰满、完整、回味绵长，具有该产品应有的怡人风格
优良品	具有该产品应有的色泽，澄清透明，无明显悬浮物，具有纯正和谐的果香（酒香），口感纯正，较舒顺，较完整，优雅，回味较长，具有良好的风格
合格品	与该产品应有的色泽略有不同，缺少自然感，允许有少量沉淀，具有该产品应有的气味，无异味，口感尚协衡，欠协调、完整，无明显缺陷
不合格品	与该产品应有的色泽明显不符，严重失光或混浊，有明显异香、异味，酒体寡淡、不协调，或有其他明显的缺陷（除色泽外，只要有其中一条，则判为不合格品）
劣质品	不具备应有的特征

最后则是根据工作安排，将需要灌装的葡萄酒进行并罐（根据酒庄的销售需要和酒的等级划分）、稳定酒体、除菌过滤，倒入灌装车间的灌装罐备用。

（2）耗材的准备　酒瓶、瓶塞、酒帽、酒标、酒箱等包装耗材应符合《中华人民共和国食品安全法》《中华人民共和国产品质量法》《中华人民共和国广告法》《中华人民共和国商标法》等法律法规的要求，以及 GB 7718—2011《食品安全国家标准　预包装食品标签通则》、GB 2758—2012《食品安全国家标准　发酵酒及其配制酒》和 GB/T 15037—2006《葡萄酒》等相关标准的要求，并能体现酒庄主题特色和文化。瓶塞、酒帽、酒标与选择的酒瓶和灌装设备相配套。

1）酒瓶。葡萄酒瓶的主要类型有，波尔多型瓶、勃艮第型瓶、罗纳河谷型瓶、德国长笛型瓶、香槟型瓶、波特酒型瓶等（图 6-9）。酒庄最为常用的是直身高肩的波尔多型酒瓶，墨绿色的波尔多酒瓶主要用于盛装干红葡萄酒，浅绿色的酒瓶盛装干白葡萄酒，白色的酒瓶盛装甜白葡萄酒，波尔多型瓶已在我国广泛使用。其次是瓶身较矮、瓶肩逐渐变细的勃艮第酒瓶，浅绿色的勃艮第酒瓶用来盛装白葡萄酒，暗棕色的酒瓶盛装干红葡萄酒。为了与灌装线配套和节约成本，我国酒庄多采用 750mL 的波尔多型瓶。购买的酒瓶应对其公称容量、满口容量、瓶全高、瓶口内径、瓶身厚度、瓶底厚度、垂直轴偏差、抗冲击等与灌装质量和贮藏效果相关的项目进行检测。最终葡萄酒瓶必须符合我国包装行业标准 BB/T 0018—2021《包装容器　葡萄酒瓶》中的要求。

2）瓶塞。葡萄酒瓶塞看起来毫不起眼，但它的作用却至关重要，一个好的瓶塞应该具备把瓶中的酒完好地封存起来，同时又允许有限度的呼吸功能，让酒不会因为"漏气"而氧化,也不会因为"窒息"而无趣。市场上常见的瓶塞主要有软木塞(图6-10)、合成塞和旋盖式瓶塞(螺旋盖)3种。

图6-9 葡萄酒瓶的主要类型　　图6-10 软木塞

软木塞又分为天然软木塞、复合软木塞(1+1塞)、超微塞[去TCA(三氯苯甲醚)]等。天然软木塞,使用栎树皮直接冲压而成,体现了封闭性和透气性的完美结合,但价格昂贵,常用于高档陈酿型葡萄酒的封瓶,缺点是易造成软木塞污染,带给葡萄酒难闻的湿纸板气味。复合软木塞,用制作天然软木塞淘汰下的材料,经粉碎黏合而成,与天然软木塞相似,但价格比天然软木塞便宜,发生软木塞污染的概率也低,缺点是存在泄漏的风险,同时过氧量比天然软木塞大,适合短期内喝掉的葡萄酒。超微塞(去TCA),在具有天然软木塞透气性、高弹性和密封性的同时,又不会有木塞味的问题,该瓶塞结构稳定,对含水率变化不敏感,对酒的影响小,缺点是表面不如天然塞光滑、美观。

合成塞,采用化工纤维制造,与天然软木塞相似,价格低廉,污染率极低,常用在即饮型普通餐酒封瓶。

旋盖式瓶塞(螺旋盖),极大程度地解决了天然软木塞的TCA污染问题,而且一扭即开,不需要专用的开瓶器。在白葡萄酒上使用得越来越多,另外从澳大利亚进口的红葡萄酒上也能见到。

瓶塞的选择应根据酒庄自身的需要而定,高档葡萄酒使用天然软木塞,普通葡萄酒可以使用合成塞或旋盖式瓶塞。总之,不管选用哪种瓶塞,瓶塞都应弹性好、不易破碎,用于鲜饮型葡萄酒的瓶塞直径应大于瓶颈内径6mm,陈酿型葡萄酒的瓶塞直径应大于瓶颈内径8mm,瓶塞的长度应大于4cm。

3)酒帽。酒帽主要的作用是保护软木塞,避免软木塞在潮湿的环境中发霉,导致葡萄酒变质,同时也可以提高葡萄酒的美观度。常见的有两种,第一种是PVC

帽，价格便宜，质量稍低。第二种是铝塑帽，品质好，成本高一些。

4）酒标。酒标是一瓶葡萄酒的脸面，必须优美、大方，充分体现酒庄的主题和文化内涵，并且有较高的辨识度，符合 GB 7718—2011《食品安全国家标准　预包装食品标签通则》的要求。

2. 葡萄酒的灌装流程

大多数情况下，葡萄酒灌装所用的酒瓶为没有开封使用的新瓶，只需要进行臭氧水杀菌和无菌水冲洗即可，最好不要对回收酒瓶进行二次使用，因为酒瓶的清洗消毒很容易出现纰漏。

灌装日期确定后，提前 3~4d 对整个灌装线进行安检维修和试灌装。调试时，先从慢速开始启动灌装线，空线运行，葡萄酒、臭氧水等用无菌水代替，检测线路是否运行正常。确定运行正常后，再使用少量的酒瓶、软木塞、酒帽、酒标等上料运行，检查酒塞深度是否到位，酒帽缩帽是否正常，酒标的位置是否正确，高低是否合适，粘贴是否牢固等，调试好运行速度。如果运行正常，则连接盛装低等级葡萄酒的灌装罐，先使用低等级的葡萄酒进行非正式灌装，再次检查灌装线，确定没有问题，则将灌装车间和灌装线清洗干净，灌装线消毒备用，离开车间前打开紫外灯进行消毒，车间门上锁，禁止进入。

正常情况下，人工上瓶后，剩下的洗瓶、消毒、吹干、灌酒、充氮气、打塞、清洁、封帽、打码、贴标等工序全部由机器完成，工人主要负责灯检、装箱和临时码垛等工作。灌装期间要保证耗材充足，避免因断料导致的停机。有时酒庄还想装瓶后再进行陈酿，那就将缩帽后的工作省去，等需要销售的时候，再提前进行打码、贴标、装箱等工作。

二、葡萄酒的运输和贮藏

刚灌装结束的葡萄酒，酒瓶必须正放 48h，让软木塞充分回弹，过早倒放或平放可能会出现渗酒等问题。葡萄酒应轻装轻卸，严禁与有腐蚀、有毒、有害、有异味、有污染的物品一起混装混运。使用软木塞或合成塞的葡萄酒，储运时应倒放或卧放。运输过程中应保持清洁、避免剧烈震荡、日晒、雨淋和冰冻。运输的适宜温度在 5~35℃，最好低温运输。

灌装后的裸瓶酒，使用仓储笼，继续存放到酒窖或库房，进行瓶内陈酿。成品葡萄酒应贮藏在避免日光直射、干燥、低温（5~25℃）、无污染、无毒、无异味的仓库内。葡萄酒应按照生产日期、品名、包装形式及批号分别堆置，葡萄酒不能直接接触地面，应堆放在叉车托盘上，既隔潮，又方便运输。成品酒的出入库，应进行出入库登记，内容包括出入库时间、数量、对象、葡萄酒品名和数量等。每批成品应经检验，符合产品质检标准后，方可出货。

上述工作都做完，葡萄酒的酿造工作基本结束，剩下的工作就是对外销售了。

第五节　葡萄酒酿造生产过程中的质量控制

质量控制在葡萄酒的生产过程中相当重要，酿酒师应根据检验部门提供的数据及时调整生产工艺，控制生产进度，确保葡萄酒的健康和安全。在葡萄酒生产过程中各阶段的取样和化验分析的总体要求如下：首先，取样用容器必须洁净无污染，取样前用待测样品润洗 2~3 次。取样量视分析化验的项目确定，一般不应少于 250mL，只分析二氧化硫的样品可取 200mL。其次，化验员在取到酒样后应立即进行样品处理（封闭调温至 20℃）、分析操作，把分析原始数据记录在检验原始记录本上并计算结果。根据原始记录计算结果，开出相应的分析报告单据，送生产技术部门一份，另一份留存根。最后是检验内容应根据生产阶段确定，如果是发酵陈酿阶段，应全面分析残糖、酒度、总酸、挥发酸、二氧化硫、干浸出物、色度、多酚、pH 等。

若有外购原酒，进厂前和进厂后都应取样送化验室进行全面分析，并索取所购原酒的分析报告。进厂前由供方提供样品及资质，进厂后由接收车间报验取样。

一、发酵、贮藏阶段质量控制

每个发酵罐葡萄入满料后进行总糖、总酸、二氧化硫、pH 等项目的分析，发酵结束后进行全面分析。原酒并罐后，车间报验，每罐原酒需要分析全项指标。每罐原酒在转罐后，需报验分析游离二氧化硫、总二氧化硫和挥发酸并及时进行调整。所有原酒需要进行定期的普测分析，每月进行 1 次。若原酒贮藏时间较长，配酒前应进行全面分析。混合后的原酒，需要报验分析酒度、总酸、挥发酸、二氧化硫、pH 等项目。各种原酒在使用前，必须报验分析挥发酸和二氧化硫。质量管理部门根据上述分析结果，对与标准要求不符的项目应做出相应的调整措施，生产技术部门实施后再次分析相同的项目，检验其是否达标。

二、葡萄酒配制阶段质量控制

原酒使用前，由车间查验该原酒的近期各项指标，符合标准的才可以使用。原酒调配成配成酒后由车间报验，由化验室做全面分析，并与调配试验的小样对照。配成酒理化指标合格后进行下胶、冷稳定处理，在冷稳定处理后期由车间报验冷稳定鉴定，并由化验室填写低温稳定性鉴定记录。低温鉴定合格后方可进行过滤，过滤合格后由车间报验全面分析指标。在灌装之前进行除菌过滤，过滤完成后由车间报验，进行全面分析和微生物检验，并由质量管理部门品评，检查理化、农残、污染物、真菌毒素、有害微生物，以及感官等国家规定的各项内容，全部合格后，由质量管理部门开具"配成酒检验合格单"。

三、葡萄酒封装阶段质量控制

灌装车间只有见到质量管理部门开具的"配成酒检验合格单"后，才可以进行灌装。每批酒在灌装前由车间报验游离二氧化硫和总二氧化硫的含量，并及时将游离二氧化硫的含量调整到 30~35mg/L，车间调整完成后再次报验分析游离二氧化硫的含量进行验证。每批酒装瓶后由质检员取首瓶酒送化验室进行试验分析和微检，分析全面指标是否与"配成酒检验合格单"的指标相符，特别是在酒精度和酸度差别较大时要通知生产部立即停止灌装并封存灌装的成品酒，待再次分析检验合格后方可进行灌装，封存的成品酒做起塞回罐处理。在灌装过程中，每天每隔一段时间随机取样，每批次产品取样 12 瓶，其中 6 瓶留样用于稳定性分析，另外 6 瓶进行化验分析。留样产品每 3 个月进行感官品评并检验稳定性，确保该批次产品的质量安全且稳定，产品全部售完后剩余留样产品继续留存，并进行长期的稳定性及感官质量的跟踪试验。留样产品还需进行比对试验，与第三方或国家检验部门的检验报告进行对比分析，关注理化指标的偏差，以此确认这批酒是否具备出厂条件和化验室有待提高之处。

四、其他

质量管理部门或生产技术部门根据生产情况，随时要求的分析项目，一般由生产技术部报验，化验室进行分析。游离二氧化硫含量的控制，原酒要求为 30~40mg/L；配成酒要求为 30~35mg/L；成品酒要求为 30~35mg/L。

第七章

葡萄酒庄的运营

酒庄的运营不能局限于葡萄酒和葡萄产品上（除非是所处的地方只能种葡萄，没有任何其他可以挖掘的资源），而是在葡萄酒和葡萄产品的基础上，充分挖掘其他方面的资源，尤其是这片土地上所特有的资源（这就牵涉葡萄酒庄最初的选址），设计出与葡萄酒并行的另一个特色主题。这一主题必须立足于酒庄现有的特色或优势资源，借势布局，减少基础性的投资，并且主题突出，酒庄所有的运营和建设都围绕葡萄酒和选定的主题展开，最忌高、大、全，跟风上项目。

需要说明的是，不管酒庄运营何种项目，前提是解决好交通问题，具体标准为：首先，从城市中心到酒庄的车程不超过 1h（如果酒庄大门开在高流量热门景区必过的主干道上也可以突破 1h 车程的限制）；其次，从交通主干道到酒庄大门的道路十字路口不能超过 3 个，酒庄大门最好直接开在主干道上；最后，道路的宽度要足够，如果是以团队为客源的项目如研学教育，从主干道到酒庄的道路宽度应在 6m 以上，满足大巴车的安全出行。这里再次涉及酒庄的选址，酒庄能否运营成功，选址决定 80%，园址选得好，酒庄运营轻松，庄主省心。酒庄的选址必须以产品销售为核心，将酒庄建在自己销售目标的中心区域，在满足销售的前提下，再考虑生产对酒庄选址的需求，除非自己有极强的销售网络。

如果交通和区位都不行，就安心把酒庄定位为生产型酒庄，安心把葡萄种好，生产出高性价比的葡萄酒，依靠产品性价比和庄主人脉进行销售，靠葡萄酒盈利。

一、酒庄运营的方向和目标

葡萄酒庄运营的方向和目标是盈利，不是葡萄酒，所以酒庄运营项目的设计不能局限于葡萄和葡萄酒上，必须建立在酒庄所具有的区位优势、天赋资源和庄主的人脉能力上。如果有好风景，那么酒庄的运营和开发可以立足于这个美景，借景开发，打造新的独家景观；如果有地热资源，则开发温泉疗养休闲项目，利用天然的热量，打造冬季特色景观农业；如果有森林，就发展森林探险旅游教育项目；如果有大面积的荒地，可以打造草原项目；如果这块地沟壑纵横、高低不平，则可以打造坑道探险或真人 CS（反恐精英）；如果有小溪、河流或其他水域，则发展各种与水相关的项目。

总之，酒庄的运营，一定要挖掘酒庄这块土地，或庄主所具有的独特资源（庄主具有某项高超技能也是资源，尤其是"吃喝玩乐"的技能），一定不能局限于葡萄酒这一个点上，它只是一个吸引大家了解的点，从这个点引发其他产品的销售，带动面的发展。

如果这块土地真的没有独特的自然优势，就是一块平平坦坦的农田，那就考虑它有没有紧邻城市和交通便利的区位优势，如果有优势，充分发挥投资者所具有的独特技能和行业资源。例如，庄主从事旅游教育行业，就发展亲子教育、农业研学项目；如果从事餐饮业，就发展特色餐饮（必须是特色餐饮），围绕酒庄这块土地种养出的某种特色食材做文章，也可以是大众食材，但这种食材必须是酒庄自己种植或养殖出来的，围绕这种食材开发各种菜品，如蔬菜中的芦笋、动物中的香猪等。

如果上述资源都没有，那就抛弃所有不实际的需要，不要再花费精力打造其他项目，围绕这块土地，将所有资金用到葡萄种植和酿造上，通过自己的知识和勤劳种出低成本的好葡萄，酿出高性价比的葡萄酒，一方面依靠产品销售获得利润，另一方面为庄主的主业发展配套服务。

二、酒庄运营的规模

1. 场地规模

场地规模，必须依据目标市场的规模而定，最简单的方法就是先找到当地与自己土地规模相当，运营最成功的类似项目，调查接待高峰时期 1 个月的客户接待量，然后再除以 4，这就是自己运营项目 1 个月所能拓展到的最高客户接待量；再以调研对象这 1 个月内接待第三高峰日的客人数量（一定要统计车辆数量）除以 3，就是自己所能拓展到最大单日客流量。如果当地没有类似的项目，那就到与自己城市人口规模相当的城市寻找与自己交通区位相同，运营最成功的类农业项目，调查其接待高峰期 1 个月的客户接待量，再除以 3 就是自己将要运营项目 1 个月内所能拓展到的客户上限，这 1 个月内接待第三高峰日客人数量除以 2，就是自己所能拓展到最大单日客流量。自己的上限客户数量（车辆数量）知道了，就知道自己项目场地和停车场的规模了。一般来说，在三四线城市酒庄土地面积不超过 150 亩；一二线城市酒庄土地面积不超过 200 亩，在这些有限的土地中，通过合理的规划将葡萄种植散布其中，打造一个既是生产又是绿化也是项目活动的场所。

2. 投资规模

在保证达到运营目标的前提下，投资规模当然是越小越好，这就要依靠投资者的视野和具体操盘者的智慧和勤奋。当然，投资也存在一个大概的规模，在三四线城市资金规模不要超 2000 万，一二线城市资金规模不要超过 5000 万，这其中已包含前 3 年的运营管理费用。

3. 人员规模

酒庄的固定员工必须和酒庄的规模相匹配，也就是说保证酒庄运行的最少人数就是酒庄的固定员工数量。例如，周末只来 1 个客人，能够满足这个客人需求的员工人数就是最少人数。简单地说，一个 150 亩带有餐饮娱乐内容的酒庄，固定员工数量不得超过 10 人，在具体招聘员工的时候，每个员工必须是一专多能（当然工资也应适当提高）的多面手（也可以由酒庄自行培训），这样员工就可以根据需要随时调配。聘请的员工中最好有一些酒庄周围农村中懂建筑和木工的泥瓦匠或电焊工，这样酒庄的许多工作和小项目，自己就可以动手做。

三、酒庄产品的营销

1. 区域销售

中小酒庄的产量有限，不要想着全国市场，销售重点应放到酒庄周围 100km 内的区域市场，首先是与本地大型商超对接，建立长期委托销售，定期结账。需要说明的是，商超销售的葡萄酒要用单独的品牌和酒标，与酒庄内销售的葡萄酒进行区别，避免自己与自己竞争。

其次，在本地人流量大、客人会停留的地方，进行联合促销活动。比如，与餐饮酒店，做"你买酒，我结账"的活动。开展这些活动的前提：第一，对自己葡萄酒的成本有一个精准核算，第二，与合作对象洽谈出合理的让利空间，第三，用于活动的葡萄酒品质一定要好。说到这里，必须再次强调，一定要生产出高性价比的葡萄酒，高品质低成本的葡萄酒是酒庄生存发展的基础。最后，促销活动使用的葡萄酒要与酒庄内销售的酒为同款，开展活动的地方要距离酒庄 15km 以上。

对于上述销售方式，如果庄主有人脉可以自己做，也可以委托给第三方去做，利润按比例提成。

2. 网络销售

1）借助微信和抖音等平台，建设酒庄公众号和朋友圈，与到访过酒庄的客户建立联系，定期推送与酒庄、葡萄酒、健康生活等有关的内容。网络营销首先要把客户当朋友，多站在客户的角度思考问题，先是朋友后是客户。

2）与电商平台上的商户合作（最好不要自己开店，牵扯太多精力，当然主业就是电商则另说），让对方代卖，酒庄接单发货给卖家提成，不要让商户有资金成本和发货压力。同样，网络销售的葡萄酒要有单独的品牌和酒标，以示区别。

3. 酒庄销售

在酒庄的出口处建立葡萄酒和特色产品的销售区域，方便路过酒庄或到访酒庄的客户购买和携带。其次，酒庄内关于葡萄酒的任何活动，都要使用本酒庄高品质的葡萄酒。

四、酒庄运营中的一些理念

1. 酒庄的建设顺序

除了生产型酒庄，其他类型的酒庄通常有2个核心建设内容。第一个是葡萄园和葡萄酒酿造车间的建设；第二个是酒庄特色主题项目的建设。需要说明的是，葡萄酒庄的建设顺序，首先是葡萄园，其次是酿造车间，然后是特色项目，最后才是园区绿化和餐饮住宿。尤其是餐饮（特色餐饮酒庄除外）和住宿必须根据酒庄客户或合作伙伴的需求决定。

2. 酒庄门票

以景观资源为主题的酒庄，应收取门票，但可以用门票抵扣酒庄内的其他消费，这样做可以筛选掉无效客源，降低酒庄的接待压力，又可以在有效客源中筛选出长期客户。通过微信添加或登记手机号码建立联系，这些客人都有可能成为酒庄的忠实客户。

对于庄主主业拥有特殊客户资源的酒庄，可以适当收取门票并限制每天的散客数量，避免无效散客对目标客户的打扰，降低接待成本，增加目标客户的满意度。

以特色餐饮、农产品销售和教育培训为主，靠流量挣钱的酒庄，则不应收取门票，但为了分流游客或收回投资，可以对酒庄的特定区域采用项目单独收费的模式，如农产品自助采摘区域单独收费。

3. 酒庄名称

酒庄名称一定要突出酒庄的主题，拥有特色景观的酒庄，可以根据自己的景观特点进行命名，比如，拥有大片竹林的酒庄，可以命名为"×××竹林酒庄"，拥有温泉疗养的酒庄，直接命名为"×××温泉酒庄"；以特色餐饮为主的酒庄，根据自己的餐饮服务特色起名，如以红薯为食材的酒庄可以叫"×××云薯餐饮酒庄"；经营某种特殊产品的酒庄，可以根据自己的产品进行起名，种植有茶叶的可以叫"×××茶香酒庄"等，一定要让看到酒庄名字的人马上知道酒庄除了酿造葡萄酒以外的重点经营项目，帮助客人完成对消费项目的选定和对无效目标的筛选。当然起的名字要上口，优雅与否，则根据自己的目标客户群而定，简单直接有时也是好事。

4. 酒庄设施和建筑

只要牵涉接待客户的酒庄，都应有一个空间够大、明亮简洁的多功能综合服务大厅（图7-1），通过内部桌椅等设备的调整，能够承接各种接待和培训需要。

图7-1　可用于接待、餐饮、培训等内容的多功能综合服务大厅

有客户体验内容的酒庄，必须有相应的设施减轻雨雪天气的影响，如有农产品采摘内容的酒庄，必须有一部分设施农业，保证种植的农产品遇到雨雪天气也不影响客户的消费体验。

5. 酒庄餐饮

餐饮一定要围绕酒庄种养的产品为核心，突出自己的食材特色，制作方法要简单易学，不需要聘请专业厨师（如果庄主热爱厨艺则另说），以成品菜和半成品菜为主，客户来的时候，简单加工即可送上餐桌。不要思考和设计葡萄酒如何去和菜品搭配，真正懂得葡萄酒与菜品搭配的人毕竟很少，还大多集中在一二线城市，即使本地有这样的行家，也多形成了稳定的搭配思路和习惯，他们不是酒庄餐饮的客户群，而是葡萄酒的客户群。平时的餐饮服务不超过2个人，有大型餐饮活动可以临时聘人。

为保证食材有特色，可以聘请1~2名菜农，首先，种养出农庄所在区域的特色食材；其次，种植家常蔬菜中的高品质类型，比如，常见的生菜，根据叶片质地分为脆叶型生菜、绵叶型生菜和杂交中间型生菜。绵叶型生菜和杂交中间型生菜好种，但口感不好。脆叶型生菜叶片厚，脆嫩，吃着爽口，消费者喜欢，但生长期较长，虫害严重，生产者不愿意种，超市和菜市场已很难见到，这就是酒庄菜园要种植的品种。对于酒庄筛选出的蔬菜种类，最好自己留种，逐渐形成自己的特色品种。需要说明的是，聘请的种菜工人农闲时也可以作为餐厅和葡萄园帮工。

如果在经营的过程中发现自己酒庄的某款葡萄酒与自己酒庄的某道菜能实现完美的搭配，则要记下来，并要把这款酒的香型、口感和相关理化指标测定记录下来，指导以后的餐酒搭配和葡萄酒酿造。

6. 酒庄娱乐项目

酒庄娱乐项目，最好都是不需要专职服务人员的无动力项目，让客人自娱自乐，节省人工成本。对需要人员辅助的项目则必须按照时间段进行开放，用最少的员工运营所有的项目。以一个水果采摘项目的时间设计为例，如9:00~10:30鲜果采摘，11:00~11:40葡萄酒品鉴（与餐厅是同一场地），12:00~13:30就餐，14:30~15:30健康养生（与餐厅是同一场地），16:00~17:30鲜果采摘，通过设置时间差，1~2名工作人员就可以运营所有项目。

对于一些表演性项目，可以和相关专业的培训机构或业余爱好者群体联系，免费提供场地和饮食，让他们来酒庄练习和表演，以增加人气，对于人气较高的表演者，可以与表演者协商用酒庄的葡萄酒或其他时令产品支付相关费用。

7. 酒庄核心区

酒庄的核心区就是酒庄酿造车间、主体建筑、餐饮娱乐、拓展培训、休闲采摘等与游客相关项目的集中分布区域。核心区的占地面积在三四线城市不超过30亩，在一二线城市不超过50亩，面积过大会使运营难度和资金压力特别大。

8. 酒庄产品标准

酒庄生产的葡萄酒和主题农产品，不要追求有机，而是定位到绿色，绿色标准相对容易实现。投资的核心是盈利，盈利的基础是低成本，在满足需要的前提下，应想尽一切办法降低成本。

9. 酒庄员工要求

凡是与游客大量接触的员工，尤其是负责接待、收款、引领等工作的员工，不要求年轻漂亮或帅气，但一定要性格好，爱整洁，待人说话让人舒服或有喜感，在坚持原则的前提下，遇事知道变通。

参考文献

[1] 孔庆山.中国葡萄志[M].北京：中国农业科学技术出版社，2004.

[2] RANKINE BRYCE.酿造优质葡萄酒[M].马会勤，邵学东，陈尚武，等译.北京：中国农业大学出版社，2008.

[3] 高年发.葡萄酒生产技术[M].2版.北京：化学工业出版社，2012.

[4] 葛亮，李芳.葡萄酒酿造与检测技术[M].北京：化学工业出版社，2013.

[5] 李华，王华，袁春龙等.葡萄酒工艺学[M].2版.北京：科学出版社，2023.

[6] 战吉宬，李德美.酿酒葡萄品种学[M].2版.北京：中国农业大学出版社，2015.

[7] 王秀芹.酿酒葡萄生态与栽培学[M].北京：中国林业出版社，2015.

[8] 孙海生，张亚冰.图说葡萄高效栽培[M].北京：机械工业出版社，2018.

[9] 李记明.橡木桶：葡萄酒的摇篮[M].北京：中国轻工业出版社，2010.

[10] 唐文龙.中国葡萄酒市场营销模式与品牌管理[M].北京：中国轻工业出版社，2011.

[11] 唐文龙.赢销葡萄酒饮享成功的营销智慧[M].北京：经济管理出版社，2014.

[12] 马相金.民国时期我国酒业的发展及其分布特征[J].唐山师范学院学报，2011，33（3）：67-71.

[13] 刘世松，菅蓁.中国葡萄酒产业现状剖析及发展研究[J].酿酒，2016，43（5）：13-17.

[14] 李华，李甲贵，杨和财.改革开放30年中国葡萄与葡萄酒产业发展回顾[J].现代食品科技，2009，25（4）：341-347.

[15] 厚正芳，吴正强.宁夏葡萄产业现状与发展趋势研讨[J].农业与技术，2017，37（24）：150，168.

[16] 赵琦.低温浸渍发酵工艺对葡萄酒酿酒品质及其代谢产物的影响[D/OL].扬州：扬州大学，2017［2023-4-4］. https://kns.cnki.net/kcms2/article/abstract?v=3uoqIhG8C475KOm_zrgu4lQARvcp2SAk 6BvX81hrs37AaEFpExs0FWsaCiBnlE6zQBc3S9HjDToglwzvB1bUPPVDwKCdqbW&uniplatform=NZKPT.

[17] 尹何南.杨凌地区红色酿酒葡萄成熟度控制指标体系建立的研究[D/OL].咸阳：西北农林科技大学，2017［2023-4-4］. https://kns.cnki.net/kcms2/article/abstract?v=3uoqIhG8C475KOm_zrgu4lQARvep2SAk-6BvX81hrs37AaEFpExs0EjAggkujY

yBbxZRAqe48UmOS41nGeLYlpwFeZULdcxL&uniplatform=NZKPT.

［18］张红娟.陕西关中平原与渭北旱塬生态区红色酿酒葡萄品质研究［D/OL］.咸阳：西北农林科技大学，2018［2023-4-4］.https://kns.cnki.net/kcms2/article/abstract?v=3uoqIhG8C475KOm_zrgu4lQARvep2SAkZIGkvqfmUZglMdu7fCR486Jgp0IgX3FhFfTBmeLiMy3h-cmdnZWxb4sZ9ArPW1qV&uniplatform=NZKPT.

［19］杨璐瑶，马彩霞，许洋等.蓬莱地区不同酒庄'赤霞珠'葡萄果实品质指标变化研究［J］.农学学报，2020，10（3）：64-69.

［20］牛锐敏，许泽华，沈 甜等.贺兰山东麓赤霞珠葡萄果实成熟进程及品质差异分析［J］.食品工业科技，2022，43（7）：125-131.

［21］孙树霖，刘政海，张丽.三种红色酿酒葡萄品种果实酚类物质比较［J］.中国酿造，2020，39（4）：137-141.

［22］李记明.葡萄酒技术全书［M］.北京：中国轻工业出版社，2021.